Les soldats d'Allah
à l'assaut de l'Occident

Collection « Autre chose à penser »

ISBN 978-2-84547-249-5
ISSN 2106-4067

DJEMILA BENHABIB

LES SOLDATS D'ALLAH

À L'ASSAUT DE L'OCCIDENT

H&O

Préface

Ceux qui ont cru pouvoir intimider Djemila Benhabib en seront pour leur frais. Après *Ma vie à contre Coran*, voici *Les soldats d'Allah à l'assaut de l'Occident* que je vous invite vivement à lire et à faire lire. Vous y découvrirez un monde arabe qui vous parle à travers une femme de cœur et de tête qui nous révèle que l'intégrisme n'est pas une fatalité qui frappe le monde musulman. C'est un rejeton de l'histoire, façonné par des conditions politiques qu'il est absolument nécessaire de connaître. Car la compréhension du passé est garante de notre avenir commun.

Comme l'indique le titre, dans un de ces raccourcis saisissants dont Djemila Benhabib a le secret, il s'agit une fois encore de liberté, d'égalité, de laïcité et de démocratie, qu'en bonne militante déterminée, elle défend avec ardeur, intelligence, courage et sang froid, dès l'instant où elle les voit menacées. Et c'est bien le cas aujourd'hui.

Avec *Ma vie à contre-Coran*, Djemila nous a fait comprendre comment elle et sa famille ont dû quitter leur pays, l'Algérie, devant les menaces des intégristes religieux, comment ils ont dû d'abord se réfugier en France, puis comment elle est arrivée au Québec. Avec *Les soldats d'Allah à l'assaut de l'Occident*, elle nous lance une invitation à nous poser les vraies questions. Et nous fait part de son inquiétude devant les avancées de cette même idéologie d'extrême droite, savamment orchestrées dans nos pays occidentaux pour déstabiliser deux piliers de notre édifice républicain : l'égalité et la laïcité.

Précise et amplement documentée, la démonstration de Djemila est d'une limpidité qui fait froid dans le dos. Le code pénal iranien dont elle rapporte les détails du rituel de la lapidation précise que « les pierres ne doivent être ni trop grosses au point que les condamnées meurent après en avoir reçu deux, ni si petites qu'on ne puisse leur donner le nom de pierre ».

Difficile d'imaginer pour la féministe occidentale que je suis que cette scène puisse se passer aujourd'hui, dans la rue, à quelques heures d'avion de mon domicile, alors que nos jeunes filles, elles, circulent librement, font des études, travaillent, contrôlent leurs naissances et trouvent naturel d'aller chercher la pilule du lendemain chez le pharmacien du quartier.

Sans doute, chez nous, ces droits encore nouveaux — droit à l'instruction, droit de vote, droit de contrôler nos naissances — sont-ils toujours fragiles, toujours menacés. Sans doute ont-ils exigé des luttes, du sang et des larmes de nos mères, grands-mères et arrière-grands-mères féministes qui se sont battues au cours des siècles. Et nous savons ce que nous devons aux Christine de Pisan, Olympe de Gouges, Flora Tristan, Pauline Roland, Jeanne Deroin, George Sand, Marguerite Durand, Hubertine Auclert, Louise Michel, Madeleine Pelletier, Simone de Beauvoir et tant d'autres auxquelles nous n'avons pas fini de rendre hommage chaque année le 8 mars. Sans parler des autres, plus obscures ; sans parler des Européennes, Scandinaves, Américaines…

Et bien grâce à la mondialisation nous savons aujourd'hui que, de par le monde, les femmes n'en ont toujours pas fini de souffrir et de payer cette loi primitive du plus fort que mes aïeules ont subi et ont mis tant d'années à faire reculer. Ce n'est donc pas fini et, parmi celles qui sont là pour nous le rappeler, Djemila nous explique. Et remonte aux « mauvais calculs de l'oncle Sam »…

Tout a commencé, nous dit-elle, par cette rencontre historique, à bord du croiseur *Quincy*, au large de l'Égypte, le 14 février 1945, entre le Président Roosevelt et le roi Saoud, au terme de laquelle les États-Unis obtenaient un accès privilégié au pétrole en échange d'une protection militaire et du principe de non-ingérence dans les affaires intérieures saoudiennes. Depuis, sous le regard impavide des autorités américaines qui se veulent les garants de la démocratie à travers le monde, l'Arabie saoudite soutient politiquement et financièrement partout des opérations de terrorisme et de déstabilisation politique contre nos systèmes démocratiques. En toute impunité.

L'infiltration est pernicieuse. Parfaitement au fait de nos pratiques et coutumes, ses agents sont souvent des étudiants, chez eux dans nos meilleures universités. Ils nous connaissent bien et savent sur quels ressorts il convient d'appuyer pour nous faire réagir. Au nom du respect de leur religion qu'ils placent au-dessus de nos lois, ils prétendent et parfois réussissent à imposer dans nos pays, nos villes, nos écoles, nos institutions, nos rues, des pratiques contraires aux droits humains et singulièrement aux droits des femmes que nous avons eu tant de mal à faire reconnaître. Cela avec le soutien de certains nostalgiques des temps anciens et la complicité d'esprits prêts à culpabiliser.

Leur meilleur propagandiste, Tariq Ramadan, a ses entrées dans nos milieux politiques européens les plus progressistes. Il fut le conseiller de Tony Blair, et l'ami du maire de Londres, Ken le Rouge. Il est proche de certains Français connus pour leurs sympathies trotskistes. Lors d'une interview récente sur nos télés, interrogé sur des cas notoires de lapidation, il eut son heure de gloire en admettant qu'il était possible de convenir d'un moratoire pour cette pratique barbare. À l'évidence l'idée de l'interdire ne lui avait pas traversé l'esprit.

Djemila est préoccupée par l'endoctrinement qu'elle voit se développer au Québec, particulièrement auprès de très jeunes filles qui ne sont jamais sorties de leur pays, mais revendiquent hautement le droit de porter le voile, voire la burqa, au nom de leur religion, au nom de leur liberté. Sommes-nous, chez nous, à l'abri ? Voire.

Les intégristes ont le temps pour eux. Certains se sont installés chez nous et attendent leur heure. Souvenons-nous de la tentative récente d'imposer la burqa dans nos rues, au nom de la liberté des femmes de se voiler de la tête aux pieds. Et cela pour ne pas provoquer la concupiscence du genre masculin dont nous ignorions jusqu'ici qu'il pouvait être d'une telle fragilité. Les hommes, eux, peuvent circuler comme il leur plaît. À l'évidence, ils ne craignent pas, semble-t-il, de provoquer pareils désirs chez les femmes. Cela étant, aucun texte dans la charia n'a de telles exigences vestimentaires, nous précise Djemila.

L'attaque fut chez nous sévère. Nous avons pu repousser ce cheval de Troie qui aurait pu fort bien déstabiliser notre démocratie, parce que nous nous souvenons du temps où nos intégristes religieux dressaient des bûchers pour faire griller ceux qui ne partageaient pas leurs idées. Ce n'est pas si loin. Nous avons maintenant des lois faites pour protéger le faible contre les abus du plus fort. Notre démocratie est déclarée laïque dans notre Constitution. Sont bienvenus chez nous tous ceux qui respectent nos lois. La laïcité — ce principe bien français — a pu nous protéger jusqu'ici.

Que cela ne nous empêche pas d'aider et de soutenir toutes celles et tous ceux qui se battent comme nous avons pu le faire au cours des siècles derniers. La démocratie est un combat où rien n'est jamais définitivement acquis, surtout pour les femmes, et où la liberté n'est rien là où la dignité des femmes n'existe pas.

Allez, Djemila ! Et merci de démasquer les Tartuffe de la polygamie et des femmes grillagées.

Yvette Roudy
Paris, février 2012

Liste des sigles

ADP	Action démocratique du Québec
AGA	Assemblée générale annuelle
AKP	Parti de la justice et du développement (Turquie, parti islamo-conservateur)
AREQ	Association des retraités de l'éducation du Québec
CAL	Centre d'action laïque (Belgique)
CCLJ	Centre communautaire laïque juif (Belgique)
CDCL	Corporation de développement communautaire de Laval (Québec)
CDH	Centre démocrate humaniste (Belgique, parti francophone de gauche)
CDPDJ	Commission des droits de la personne et des droits de la jeunesse (Québec)
CFCM	Conseil français du culte musulman
CFFB	Conseil des femmes francophones de Belgique
CIA	Central Intelligence Agency (États-Unis)
CIC	Congrès islamique canadien
CSF	Conseil du statut de la femme (Québec)
CSQ	Centrale des syndicats du Québec
FEMYSO	Forum of European Muslim Youth and Student Organisations
FFQ	Fédération des femmes du Québec
FIS	Front islamique du salut (formation politique algérienne dissoute en 1992)

FMI	Fonds monétaire international
FSE	Forum social européen
GIA	Groupe islamique armé (Algérie)
IFE	Initiative féministe européenne
ISI	Inter-Services Intelligence (Pakistan)
ISIF	Institut pour la solidarité internationale des femmes
LMS	Ligue des musulmans de Suisse
MAT	Muslim Arbitration Tribunal (Royaume-Uni)
MG	Communauté islamique Milli Gorüp (mouvement islamiste turc, présent en Europe occidentale, en particulier en Allemagne)
MI6	Military Intelligence [section] 6 (Royaume-Uni)
MMF	Marche mondiale des femmes
MR	Mouvement réformateur (Belgique, parti francophone de centre droit)
OCI	Organisation de la conférence islamique
OVRA	Organisation de vigilance et de répression de l'antifascisme (police secrète de Mussolini)
PLD	Parti pour la laïcité et la démocratie (Algérie)
PLQ	Parti libéral du Québec
PLJ	Parti de la liberté et de la justice (Égypte, parti des Frères musulmans)
PQ	Parti québécois
PSC	Parti social-chrétien (Belgique, devenu le Centre démocrate humaniste)
QS	Québec solidaire
RAPPEL	Réseau d'action pour la promotion d'un État laïque (Belgique)
SWP	Socialist Workers Party (Royaume-Uni)
UFE	Union féministe égyptienne
UOIF	Union des organisations islamiques de France
UQTR	Université du Québec à Trois-Rivières

Introduction

Une bataille décisive se déroule sous nos yeux, ici même en Occident, et nous sommes en train de la perdre. Elle a pour principal acteur l'islam politique[1] (qu'on appelle aussi l'islamisme) qui a planté au cœur des démocraties occidentales autant d'étendards visibles que camouflés. Cette idéologie totalitaire est en train d'agir sur l'organisme planétaire comme un abcès qui, peu à peu, gangrène ses principaux membres ! Menacées par des dérives qui proviennent de l'intérieur d'elles-mêmes, les démocraties occidentales sont constamment en butte à des pièges, de plus en plus difficiles à déjouer. La mondialisation du terrorisme a révélé au grand jour la fragilité de l'Amérique. Et, depuis, un déluge de sang se déverse comme une lave incandescente qui contrarie, jour après jour, nos rêves et nos espoirs.

Ce livre, c'est aussi l'histoire de ces dérives. Je veux analyser ce *nouveau monde* sans m'arrêter aux étroites frontières de l'Occident et dire ce que je sais du *monde ancien*[2].

---

1. L'islam politique en arabe : *al-islam a-siyasi*. L'islam est une religion pratiquée sur une base individuelle et confinée à l'espace privé. L'islamisme est une doctrine politique qui régit le fonctionnement des structures sociales et politiques en s'appuyant sur les dogmes islamiques. Son application repose sur la terreur, les violences, le prosélytisme et les discriminations systémiques et systématiques à l'égard de tous ceux qui ne s'y conforment pas.

2. Deux concepts, *nouveau monde* et *monde ancien*, empruntés à Alexandre Adler, qui les utilise pour faire une analyse géopolitique de la reconfiguration du monde après le 11 septembre 2001. Le *nouveau monde* est le résultat de l'après-11 septembre 2001. Alexandre Adler, *J'ai vu finir le monde ancien*, Grasset, 2002.

J'ai vu une fumée de poussière épaisse s'échapper de *Ground Zero*. C'était le samedi qui suivait le 11 septembre 2001. J'étais terriblement secouée. Avant d'arriver sur les lieux, je n'avais pas réalisé l'ampleur de la catastrophe. Pour moi, les images diffusées en boucle à la télévision ressemblaient à un incroyable film de fiction à la sauce hollywoodienne. Comment expliquer cette difficulté à prendre la mesure de ce qui venait à peine de se produire ? Que cachait cette incapacité à reconnaître la réalité ? Pourtant, dix ans auparavant, je tremblais pour le sort réservé à mon pays, l'Algérie. Les attentats terroristes étaient devenus un long fleuve de bestialité qui avait emporté, en dix ans, 150 000 personnes. De cette époque lointaine, je suffoque encore de douleur. Il était question, déjà, de destins fracassés, de vies meurtries et de familles brisées. Je savais avec précision ce que signifiait et, surtout, ce qu'impliquait le déchaînement de la barbarie islamiste. J'avais appris, bien malgré moi, à intégrer ses multiples manifestations à ma vie.

Avant de déborder des frontières de l'Orient, les brasiers de l'islam politique ont bouleversé la nature des États et le devenir de ses peuples. Des forces vives ont été emportées par les torrents de haine qui se sont déversés çà et là pour noyer les paroles et les mots de celles et de ceux qui parlaient un peu fort et affectionnaient des mots suspects tels que « liberté » et « démocratie ». Ceux-là, leurs langues ont été tranchées et leurs têtes ont roulé. Vieille histoire misérable que celle de faire taire les « dissidents » au nom de la religion. L'Europe, longtemps marquée par l'Inquisition, s'en est affranchie, non sans repenser de fond en comble son rapport aux Écritures. Ce matin-là, à Manhattan, la souffrance du bâtiment ne primait plus sur celle des victimes. Car au-delà des tours, des avions, des nuages de poussière, des flammes, du béton, de l'acier et de la fumée, il y avait bel et bien une catastrophe humaine. Les attentats du 11 septembre 2001, ce sont près de 3 000 morts et plus de 6 000 blessés.

L'islam politique, cette idéologie d'extrême droite, prône la fusion entre l'islam et l'État. Son programme se résume en peu de mots : l'islam est religion et État à la fois et la charia est la constitution de cet État. Or, la charia se fonde sur la supériorité du musulman sur le non-musulman et sur la supériorité de l'homme sur la femme. Dans cet esprit, il n'est guère étonnant de constater que les droits des femmes répugnent aux islamistes. Les homosexuels les effraient tout autant. Les besoins pressants du corps les rendent fous. La laïcité leur fait horreur. Les valeurs républicaines et universelles sont leur principal ennemi. Mais, à bien y regarder, la bataille se joue à plusieurs niveaux sur un fond limpide et transcendant, avec un refrain suave qui ronronne dans le creux de l'oreille de chacun d'entre nous et, avouons-le, devient de plus en plus hypnotisant. Les islamistes affublent et déguisent ainsi le réel en se revendiquant de concepts et d'ingrédients on ne peut plus séduisants, tels que le « dialogue des cultures », le « dialogue interreligieux », le « dialogue des civilisations », le « droit à la différence », le « respect de l'autre », la « liberté de choix », la « liberté de religion », l'« autodéfinition », l'« autodétermination », la « diversité », la « tolérance », l'« éthique », le « féminisme musulman », le « féminisme islamique », etc.

Autant de mots qui sont galvaudés, haïs et combattus jusqu'à la moelle en Orient, autant de mots qui sont déclarés pervers et immoraux en cette terre d'islam où sont broyées les valeurs démocratiques et qui, paradoxalement, servent de carburant à une machine infernale, extrêmement bien rodée, qui se déploie en Occident. En effet, les islamistes ont mis en sourdine leur projet d'Oumma (communauté politique des musulmans), celui de réunir sous la bannière de l'islam un milliard et demi[3] d'hommes et de femmes dans un même ensemble où l'autorité du califat (un régime politique fondé sur l'islam) serait rétablie. Leur rêve est d'abolir les frontières là où l'islam est majoritaire afin de réunir les musulmans au sein d'une même entité politique. Alors que là où il est encore minoritaire, les islamistes font

3. D'après une estimation datant de 2009 par le centre de recherche américain *Pew Forum on Religion and Public Life*, les musulmans représentaient alors 23 % de la population globale qui atteignait les 6,8 milliards. Bien que les musulmans soient répartis sur les cinq continents, plus de 60 % vivent en Asie et 20 % au Moyen-Orient et en Afrique du Nord. ‹http://pewforum.org/Muslim/Mapping-the-Global-Muslim-Population.aspx›

tout pour que son expansion soit vigoureuse et rapide. Nous sommes loin des méthodes et de la rhétorique fascistes des islamistes algériens, impatients, bourrus et peu expérimentés, qui déclaraient sans cesse dans leurs prêches, dans leurs journaux[4] et sur la chaîne publique de la télévision algérienne que « la démocratie est impie » (*kofr* en arabe) en faisant régner l'ordre par les sabres et les kalachnikovs au tout début des années 1990. Nous sommes à mille lieues de l'apartheid sexuel, du fouet, de la lapidation, des pendaisons et des amputations de mains et de pieds, de l'extermination des minorités religieuses et linguistiques pratiquée quotidiennement en Arabie saoudite, au Soudan ou en Iran. Nous sommes encore plus éloignés de la tyrannie de ces étudiants de théologie, les talibans, qui ont interdit le sourire, les cerfs-volants et les perroquets. Tout ce qui fait peur à l'Occident est soigneusement mis de côté au profit d'un langage lisse qui lui est totalement compréhensible, c'est-à-dire son propre discours sur les droits de la personne. Bref, nous assistons à la mise sur pied d'une entreprise de communication d'une efficacité remarquable grâce à laquelle une étape importante de l'affrontement a été franchie, plus sournoise et totalement perfide. Alors que l'Occident n'a pas encore digéré le 11-Septembre, les islamistes ont fourbi leurs armes, accéléré leur cadence, recentré leurs

4. Ali Benhadj, le cofondateur du Front islamique du salut (FIS), déclarait qu'il n'y avait pas de souveraineté autre que celle de Dieu. Une de ses analyses publiée par le journal du FIS, *El-Mounqidh* (voir n°s 23 et 24), intitulée « Briser la tête à la doctrine de la démocratie », expliquait la façon par laquelle son parti allait mettre un terme à la démocratie. Rabah Kébir, président de l'instance exécutive du FIS à l'étranger, réfugié en Allemagne, déclarait : « Il faut bien comprendre que pour un musulman la *charia* remplace la démocratie. [...] Pour ma part, je trouve tous les bons côtés de la démocratie moderne dans la *charia* islamique. [...] La *charia*, dans ce contexte, apparaît comme un projet global qu'il nous appartient de construire progressivement, sur un terrain de consultation populaire et donc de démocratie, adaptable en matière de statut de la femme ou de droit pénal. La *charia*, c'est donc ce que l'on pourrait appeler la Souveraineté divine, et un État islamique est un État dont les dirigeants gouvernent à l'aide des Lois révélées par Dieu aux hommes. La *charia*, ce sont les règles transmises par le Très-Haut à ses serviteurs, et dont la source principale est le Coran. » Propos recueillis par Patrick Denaud, *Algérie. Le FIS : sa direction parle*, L'Harmattan, 1997.

objectifs et inauguré une nouvelle phase en adoptant un ton résolument plus rassurant.

Des Frères musulmans aux djihadistes

Cette imposture qui consiste à se draper dans une rhétorique de vertu pour tromper l'ennemi est bien connue en islam. Cette stratégie porte un nom, elle est appelée *taqiyya*[5], un mot connotant la crainte. D'ailleurs, une littérature très abondante en arabe est consacrée à ce concept. C'est dire l'importance qu'il revêt chez les musulmans. À l'origine utilisé par les chiites pour cacher leurs convictions religieuses par crainte de persécutions par les sunnites, majoritaires dans le monde musulman, la tromperie aux dépens des non-musulmans a revêtu une tout autre dimension au fil du temps. Certains théologiens, au service de l'islamisme, lui ont donné un fondement doctrinal, allant jusqu'à l'encourager, arguant que les musulmans qui vivent en Occident se trouvent désormais dans la situation qui était celle des chiites puisqu'ils vivent comme une minorité encerclée par ses ennemis traditionnels : les chrétiens, les juifs et les autres infidèles. Tout compte fait, qu'y a-t-il d'étonnant à ce que la tromperie soit justifiée en temps de guerre ? Sun Tzu, Machiavel et Clausewitz n'ont-ils pas préconisé la ruse comme moyen incontournable pour atteindre leurs objectifs stratégiques ? À la différence que nul ne sait exactement où commence et surtout où se termine la sale besogne des islamistes. Une chose est sûre, leur théâtre d'opération est désormais « l'Occident impie et mécréant ». La guerre, rebaptisée djihad[6], se fait à l'insu de cet Occident à travers un très large réseau

5. Pratiquement toutes les factions islamiques reconnaissent et pratiquent la *taqiyya*. Pour en apprendre davantage sur la question : Sami Mukaram, *At-Taqiyya fi 'l-Islam*, Mu'assisat at-Turath ad-Druzi, 2004, p. 7. Ou encore : ‹http://www.meforum.org/2577/taqiyya-regles-guerre-islamique›.
6. Selon les personnes, l'usage du mot djihad renvoie à deux sens totalement différents. Pour certains musulmans, il est synonyme d'effort et sa connotation est purement spirituelle, alors que pour certains autres le djihad est une guerre ouverte contre l'Occident.

organisé de mosquées, d'œuvres de charité, de banques, d'écoles, de maisons d'édition et une multitude d'autres organisations islamiques, aussi diverses et redoutables les unes que les autres. Tous ces moyens ont été conçus, un à un, par la confrérie des Frères musulmans, la plus importante organisation islamiste en Occident, dont les membres, chassés du Moyen-Orient par les régimes nationalistes arabes au tout début des années 1960, s'y sont confortablement installés.

Depuis dix ans, dans nos sociétés, chaque 11 septembre est l'occasion d'un état des lieux sur al-Qaïda, Ben Laden et le danger terroriste. Nous voulons comprendre, dans les moindres détails, ce qui nous est arrivé ce jour-là. Nous voulons tout élucider de cette tragédie vécue en direct. Mais qu'avons-nous vu au juste ? S'effondrer deux tours ? Le Wall Street dominateur et arrogant réduit en cendres ? Certes. Et puis… que n'avons-nous pas vu ? Ou plutôt, qu'est-ce que nous ne voulons pas voir ? Et si l'essentiel des enjeux auxquels nous confronte l'islamisme se résumait à cette dernière question, serions-nous prêts à l'admettre ?

Autrement dit, l'Occident veut-il vraiment gagner la bataille contre le terrorisme ? Et si oui, de quelle façon ? En fermant les yeux sur la corrélation évidente entre l'islam politique et le terrorisme ? En continuant de soutenir l'une des pires théocraties au monde, en l'occurrence l'Arabie saoudite ? Un État reconnu pour financer un réseau extraordinaire d'organisations islamistes d'un bout à l'autre de la planète, des organisations vouées au djihad depuis une soixantaine d'années[7] ? Peut-on éradiquer le terrorisme en encourageant des dictatures et des régimes corrompus au Maghreb et au Moyen-Orient ? Peut-on bâtir un monde équilibré en l'absence d'équilibres politiques et sociaux au sein des États arabes et musulmans ? Peut-on envisager des solutions viables en fonçant tête baissée dans une ignoble guerre en Irak ? Peut-on prétendre à une justice internationale en laissant pourrir le conflit israélo-palestinien ?

7. Se référer entre autres à Richard Labévière, *Les dollars de la terreur*, Grasset, 1999. Et également à John K. Cooley, *CIA et djihad 1950-2001*, Autrement, 2002.

Il n'y a pire aveugle que celui qui ne veut pas voir. Il n'y a pire sourd que celui qui refuse d'entendre.

L'islamisme s'est totalement renouvelé. Ces trente dernières années, tout a été pensé et repensé dans les moindres détails, aussi bien le contenu, la forme du message que le style des messagers. Les « castings » sont de plus en plus exigeants en raison d'une nouvelle intelligentsia formée sur les bancs des universités occidentales et qui est venue prêter main-forte à l'une des idéologies les plus totalitaires de tous les temps. En quelques générations, des mutations importantes sont survenues dans la majorité des pays européens, d'abord démographiques puisque le nombre de musulmans est en nette progression[8]. En Belgique, en France, en Grande-Bretagne, en Allemagne comme aux Pays-Bas, des villes entières sont maintenant à majorité musulmane. Dans certains cas, nous pouvons même parler d'un phénomène de ghettoïsation. De plus, les jeunes générations ne se sont jamais imprégnées de la culture des pays d'origine de leurs parents. Les aînés qui constituaient une masse de travail à très faible coût vivaient dans le mythe du retour et ne se sont nullement souciés de pénétrer les structures de leurs sociétés d'accueil. Ces dernières, d'ailleurs, n'ont nullement investi dans l'intégration de ces travailleurs. C'est sur ce terreau que prend racine l'islamisme. C'est cette plaie que l'islamisme vient à la fois raviver, prétendre guérir, pour mieux la ressusciter. Olivier Roy[9] estime

8. D'après le centre de recherche américain *Pew Forum on Religion and Public Life,* on estime, en Europe, le nombre de musulmans à 38 millions. Ils constituent 5 % de la population européenne. La répartition est celle-ci : Belgique : 6 % de la population ; France, Autriche et Suisse : 5,7 % ; Pays-Bas : 5,5 % ; Allemagne : 5 % ; Suède : 4,9 % ; Grèce : 4,7 %. En termes absolus, l'Allemagne compte 4 119 000 musulmans, la France, 3 574 000 et la Grande-Bretagne, 2 869 000. À préciser qu'en Europe orientale la plus importante population de musulmans est établie en Russie avec plus de 16 millions de musulmans. Et que les plus fortes concentrations sont réparties en Europe centrale comme suit : Kosovo, 90 % ; Albanie, 80 % ; Bosnie-Herzégovine, 40 % et République de Macédoine, 33 %. ‹http://pewforum.org/Muslim/Mapping-the-Global-Muslim-Population(14).aspx›

9. Olivier Roy, *La sainte ignorance. Le temps de la religion sans culture*, Seuil, 2008.

que le salafisme[10] (islam rigoriste) progresse rapidement en Europe chez les jeunes des deuxième et troisième générations issues de l'immigration. Les jeunes sont devenus plus religieux et plus orthodoxes que leurs parents, développant ainsi une forme de contre-culture à l'islam pratiqué par leurs ascendants. Cette nouvelle adhésion marque aussi une rupture culturelle avec les pays d'appartenance. Comme l'explique Gilles Kepel dans son essai *À l'ouest d'Allah*: « En se réclamant de l'islam — qu'ils chargent de significations fort diversifiées —, un certain nombre de jeunes Noirs des États-Unis, d'Indo-Pakistanais d'Angleterre ou de Maghrébins de France effectuent une rupture culturelle volontaire, sur une base d'identité communautaire, avec les valeurs dominantes de nations dont ils sont pour la plupart des citoyens de droit, mais qui selon eux, les excluent de fait[11]. » Leur mission est de rétablir la dignité bafouée; la leur, celle de leurs parents, de la Palestine, de l'Afghanistan, de l'Irak et de tout autre territoire musulman blessé et dépouillé par l'Occident. À travers quoi? À travers l'islam. Pas celui de leurs parents qui ont commencé à immigrer en Europe au cours de la Première Guerre mondiale. L'islam du « bled » (du pays d'origine) est totalement déclassé. Cela fait belle lurette que les jeunes islamistes ne se définissent plus comme les enfants de leurs parents mais comme les rejetons du néocolonialisme. L'islam de l'ouvrier qui priait le soir dans son gourbi après une partie de dominos ne les intéresse guère. Il est invisible, discret et inaudible. En définitive, il est tout ce que n'est pas le nouvel islam. L'héritage des aînés est liquidé. Leur modération est gênante. Leur humilité et leur discrétion sont à prohiber. Le nouvel islam de l'Occident n'est autre que celui des Frères musulmans: « l'islam social ». Selon ces derniers, chaque musulman est un vecteur potentiel d'islamisation. C'est par son prosélytisme que l'attitude des fils est aux antipodes de celle de leurs pères.

---

10. Le salafisme puise ses sources dans le wahhabisme, islam rigoriste d'Arabie saoudite. Son organisation correspond à une logique de secte, remplaçant les communautés culturelles par une communauté de foi et développant un discours prônant une attitude de repli et d'évitement par rapport aux sociétés occidentales.

11. Gilles Kepel, *À l'ouest d'Allah*, Seuil, coll. « Points », 1996, p. 12.

Dans son ouvrage *Mon intime conviction*, Tariq Ramadan, en s'adressant à cette nouvelle génération de militantes et de militants, trace les grandes lignes de la démarche à suivre en leur demandant d'arrêter de se laisser traiter de « minorités » et de s'inscrire pleinement dans la participation citoyenne sur un pied d'égalité avec la « majorité » de la population. En d'autres mots, il s'agit de se revendiquer de l'Occident tout en se réclamant des dogmes islamiques et d'investir pleinement toutes les organisations de masse sans exception. Finalement, il ne faut négliger aucune problématique : « les questions sociales, l'enseignement, le chômage et l'emploi, la délinquance, la violence urbaine, les activités des partis politiques, les relations internationales, etc[12]. » Tout y passe... même les syndicats, les associations de parents d'élèves et les organisations féministes.

L'islam de la confrérie des Frères musulmans a brimé le processus de sécularisation des pays musulmans qui était bel et bien en marche avec l'arrivée au pouvoir de Mustapha Kemal Atatürk (1881-1938), le 29 octobre 1923, et l'abolition du califat. Il a totalement noyé « l'islam ordinaire » en plus de paver la voie à l'islam djihadiste. Il ne fait aucun doute que les sanguinaires « djihadistes » ne sont que les dérivés d'autres brutes : les « Frères ». En déterrant le concept de djihad armé, ces derniers l'ont remis au goût du jour pour grossir les rangs des soldats d'Allah. Tout comme l'avait fait au Moyen Âge la redoutable et mystérieuse *secte ismaélite des Assassins*[13] (1090-1258) qui a entretenu une continuelle terreur en imposant une vision extrêmement

12. Tariq Ramadan, *Mon intime conviction*, Presses du Châtelet, 2009, p. 89.

13. Dans son magnifique livre *Samarcande*, Amin Maalouf retrace le cheminement de Hassan Sabbah, à la tête de la secte des Assassins. Celle-ci était organisée en trois catégories : les *daïs* (prédicateurs), les *reficks* (compagnons) et les *fédaviés* (dévoués). Les *daïs* étaient les docteurs chargés de convertir les infidèles. Les *reficks* étaient les compagnons, les initiés de la doctrine. Les *fédaviés* ou dévoués, à qui on promettait le paradis, étaient chargés de commettre les crimes. Pendant leur sommeil, provoqué par une boisson enivrante (à base de haschich), ils étaient transportés dans de magnifiques jardins où ils trouvaient tous les charmes de la jouissance. Amin Maalouf, *Samarcande*, Livre de poche, 1989.

rigoriste de l'islam par le recours aux assassinats politiques. Ses adeptes, à l'esprit meurtrier et à la mort résignés, commettaient leurs spectaculaires crimes en public, en pleine foule, impassibles et apaisés.

C'est peu dire qu'entre les « Frères » et les « djihadistes » il n'y a guère de rupture. Les seconds ne font que prolonger l'action des premiers. Prolongement naturel qui révèle une forme d'évolution logique dans les structures ainsi que dans les méthodes et une répartition tacite des rôles et des tâches. Entre les uns et les autres, nulle ambiguïté ne subsiste, le projet de société est le même : bâtir le royaume islamiste sur terre. Le modus operandi ainsi que la distribution du travail sont orientés vers un double objectif : faire plier l'Occident en le culpabilisant et maintenir l'Orient dans les ténèbres. À ce sujet, les commentaires de Tariq Ramadan à propos de la tentative d'attentat survenue le jour de Noël 2009 dans un avion de la Delta Airlines reliant Amsterdam à Détroit sont absolument éloquents. De passage à Toronto, il déclarait : « À un moment donné, vous avez des explosions marginales à condamner, mais qui révèlent des frustrations profondes et un mal-être profond. Ce mal-être, nous sommes beaucoup à le partager en Occident. Vous savez, en France, on parle de l'identité nationale, en Suisse, on interdit les minarets et au Canada, les propos se tendent. On sent bien qu'il y a des tensions qui sont en train de se créer. Le Canada d'aujourd'hui ce n'est pas le même que j'ai connu il y a dix ans. L'expression de ces actions-là révèle quand même un malaise[14]. » Pour Ramadan, les attentats terroristes ne sont que des éléments « marginaux » qui s'insèrent dans un ensemble plus grand. Commis par des individus blessés qui réclament réparation, ils ne sont que l'expression de plaies béantes provoquées par un ordre occidental injuste et brutal. C'est en ce sens que le prédicateur est toujours là pour légitimer les attentats terroristes mais rarement pour les condamner.

---

14. Radio-Canada, « Congrès musulman à Toronto : Tariq Ramadan prend la parole », 27 décembre 2009. ‹http://www.radio-canada.ca/regions/Ontario/2009/12/27/001-congres-musulman-tariq-ramadan.shtml›.

Je suis d'ici et d'ailleurs

Une chose est sûre, la question du terrorisme, intimement liée à celle de l'islam politique, ne pourra se dénouer sans lever le voile sur certains tabous inhérents à l'islam, dont la nature du texte coranique, son impact et sa portée ainsi que la place de la charia dans le corpus législatif. Cet enjeu place l'Occident face à ses contradictions autant que les musulmans face à leurs limites. Pour dépasser ces limites, il faudra inéluctablement s'affranchir du règne de « l'intouchable », de « l'indiscutable », de « l'islamophobie » et de la « stigmatisation ». Cela confirme au moins une chose, la nécessité d'arrêter le naufrage politique aussi bien de l'Orient que de l'Occident et d'ouvrir un large débat, un débat éclairé et sincère, seul moyen, sans doute, de jeter des ponts entre les deux versants.

Les circonstances de ma vie m'ont amenée à m'interroger, très vite, très jeune, très tôt sur des questions complexes et fondamentales qui touchent à la place de l'islam dans les sociétés, bien avant que l'islam et ses manifestations ne soient au centre de l'actualité internationale. En réalité, depuis une vingtaine d'années, il n'y a pas un jour qui passe sans que je porte mon attention sur ces questions avec un double regard : occidental et oriental. Ce regard est le produit d'une identité plurielle totalement assumée et, bien entendu, d'un cheminement parsemé de va-et-vient entre « ici » et « là-bas ». D'emblée, je l'affirme, je suis imprégnée par cette poésie d'Orient qui me rend légère au point de susurrer à l'oreille de mon amoureux : « J'ai mille ans. J'ai un jour. Je suis née d'hier, je suis de demain. » Quant à l'Occident, je me régale de la liberté qu'il me procure et de la douceur qu'il m'offre. J'entretiens avec ma filiation un rapport d'une absolue clarté. C'est bien simple, je suis d'ici et d'ailleurs. Ma démarche, bien qu'elle soit empreinte d'une immense tendresse à l'égard de l'Orient, se caractérise par une exigence de lucidité.

Le monde musulman n'est pas marqué au sceau du fanatisme en raison de la nature même de l'islam, de son texte fondateur, ou d'une prétendue « culture » incompatible avec l'universel comme le soutiennent les thèses essentialistes et différentialistes. Le phénomène de l'instrumentalisation de l'islam à des fins politiques, dans lequel s'imbriquent des facteurs économiques, politiques, sociaux, culturels et religieux, s'observe depuis les premiers balbutiements de l'islam jusqu'à la monarchie des Saoud en Arabie saoudite et la naissance, en Égypte, de la confrérie des Frères musulmans, en passant par les Omeyyades et les Ottomans. L'islam politique est un produit de l'histoire, façonné par des conditions historiques et politiques. Il n'est pas né dans le vide et ne repose pas sur le néant. Il est soutenu et porté par un ensemble d'éléments qu'il est absolument nécessaire de connaître, de comprendre et d'analyser. Les sociétés musulmanes ne sont pas des sociétés désincarnées ; elles ont une histoire. En s'y référant, nous sommes en mesure de jauger la portée et l'impact aussi bien de leurs avancées que de leurs soubresauts.

C'est pour amorcer cette réflexion que j'ai entrepris la rédaction de ce livre. Il est destiné à toutes celles et tous ceux qui se sont engagés dans cette entreprise. Il s'adresse à vous, toutes et tous, désireux de participer à cet immense chantier de rapprochement des uns avec les autres et de renouvellement perpétuel de la pensée humaine. À vous toutes et tous qui, compte tenu de l'ampleur et de la difficulté de la tâche, ne savez que faire, ni par où commencer. À vous toutes et tous qui, inlassablement, jour après jour, continuez de semer quelques graines ici et là sans trop y croire. À vous toutes et tous qui refusez de succomber aux chants de sirènes de l'extrême droite xénophobe et raciste. À vous toutes et tous qui, par dépit ou lassitude, avez déjà songé à vous réfugier dans le silence et à ne plus faire entendre vos voix. D'emblée, je vous avoue sans fard ni détour ma ressemblance. Il m'est arrivé de connaître ce désarroi. Il m'a fallu me réinventer, à plus d'une reprise, pour renaître de mes cendres et grandir de mes blessures. C'est, sans doute, à travers la plume que mon existence a rejoint la vôtre. Aujourd'hui, la mienne comprend de nombreux privilèges, dont le tout premier consiste à vivre dans un pays démocratique et à respirer la liberté. C'est ce qui me permet de me consacrer sereinement à l'acte d'écrire sans le poids des servitudes qui faisaient de moi, autrefois, une femme en sursis et un libre-penseur en cage.

La terreur intellectuelle

C'est devant l'intensité des débats dont j'ai été témoin alors que je faisais la promotion de *Ma vie à contre-Coran*[15] que j'ai entrepris la rédaction de cet ouvrage. Bien que mon premier rejeton intellectuel continue de m'occuper, ce nouvel élan m'a emportée, exactement comme l'avait fait le premier. Je poursuis donc ma réflexion sur l'islam politique. Il n'est pas aisé d'en parler. Par où commencer ? Comment faire en sorte qu'il y ait davantage de résistants et moins de pyromanes ? Comment passer des mots aux actes, de la prise de conscience individuelle à la prise de conscience collective puis à la dynamique de changement ? De bien longs détours sont parfois nécessaires. Seule une fine connaissance des enjeux permet de proposer une analyse lucide. Je ne pouvais passer sous silence ces formidables moments d'échanges auxquels vous m'avez conviée et pendant lesquels j'ai tant appris. Ces rencontres, si passionnantes, m'ont menée d'une ville à l'autre, d'un pays à l'autre et d'un continent à l'autre, du Québec au reste du Canada, ou encore de l'Europe à l'Algérie. À vrai dire, je n'ai jamais senti autant de proximité dans les échanges tant les préoccupations sont partout les mêmes. Bien sûr, à Alger, mon éditeur, Arezki Ait-Larbi[16], a dû exercer des pressions considérables sur les autorités pour que mon livre puisse être édité et distribué légalement. Lors de mes déplacements en octobre 2010, la sécurité était constamment

15. Djemila Benhabib, *Ma vie à contre-Coran*, VLB éditeur, 2009.
16. Journaliste de carrière, il fonde les éditions Koukou en 2009. Militant du Printemps berbère, membre fondateur de la première Ligue algérienne des droits de l'homme, il a été arrêté à plusieurs reprises et inculpé pour atteinte à l'autorité de l'État visant à un renversement du régime. En 2008, il met sur pied le Collectif SOS Libertés pour la défense de la liberté de conscience et des libertés individuelles.

prise en compte. Cela étant, ce voyage fut un événement comme je n'aurais jamais pensé en vivre. J'ai été accueillie à la librairie des Beaux-Arts, rue Didouche-Mourad, en plein centre-ville d'Alger, l'un des derniers bastions culturels qui a vu défiler Albert Camus, Mouloud Mammeri, Emmanuel Roblès, Tahar Djaout ou encore Rachid Mimouni, pour ne citer que ceux-là. Lieu symbolique de la mémoire culturelle de la capitale, elle continue d'occuper une place privilégiée. Vincent Grau, son ancien gérant, l'un des rares Français qui avait refusé de quitter l'Algérie au début des années 1990, a été assassiné le 21 février 1994 devant la porte de la librairie. Boussad Ouadi, gérant et directeur des éditions Inasen, a failli être expulsé de l'établissement en mai 2009 après la publication de quelques titres dérangeants. Bien entendu, dans un pays comme l'Algérie où la culture est constamment mise à mal par un pouvoir autoritaire et corrompu, les professionnels du livre n'occupent pas de simples fonctions, ils incarnent la mémoire et le patrimoine de tout un peuple. Ce qui prend la forme d'un combat au quotidien. Le 8 novembre 2010, Arezki Ait-Larbi m'annonçait qu'il avait un problème avec la distribution de mon livre… en Kabylie ! « Mon distributeur habituel a refusé de s'en occuper au nom de ses "convictions religieuses" ! En représailles, j'ai résilié le contrat qui nous liait pour les prochaines publications, au nom de mes convictions philosophiques ! Demain matin, j'ai rendez-vous avec un autre distributeur. » Pendant mon séjour, la librairie Multi-livres de Omar Cheikh à Tizi-Ouzou a organisé une séance de dédicace qui a connu une bonne affluence et j'en suis sortie les bras chargés de cadeaux.

En Algérie, lors du lancement de *Ma vie à contre-Coran*, on m'a demandé de justifier mon titre[17] et cela a suscité des échanges riches et vigoureux, mais, dans certains milieux de l'intelligentsia

17. Kader Bakou, « Confessions sans concessions », *Le soir d'Algérie*, 25 octobre 2010 ; Ahmed Ancer, « Djemila Benhabib : "Ma tête, je la veux libre de tous les tabous" », *El-Watan*, 25 octobre 2010 ; Mohamed Haouchine, « Djemila Benhabib : "Je rends hommage à toute cette Algérie qui tient debout !" », *Liberté*, 26 octobre 2010.

parisienne, on me l'a carrément reproché, non pas d'une façon ouverte mais sournoise et perfide. Est-ce à dire que la liberté de ton était mieux admise à Alger, dans cette petite salle qui réunissait des militants du Parti pour la laïcité et la démocratie (PLD), ou encore autour de cette chaleureuse table de restaurant à Tizi-Ouzou, qui comptait des militants de la cause berbère, que dans certains salons de Saint-Germain-des-Prés ? Est-ce à dire que la rectitude politique est devenue à Paris, Londres, Bruxelles, Berlin et Montréal un régime de terreur intellectuelle qu'il est risqué de défier ? Certainement. Qu'importe, je ne suis pas de ceux qui prennent la plume pour gagner des galons. Je suis entrée dans l'écriture par la porte étroite de la survie. J'y ai atterri par inadvertance. Je tremble à l'idée de m'y installer confortablement. Je me languis déjà de ces jours de grande adversité. Je ne suis pas de ceux qui « consomment » la liberté comme on consomme du Nutella, c'est-à-dire avec modération. Une chose est sûre, il y a peu de chances que je meure d'une overdose de Nutella.

Je sais qu'un puissant intérêt vous anime pour ces sujets brûlants de l'actualité. Je sais aussi que de graves entorses aux droits des femmes et à la laïcité vous déplaisent, vous blessent et vous font horreur. Je sais également que la situation précaire de nombreux immigrants vous préoccupe tout autant. La montée de l'extrême droite en Europe vous indigne. La terrible mal-vie des populations dans le Maghreb et dans le monde arabe vous révolte. Moi aussi. Oui, je l'avoue, ce combat est éreintant. Je sais surtout que tout cela ne peut continuer indéfiniment. Il faut savoir crever l'abcès et assumer les ruptures idéologiques qui s'imposent. Cela s'appelle avoir un débat d'idées. Tout un pari ! Dans un pays où trop souvent la recherche du consensus se fait au détriment des principes, le moindre échange d'idées un peu vif est vécu comme un drame, une bavure et une offense. J'ai réalisé que les usages n'étaient pas si différents ailleurs. Pour ma part, j'ai décidé de prendre mes responsabilités et de faire le point sur l'ensemble de mes divergences intellectuelles avec une partie de la gauche et des féministes, et ce, quel qu'en soit le prix.

D'avance, j'accepte de prendre le risque. Car, en définitive, je suis habitée par une forme de béatitude orientale.

Entre le peuple et les bien-pensants, le fossé se creuse

Tout au long des années 2009, 2010 et 2011, j'ai été témoin, au Québec, de graves dérives et de manipulations pour faire avorter tout débat d'idées lorsqu'il était question de laïcité, de voile islamique ou encore d'immigration. Délaissant tout esprit critique, quelques figures réputées « inattaquables » ont essayé de monopoliser la parole publique pour semer la confusion dans les esprits, notamment lorsqu'il a été question de légiférer sur le port des signes religieux dans la fonction publique québécoise. Proposition contre laquelle Gérard Bouchard[18], ancien coprésident de la commission Bouchard-Taylor sur les pratiques d'accommodement, s'est totalement déchaîné.

Pourtant un simple aperçu des pratiques en cours dans quelques pays en Europe aurait suffi à se convaincre que des lois, des chartes, des avis, des protocoles sont mis en place pour bannir les signes religieux de l'école et de la fonction publique sans que cela mène à de quelconques poursuites ou à une forme de désobéissance civile. Le meilleur exemple à donner en la matière, c'est la loi française adoptée en mars 2004 qui a banni le port des signes religieux ostensibles à l'école. Loi qui, rappelons-le, a

18. D'un ton très grave, Gérard Bouchard a déclaré à la télévision de Radio-Canada qu'une telle loi serait: « ingérable, irréaliste, scandaleuse, elle mènerait à la désobéissance civile, elle ferait sauter l'ordre social et, finalement, le Québec serait montré du doigt partout à l'étranger. [...] C'est les Américains qui diraient à côté, là, eh!, qu'est-ce qui vous prend là, vous autres là, les petits minables, là? [...] Il y aurait de la désobéissance civile, Madame. De la désobéissance civile. Le Québec se retrouverait avec une crise énorme à l'intérieur. En plus d'un problème considérable à l'échelle internationale. On aurait tous les tribunaux à dos. Puis, pas seulement la Cour suprême, là. À commencer par nos tribunaux à nous. Notre Charte. Tous les traités internationaux. Le Québec serait pointé du doigt partout. » ‹http://www.radio-canada.ca/nouvelles/Politique/2010/03/17/006-bouchard-pq.shtml›

bénéficié du soutien de la majorité des musulmans dans ce pays, à l'exception, bien évidement, des islamistes. Ces derniers, avec à leur tête Tariq Ramadan, ont même mené une campagne incroyable pour faire plier le gouvernement français. L'histoire retiendra que même la prise en otage des deux journalistes français Georges Malbrunot et Christian Chesnot par l'Armée islamique en Irak[19], survenue le 20 août 2004, n'a pas eu raison de la volonté de l'État d'aller de l'avant.

Cette façon de faire des élites multiculturalistes et tiers-mondistes est devenue classique. Ces élites trop souvent se cachent derrière leurs titres, leur passé, leurs micros, leurs plumes ou leurs fonctions actuelles pour imposer une forme de rectitude politique. Aux questionnements légitimes, elles appliquent le bâillon. Aux inquiétudes sincères, elles opposent le mépris et des contre-vérités. Leurs arguments ambigus, confus et même malhonnêtes reposent sur… pas grand-chose. Aucune logique scientifique, aucune connaissance des sujets, aucune méthode rationnelle ne les étayent. Seul un parti pris idéologique les justifie. Et lorsqu'elles n'arrivent pas à imposer leur « prêt à penser », elles fourbissent leurs plaidoiries. Et les voilà qui accusent de racisme, d'intolérance et de xénophobie quiconque émet une quelconque objection ! La lettre grotesque[20] de Benoit Renaud, secrétaire général de Québec solidaire (QS, parti féministe, écologiste et altermondialiste), en est une bonne illustration. On y retrouve notamment tous les ingrédients d'une pensée étriquée et figée dans le schéma des antagonismes des pires années de la guerre froide. Prisme politique, bien entendu, totalement dépassé. « Je considère que le congrès de

19. Par l'intermédiaire d'une diffusion vidéo sur la chaîne de télévision al-Jazira, le 26 août à 19 h 30, heure française, le groupe a donné au gouvernement français un délai de quarante-huit heures pour abroger la loi. La menace d'exécution des deux otages par leurs ravisseurs au cas où le gouvernement français n'accéderait pas à leur demande n'était alors qu'implicite. Une deuxième vidéo diffusée le soir du 30 août a explicitement exprimé la menace de mort pesant sur les deux journalistes. L'événement coïncidait alors avec la rentrée scolaire et l'entrée en vigueur de la loi.

20. Benoit Renaud, « Port de signes religieux – Québec solidaire ose aller à contre-courant », *Le Devoir*, 6 janvier 2010.

QS a fait preuve d'un grand courage politique et a osé aller à contre-courant en ce qui concerne la xénophobie ambiante dont les fanatiques de la laïcité constituent la branche “progressiste” », peut-on lire dans sa lettre publiée dans *Le Devoir*.

De quelle « xénophobie ambiante » parle-t-on au juste ? Comment s'exprime-t-elle dans la société et à travers qui ? Quelles sont les forces politiques qui l'encouragent ? Qui sont les « fanatiques de la laïcité » ? Que leur reproche-t-on ? Pour l'immigrante et la citoyenne du monde que je suis, difficile d'imaginer un peuple plus accueillant que les Québécois. Ici, la « fierté » n'est guère un sport national ! L'affirmation de soi est presque une hérésie. Faire de la place à l'Autre est une banalité largement répandue. Ce qui est encore plus troublant quant à la position de Québec solidaire, c'est la contribution interne de son secrétaire général lors du congrès tenu par son parti en 2009, où là, il ne s'est pas gêné pour aller jusqu'au fin fond de sa pensée en accusant de racisme ceux qui sont contre le port du voile islamique. C'est à peine si nous n'assistons pas à une apologie du djihad. Pour certains « progressistes » qui se sont spécialisés dans le dénigrement de l'Occident, il est clairement plus rassurant de vivre avec le fantasme de la « xénophobie ambiante » que de dénoncer les forces d'extrême droite qui torpillent les communautés immigrantes.

Mais il y a pire ! En Grande-Bretagne, dans certains milieux de la gauche radicale, la dérive est encore plus terrible. « En 2001, Bob Pitt, un militant qui se prétend socialiste, a condamné dans *Weekly Worker*, l'hebdomadaire du parti communiste britannique, la prétendue “arrogance raciste” de ceux qui refusaient de défendre les talibans parce que ce mouvement n'était pas progressiste ! Le même Bob Pitt a créé un site de surveillance de l'islamophobie (Islamophobia Watch)[21]. »

Pour les islamistes, l'opportunité que leur offrent sur un plateau d'argent leurs nouveaux alliés est trop belle ! Les fascistes

21. Janine Booth, « Les différences culturelles peuvent-elles excuser le sexisme ? », *Prochoix*, n° 41, septembre 2007, p. 108.

verts ont appris qu'ils pouvaient faire taire presque tout un chacun en utilisant à profusion les accusations de xénophobie, de racisme et… d'islamophobie. Certes, les larges réseaux des islamistes en Occident ont contribué à leur succès. Mais leur irrésistible ascension vers le pouvoir n'aurait pas été possible si les élites intellectuelles, politiques et médiatiques avaient été plus vigilantes, moins naïves et avaient accordé plus d'attention à la substance qu'à la rhétorique. L'abandon par une bonne partie de ces élites des valeurs de l'égalité et de la laïcité, le mépris de leur propre culture, la culpabilisation à outrance de la majorité francophone ont créé une cassure importante entre le peuple et ces dernières. S'ajoute à cela la tangente dangereuse qu'ont prise les « accommodements raisonnables » en glissant vers des accommodements politico-religieux.

Au fil du temps, un fossé de plus en plus profond s'est creusé entre ceux qui sont favorables au voile islamique et ceux qui sont contre, entre ceux qui considèrent le phénomène de l'islam politique comme marginal[22] et ceux qui digèrent mal le déchaînement des crimes d'honneur et du contrôle de la sexualité des femmes, entre ceux qui soutiennent la fragmentation de l'école publique et ceux qui militent en faveur d'une école citoyenne, entre ceux qui renforcent la ghettoïsation des immigrants et ceux qui souhaitent leur pleine intégration, entre ceux qui défendent une société multiculturelle et ceux qui sont désireux de bâtir une

22. Comme un journaliste du magazine *L'Actualité* lui demandait : « Ne va-t-on pas vous accuser d'encourager l'islamisme radical ? », Françoise David, la co-porte-parole de Québec solidaire, a répondu : « C'est un autre débat amené par Mme Djemila Benhabib [auteure de *Ma vie à contre-Coran*] : vous ne vous rendez pas compte qu'il y a au Québec même un courant islamiste conservateur, voire fanatique, qui veut islamiser le Québec, nous amener à la charia, etc. Donc, vous faites le jeu des islamistes. Je pense qu'on est complètement dans l'erreur. S'il existe à Montréal peut-être quelques dizaines d'islamistes qui aimeraient bien islamiser le Québec, moi je ne trouve pas cela très menaçant. Cette analyse-là, pour moi, ne tient pas la route. » Roch Côté, « Françoise David : la nouvelle immigration nous force à repenser notre laïcité », *L'Actualité*, 4 novembre 2009. ‹http://www.lactualite.com/societe/francoise-david-la-nouvelle-immigration-nous-force-repenser-notre-laicite?page=0,1›

société à partir de valeurs communes. Entre tous ces antagonismes, le divorce est désormais consommé. Un sondage réalisé en 2010 confirme ce que nous savions déjà : « L'opinion des Québécois n'a d'ailleurs pas bougé depuis trois ans. Le 10 janvier 2007, un sondage Léger Marketing mettait en relief que 83 % des citoyens s'opposaient aux accommodements raisonnables. Les répondants souhaitaient que les immigrants respectent les lois et règlements du Québec, même si cela va à l'encontre de certaines croyances religieuses[23]. » Le même sondage confirmait que 75 % des répondants estiment que le gouvernement du Québec est « trop accommodant » relativement aux demandes d'accommodements liés à des motifs religieux. Mais la crise de confiance est d'abord celle d'une grille de lecture dépassée, inversée, erronée, qui ne colle plus à la réalité.

Le multiculturalisme : cheval de Troie de l'islam politique

En Grande-Bretagne, les attitudes des élites sont comparables à celles d'ici et la colère de la population ne cesse, quant à elle, de croître. Deux observateurs[24] de la scène européenne notent que « 80 % des Britanniques pensent que la police et les hommes politiques, beaucoup trop tolérants avec les musulmans, encouragent les positions les plus extrêmes. Presque tous s'attendent à de nouveaux actes terroristes. 81 % estiment que ceux qui attisent la haine religieuse devraient être expulsés vers leur pays d'origine. » Ils rapportent également qu'au Danemark une enquête d'opinion effectuée en 2000 par le quotidien *Berlingske*, le plus ancien du pays, montrait que 91 % des Danois estimaient nécessaire de se battre pour les valeurs fondamentales de leur société, comme l'égalité des sexes, et qu'on ne pouvait pas librement leur en substituer d'autres, contraires ou alternatives, quand on habitait dans ce

23. Alec Castonguay, « Sondage Léger Marketing-Le Devoir – Le gouvernement Charest trop "accommodant" », *Le Devoir*, 18 février 2010.
24. Karen Jespersen et Ralf Pittelkow, *Islamistes et naïvistes : Un acte d'accusation*, Panama, 2007.

pays. Depuis que les attentats de Londres ont crûment révélé une réalité qui avait jusque-là échappé à l'intelligentsia locale, la Grande-Bretagne se cherche, prenant conscience des limites de son modèle d'intégration qui encourageait activement l'affirmation des différences culturelles et religieuses tout en niant la culture britannique. Ce qui fait dire au politologue Ernst Hillebrand, directeur du bureau de Paris de la Fondation Friedrich Ebert : « Même en faisant abstraction du désastre absolu, en matière interculturelle, que représente le terrorisme islamiste, les résultats de cette politique sont tout sauf convaincants : la Grande-Bretagne "évolue insidieusement vers une société où règne la ségrégation", déclarait ainsi il y a quelques mois Trevor Philips, président de la Commission for Racial Equity, commission nationale de lutte contre les discriminations[25]. »

En octobre 2010, la chancelière allemande Angela Merkel annonçait l'échec du multiculturalisme[26] alors que son pays se passionnait pour le brûlot anti-islamiste du social-démocrate Thilo Sarrazin, *L'Allemagne va à sa perte*[27], que la jeune illustratrice Eva Schwingenheuer[28] lançait un pavé dans la mare avec un recueil décapant intitulé *Burka*, et que la féministe Alice Schwarzer[29], fondatrice et éditrice du prestigieux magazine féminin

25. ‹http://www.communautarisme.net/Atmosphere-suffocante-dans-le-Londonistan_a785.html›
26. Thomas Schnee, « Immigration : Merkel vire sa "Multikulti" », *Libération*, 20 octobre 2010.
27. Marion Van Renterghem, « L'Allemagne brise à son tour le tabou du débat sur l'islam », *Le Monde*, 19 octobre 2010.
28. Lire l'entrevue qu'elle a accordée à la chaîne TV5 où elle a déclaré : « Je trouve absurde qu'une moitié de l'humanité se mette un sac avec une fermeture éclair sur sa tête juste pour que l'autre moitié ne soit pas sexuellement excitée. » ‹http://www.tv5.org/cms/chaine-francophone/info/Les-dossiers-de-la-redaction/burqa-debat-occident-avril-2010/p-7242-Entretien-avec-Eva-Schwingenheuer.htm›
29. Figure de proue du mouvement féministe allemand, initiatrice du Mouvement de libération des femmes en France et en Allemagne, elle était une proche de Simone de Beauvoir. En Allemagne, elle est à l'origine d'une campagne qui a abouti à l'interdiction du voile islamique pour les enseignantes dans les écoles publiques.

EMMA, publiait un recueil de textes sur l'islam politique dans le monde. La déclaration de Merkel a relancé le débat sur l'immigration et plus largement sur la capacité de l'Allemagne à renouveler son modèle. C'est la fin d'une illusion, celle des cultures qui cohabitent joyeusement ensemble dans la tolérance parfaite sans jamais se mélanger, un sentiment partagé par les Néerlandais.

Les Pays-Bas, fondés sur le système de la pilarisation[30] (du néerlandais « *verzuiling* »), qui avaient offert aux populations immigrantes un monde parallèle pourvu de son système éducatif propre, de services sociaux ainsi que de médias et de syndicats distincts, n'arrivent toujours pas à se relever de l'assassinat brutal du réalisateur Theo Van Gogh[31] par le jeune islamiste maroco-hollandais Mohammed Bouyeri, alors âgé de 26 ans, le 2 novembre 2004. Les Pays-Bas cherchent fiévreusement la solution, et l'extrême droite gagne toujours un peu plus de terrain. Que s'est-il passé ? En s'ouvrant pendant des décennies à l'immigration, le pays a-t-il omis de transmettre ne serait-ce que quelques valeurs fondamentales du vivre ensemble ? C'est la question qui hante désormais de nombreux Néerlandais[32]. Comment est-il possible de bâtir une société sans partager une langue commune, une culture commune, une histoire commune et un minimum de mémoire ? Système pervers par définition, le multiculturalisme a fragmenté l'espace public, ethnicisé les problèmes sociaux et politiques, poussé les immigrants à se réfugier dans une identité exclusive préfabriquée d'appartenance d'origine. Cette doctrine qui mine les fondements politiques de la démocratie met à rude épreuve le vivre ensemble et s'essouffle un peu partout.

30. Système politique mis en place par Guillaume d'Orange qui préconisait que les trois entités fondatrices du pays : protestante, catholique et juive, puissent s'organiser, les unes indépendamment des autres, selon leurs usages.

31. Ian Buruma, *On a tué Van Gogh*, Flammarion, 2006.

32. Sabine Cessou, « Un changement de société majeur pour Berlin et La Haye », *Libération*, 20 octobre 2010.

De vives discussions ont gagné tout le Canada au sujet de questions aussi sensibles que le multiculturalisme[33], l'immigration, l'intégration, la place du religieux et de l'islam dans la société. D'ailleurs, le journal anglophone *The Globe and Mail*[34], après avoir chanté pendant quatre décennies les louanges du multiculturalisme canadien, a publié en octobre 2010 une série d'excellents reportages très étoffés pour en montrer les limites et les contradictions. Rétablir des règles communes de fonctionnement, essentielles pour le vivre ensemble, est un bon début pour l'intégration, reconnaissait le quotidien anglophone. « Notre point de bascule est près d'arriver, avertissait Margaret Wente, éditorialiste au même quotidien, et lorsqu'il arrivera, il n'y aura pas de retour possible[35]. » Le *Toronto Star* a pour sa part consacré de nombreux éditoriaux[36] critiques au multiculturalisme. L'héritage de Trudeau, jamais digéré par une grande partie des

33. Le multiculturalisme est un concept qui, selon son pays d'usage, le Canada, les États-Unis, l'Australie, l'Europe ou ailleurs, renvoie à des réalités politiques et historiques bien spécifiques. Dans le contexte canadien, sa naissance est intimement liée à la politique de Pierre Elliott Trudeau qui, en 1971, a approuvé l'adoption d'une loi du multiculturalisme. Une vision nouvelle de l'identité canadienne est alors mise en place. C'est la fin d'une représentation d'un Canada basé sur la culture de deux peuples fondateurs. Le Canada n'est pas biculturel et n'a pas de culture(s) officielle(s). Désormais, le gouvernement fédéral choisit de définir le Canada comme une mosaïque des cultures représentées par ses citoyens. Ainsi, en retirant la base biculturelle du Canada, on a transformé la place des Québécois et des Canadiens français dans la Confédération, qui sont passés de peuple fondateur à minorité ethnique. C'est le début d'un seul État national basé sur les droits individuels. De nombreux Québécois se demandent si cette loi n'était pas une réponse du gouvernement Trudeau à l'appui de plus en plus important que recevait le mouvement souverainiste québécois. En 1982, la notion du multiculturalisme est enchâssée dans la *Charte canadienne des droits et libertés.* Le 21 juillet 1985, la *Loi sur le multiculturalisme canadien est sanctionnée par la Chambre des communes.*

34. ‹http://www.theglobeandmail.com/news/national/time-to-lead/multiculturalism/›

35. Margaret Wente, « Angela Merkel says the unsayable on "multikulti" », *The Globe and Mail*, 19 octobre 2010.

36. Angelo Persichilli, « The failed promise of multiculturalism », *The Toronto Star*, 6 novembre 2010.

Québécois, est sévèrement remis en cause non seulement dans la Belle Province mais aussi dans le reste du pays. Dans une société atomisée, nul ne sait à quoi au juste l'on invite les nouveaux arrivants à s'intégrer. Difficile de se faire une idée des valeurs essentielles d'une société alors que tout est mis en place pour les transgresser au nom d'une supposée liberté religieuse.

Et nous, qu'en est-il de nous ? Sommes-nous réduits à n'être que de simples figurants ? Sommes-nous devenus les spectateurs d'une désolation abominable qui ne dit pas encore son nom ? Par « nous », j'entends des citoyens d'ici et là qui voyons un monde se défaire et des valeurs s'effilocher, peu à peu, sans être en mesure d'arrêter la progression de ce mal planétaire qui a quitté le Levant, sans nostalgie aucune, pour enjamber le siècle et se nicher au cœur de l'Occident. Que faire contre les Tartuffe de la polygamie et du voile islamique qui n'ont jamais été aussi exubérants et volubiles que dans le giron de la « tolérance » et de « la liberté religieuse » occidentales ? Que leur dire lorsqu'ils nous chantent, sans complexe, les louanges d'un islam fantasmé alors qu'il n'est que pure désolation d'un bout à l'autre de la planète ? Comment réagir lorsque l'arsenal des partisans du relativisme culturel, dans l'indifférence totale et obstinée du sort réservé à des millions de musulmans dans le monde qui subissent les affres de l'islamisme dans leur chair, se met au service de cette idéologie totalitaire pour traiter de raciste et de xénophobe quiconque ose encore défendre les valeurs universelles ? Comment, quand et pourquoi cette alliance liberticide s'est-elle orchestrée ? Une chose est sûre, volant au secours de la barbarie islamiste, lâchant au passage les musulmans laïques et féministes, ces nouveaux idiots utiles, pétris de culpabilité coloniale, ont décerné au fascisme vert les titres de noblesse que l'Histoire lui a toujours refusés. En confondant les bourreaux avec les victimes et en déguisant les fondamentalistes en progressistes, ils ne font que participer à la mise en échec des seconds. Les premiers peuvent s'en réjouir. Les brèches ouvertes par la vigilance défaillante de leurs nouveaux « camarades » ne sont pas prêtes de se refermer. Tout compte fait, qu'importe que l'islam politique sème le chaos et la mort à une échelle infiniment plus grande ! Tant pis si ces nouvelles noces islamo-gauchistes se célèbrent sur les décombres et les cendres de l'Orient.

Les idiots utiles au service du fascisme vert

Et pourtant, à bien y penser, les prémices de cette dérive du Front anti-impérialiste[37] couvent dans les tréfonds de la révolution islamique de Khomeiny (1902-1989) qui, en février 1979, quitte sa banlieue parisienne de Neauphle-le-Château pour Téhéran. Le messie enturbanné arrive et la terreur avec. Les mâchoires affamées des échafauds vont bientôt se mettre au service du Guide suprême et fonctionner à plein régime. Le ministère du « Bien et du Mal » s'apprête à entrer en action. Le carnaval des interdits va bientôt commencer. « Les gestionnaires de la croyance » et « de la morale » font un dernier survol de la liste des gestes à bannir. Impatients de formater l'amour, les *basandji* (la police des mœurs) en rappellent la fonction principale : regarder impétueusement vers le ciel. Bientôt, les milices vont scruter la moindre parcelle de corps dénudé des femmes. Alors que leur sexe est déjà devenu une affaire d'État, à celui des hommes se rattache la promesse d'Allah avec ses 72 houris (ou 70 selon certaines sources) aux grands yeux, à la peau blanche, et aux vulves appétissantes. Dans ce paradis hypersexualisé, les houris restent toujours vierges et le pénis des élus ne faiblit jamais. Le sperme gicle et regicle. Bref, érection et jouissance sont éternelles. Les délices de l'au-delà sont réservés aux plus méritants. Ici-bas, tous s'attellent à servir Allah. La Révolution, quant à elle, est déjà bien en marche et ne peut s'encombrer d'épanchements amoureux. Seule la « spiritualité » a droit au chapitre. Michel Foucault ne croyait-il pas avoir trouvé dans la révolution islamiste ce qui

37. Pour renverser le Shah, une large alliance s'était formée, dont le noyau était constitué d'islamistes et qui comptait le Toudeh (parti communiste), les moudjahidines du peuple (des islamistes de gauche) et les Fedayin (maoïstes), en plus de nombreuses organisations kurdes.

fait tant défaut à l'Europe ? « La spiritualisation de la politique[38] » ? Eh bien, une trentaine d'années plus tard, nous savons sur le dos de qui repose cette sordide illusion : sur le dos des femmes, de la jeunesse et des démocrates iraniens !

Lorsque des intellectuels tournent le dos aux Lumières pour figer les peuples sous la loupe de la spiritualité, il n'y a plus d'hommes et de femmes. Il n'y a plus de luttes collectives. Il n'y a que des fidèles. Il n'y a que des communautés de croyants et des mollahs. Il n'y a plus qu'Allah et son éden pour panser les plaies des « dominés ». Comment s'est clos ce fabuleux chapitre iranien où tout était encore possible ? Pourquoi le passage d'un monde tyrannique à un monde meilleur ne s'est-il pas réalisé ? De quelle façon le désir de la Révolution a cédé le pas à l'univers des ténèbres, de la bestialité et de la barbarie ? Chahla Chafik, féministe iranienne exilée à Paris au début des années 1980, a consacré un livre[39] à la question, dans lequel elle passe au peigne fin toute cette période cruciale pour son pays à travers les témoignages de résistants embastillés par le régime islamiste. Elle raconte aussi de quelle façon Khomeiny a mis en œuvre une répression totale en s'ingérant dans tous les domaines de la vie dans le but de façonner la société et de fabriquer l'*Homo islamicus*.

Bien que les raisons de ce cafouillage cauchemardesque soient multiples, il n'en demeure pas moins que la confusion idéologique de la gauche, sa désorientation politique et ses égarements stratégiques — notamment son alliance avec les islamistes — ont fait passer l'Iran à côté d'une opportunité historique. L'accumulation de ces erreurs monumentales a permis à la dictature des *pasdaran* (gardiens de la Révolution) de clore rapidement l'épisode

38. « Quel sens, pour les hommes qui habitent [la terre d'Iran], à rechercher au prix même de leur vie cette chose dont nous avons, nous autres, oublié la possibilité depuis la Renaissance et les grandes crises du christianisme : une spiritualité politique. J'entends déjà des Français qui rient, mais je sais qu'ils ont tort. » Michel Foucault, *Dits et Écrits II*, texte n° 245, « À quoi rêvent les Iraniens ? », Gallimard, 2001, p. 694. ‹http://www.lescontemporaines.fr/?Foucault-et-la-revolution›

39. Chahla Chafik, *Le nouvel homme islamiste. La prison politique en Iran,* Le Félin, 2002.

révolutionnaire. Prenant le contre-pied de ce choc terrible qui balaye les aspirations d'un peuple, trop longtemps muselé par la brutale dictature du Shah, des centaines de milliers de femmes ont manifesté, le 8 mars 1979, dans les rues de Téhéran et d'autres villes contre le port obligatoire du voile islamique. Elles marchent alors tête nue, convaincues que l'égalité ne peut rimer avec l'apartheid sexuel. Elles déferlent dans les rues, assumant pleinement la liberté de leur corps. Elles avancent à visage découvert, dénonçant la cruauté d'un régime qui, aussitôt au pouvoir, emprisonne et pend ses opposants politiques[40]. Elles sont déjà en première ligne des protestations populaires et le resteront tant et aussi longtemps que la République islamique, qu'elle soit dirigée par Rafsandjani, Khatami ou Ahmadinejad, continuera de confisquer leur pays, d'emprisonner leur corps, de piétiner leurs droits et de voler leurs rêves.

Les liaisons fatales et dangereuses

Depuis quelques années, des convergences successives et des passerelles de plus en plus nombreuses se sont tissées entre une partie de la gauche et des organisations islamistes. Ces liaisons dangereuses, incroyables et obscènes, ont provoqué des lésions fatales dans le corps doctrinal de cette famille politique. Forts de cette nouvelle alliance inespérée, les islamistes ont multiplié leurs demandes, on a assisté à une surenchère des requêtes. Et après tout, pourquoi ne pas remplacer les lois civiles par une justice d'abattoir lorsqu'il est question du droit familial? L'idée qui a fait son chemin au Canada avec les tribunaux islamiques[41] a été

40. Entre 1981 et 1983, il y eut cinquante fois plus de militants de gauche exécutés que pendant les trente ans de dictature du Shah.

41. Le rapport tant attendu sur le tribunal d'arbitrage islamique de Marion Boyd, élue du Nouveau Parti démocratique qui a été, notamment, ministre de la Justice et de la Condition féminine de l'Ontario, a été déposé en 2005. Dans ses recommandations au gouvernement ontarien, elle justifie le recours à la Loi sur l'arbitrage religieux, autorisée depuis 1991 dans la législation ontarienne, et légitime ainsi l'existence des tribunaux islamiques en suggérant quelques balises.

abandonnée en raison d'une forte mobilisation. Pour combien de temps ? La question demeure entière compte tenu des aspirations que nourrissent certains de défaire les structures sociales démocratiques pour les remplacer par des lois et des pratiques islamiques. En somme, « ce n'est que partie remise », disent les plus chauds partisans de la charia au Canada. L'idée n'est pas morte. Loin s'en faut. Dans la tête des islamistes anglais, elle a même germé et ce dont rêvaient leurs « Frères » canadiens a fini par prendre forme, chez eux, en Grande-Bretagne.

Cette bataille impitoyable entre modernistes et intégristes à laquelle nous assistons s'inscrit dans une histoire contemporaine plus globale qui prend racine en Arabie à l'ère de l'avènement de l'islam au VIIe siècle, où s'affrontent deux écoles de pensée antagoniques, l'une rationaliste, mutazilite[42] et l'autre fondamentaliste, hanbalite[43]. C'est d'ailleurs de cette dernière doctrine, qui prône une lecture littéraliste du Coran, que s'inspire le wahhabisme. Ce courant intégriste fondé en 1745 par Mohammed ibn Abd al-Wahhab (1703-1792) — dont se réclame la confrérie des Frères musulmans — a tracé la voie au djihad international. Menacée par une poussée nationaliste et laïque qui traverse le monde arabe, la famille Saoud, qui a bâti sa légitimité politique et historique sur la garde des lieux saints de l'islam qu'elle a usurpée en 1926 à la famille Hachémite avec la complicité des Britanniques, s'est activée sur deux fronts pour désamorcer les menaces. Le premier a consisté à financer les groupes islamistes dans le monde arabe et musulman pour éradiquer les groupes de gauche et le deuxième à soutenir des structures politiques, religieuses et culturelles de contrôle de l'islam dans le monde entier. C'est à cette logique que correspond l'installation à Genève dans les années 1960 de Saïd Ramadan (1926-1995), gendre de

42. École de pensée théologique qui accordait une grande importance à la raison et à la philosophie grecque qu'elle cherchait à combiner avec les doctrines islamiques.

43. L'école hanbalite, qui est le socle de l'orthodoxie, est l'école la plus conservatrice de l'islam sunnite dont s'inspire la doctrine officielle de l'Arabie saoudite.

Hassan al-Banna (1906-1949), le fondateur de la confrérie des Frères musulmans et père de Tariq et Hani Ramadan, dont l'objectif principal était de répandre l'idéologie de la Confrérie à travers l'Europe et l'Amérique du Nord avec pour leitmotiv: « L'islam est religion et État, Coran et glaive, culte et commandement, patrie et citoyenneté. Dieu est notre but, le Prophète notre modèle, le Coran notre loi, le djihad notre voie, le martyre notre vœu[44]. »

En plus d'étendre le réseau de leurs organisations dans presque tous les pays occidentaux, leur « travail à plusieurs dimensions » repose sur l'endoctrinement des musulmans pour en faire des islamistes actifs. Convaincue que seul le travail à long terme finira par donner des fruits, la Confrérie les « encadre » et les encourage à participer activement à la vie politique et sociale de leur Cité en investissant massivement les organisations à caractère social. Pour mettre à exécution cette stratégie « étapiste » de conquête par la « base », la Confrérie dispose désormais d'atouts importants: une manne financière considérable, des « alliés inattendus » et cinq décennies « d'étroits » contacts avec l'Occident.

Désormais, rien n'échappe aux « Frères », ni les rouages, ni les mécanismes, ni le langage, ni les failles, ni même l'habitus de l'homme occidental. De leur expérience moyen-orientale, ils ont appris l'essentiel: la ruse, la patience et surtout la persévérance. Ils ne brandissent plus les épées mais bel et bien leurs passeports européens et nord-américains, de la même façon que l'avait fait Tariq Ramadan, dans un geste théâtral, au Bourget en France devant une foule de fidèles en délire alors qu'il assistait à la kermesse annuelle de l'Union des organisations islamiques de France (UOIF), organisme affilié aux Frères musulmans — une façon de dire que les musulmans constituent un potentiel électoral non négligeable, qu'il en est le porte-parole et qu'il est désormais incontournable.

44. Dans son *Recueil de lettres*, cité par Olivier Carré, *L'utopie islamique dans l'Orient arabe*, Presses de la Fondation nationale des sciences politiques, 1991.

Qu'on se le tienne pour dit, la conquête de l'Occident se fera de l'intérieur! « Nous vous dominerons au moyen de vos lois », lançait, en Allemagne, le sordide imam Izmir, alors que Rached Ghannouchi, leader du parti islamiste tunisien Ennahda en exil à Londres, expliquait en ces mots, à un journaliste français de *L'Express*, pourquoi il se réjouissait de vivre en Europe : « Je peux vivre tranquillement dans des pays comme la Grande-Bretagne ou la France, où la liberté confessionnelle est respectée. En Angleterre, il y a un parti islamique... Mais pas en Tunisie! Pas en Égypte! Si j'ai le choix entre vivre dans un pays musulman sans liberté et un pays laïque où existe la liberté, je choisis le second! Il est sans doute plus proche de l'islam que le prétendu État musulman[45]... » Dans son émission phare de la chaîne satellitaire qatarie al-Jazira, *La charia et la vie*, consacrée le 6 décembre 2009 au vote suisse, le « turbo-prédicateur » Youssef al-Qaradawi[46], la référence ultime des Frères musulmans, assure que la conquête islamique aura lieu et que tous les êtres humains se retrouveront unis par la parole de Dieu.

À quand un aggiornamento musulman?

S'il ne fait aucun doute que la confession musulmane, en Occident, a droit à l'égalité devant la loi quant à l'exercice du culte, au regard de l'histoire elle n'est pas égale au christianisme. La reconnaissance de la liberté de pensée et de conscience est le principal défi des musulmans. Le règne de la censure, des assassinats et de la lapidation doit cesser. Les fatwas qui rendent sataniques les

45. Girardon Jacques, « Ghannouchi : "Pourquoi je suis islamiste" », *L'Express*, 29 avril 1993.
46. Youssef al-Qaradawi est l'auteur d'un ouvrage très controversé, *Le licite et l'illicite en islam* (éditions al-Qalam, 2004), qui a été interdit en France pendant longtemps et qualifié en Belgique de « mode d'emploi du parfait islamiste ». Comme l'explique son auteur dans l'introduction, le livre a été publié aux alentours de 1960 à la demande de l'Institut général de la culture islamique de l'université d'al-Azhar, pour servir d'outil aux musulmans vivant aux États-Unis et en Europe.

livres et les écrivains doivent cesser. L'interdiction de penser et de débattre doit être levée. La négation de l'individu et l'apologie de la tribu doivent être dépassées. Bien qu'il y ait eu, qu'il y ait encore, et qu'il continuera à y avoir en son sein des courants rationalistes, l'islam ne s'est jamais vraiment réformé. Encore faudrait-il que l'on ose invoquer cette nécessaire réforme au lieu d'accepter l'islam tel qu'il se présente aujourd'hui, c'est-à-dire comme une fatalité, comme l'otage des islamistes.

Cette fatalité, des musulmans eux-mêmes la refusent, qu'ils soient croyants, laïques, agnostiques ou encore militants du rationalisme athée. Mohamed Arkoun (1928-2010), l'un des intellectuels musulmans libéraux les plus influents, a exprimé les conditions de cette réforme en termes de « subversion » de la pensée islamique, qui lui permettrait de rejoindre le monde moderne et la laïcité qu'il qualifie de « fille de la modernité ». « Actuellement, toute intervention subversive est doublement censurée : censure officielle par les États et censure des mouvements islamistes. Dans les deux cas, la pensée moderne et ses acquis scientifiques sont rejetés ou, au mieux, marginalisés. L'enseignement de la religion, l'islam à l'exclusion des autres, est sous la dépendance de l'orthodoxie fondamentaliste[47]. » Nous sommes nombreux à partager cette conviction avec une certitude : on ne peut continuer de se tenir à l'écart du destin universel de l'humanité. Le chemin que nous poursuivons mènera un jour, fût-ce cent ans après notre mort, à l'affranchissement du règne de l'absolu. Pour l'heure, l'islam, gangréné par l'islamisme, ankylosé par des siècles d'une pensée dogmatique, attend toujours son médecin.

Si la résistance intellectuelle qui a détrôné la scolastique médiévale a marqué la philosophie européenne, le mouvement rationaliste des mutazilites a totalement été englouti par la vague hanbalite et les géants comme Kassem Amin (1863-1908), Tahar Haddad (1899-1935) et Taha Hussein (1889-1973) ont été

47. Entrevue avec Dominique Lagarde, « Il est vital que l'islam accède à la modernité », *L'Express*, 27 mars 2003.

déclarés hérétiques par la caste des oulémas. Le premier a publié, en 1899 au Caire, *La libération de la femme*, un pamphlet qui prônait l'abandon du voile. Il considérait qu'« imposer le hidjab à la femme est la plus dure et la plus horrible forme d'esclavage ». Quant au second, Tahar Haddad, il a, au début du XXe siècle, activement milité dans son pays, la Tunisie, contre la polygamie, alors que Taha Hussein s'est fait connaître pour sa critique acerbe des structures sociales et religieuses dans le monde arabe. La Renaissance, avec Érasme, avec le génie de Montaigne et avec l'immense figure de Spinoza, pour ne nommer que ceux-là, a rendu possible la fin d'une ère et le début d'une autre. À quand maintenant un aggiornamento musulman ?

De l'indignation individuelle à la prise de conscience collective

Certes, l'analyse que je présente dans les pages qui suivent met l'accent sur l'énormité de la tâche que nous avons à accomplir. Cependant, ma démarche ne vise surtout pas à vous décourager. Bien au contraire, je demeure convaincue que nous pouvons encore faire beaucoup dans ce monde embrumé et injuste pour transmettre et implanter une perspective véritablement humaniste, laïque et féministe. En réalité, tout est encore possible, pour autant que l'on comprenne les véritables enjeux et les dynamiques géopolitiques qui sous-tendent l'avènement et la progression de l'islam politique. « Vous pensez que tout simplement parce qu'il a déjà eu lieu le passé est achevé et inaltérable », écrit Milan Kundera dans *La vie est ailleurs*. « Oh non, le passé est vêtu de taffetas multicolore et chaque fois que nous le regardons nous voyons une couleur différente. » C'est précisément ce passé qui est en jeu. Il est bon de se rappeler jusqu'à quel point, avec quel zèle, avec quelle absence de défiance, les pays occidentaux ont semé les graines dont ils récoltent aujourd'hui les fruits amers. Si ce n'est de la prédestination, cela y ressemble. Comprendre le passé est un impératif. L'histoire avance. Les conditions de l'émancipation humaine évoluent avec le temps. Segmenter l'humanité, c'est rompre avec l'émancipation. En chacun de nous loge un espoir qui ne demande qu'à grandir. Cet espoir ne pourra éclore sans votre engagement. Ce qu'il faudrait désormais, c'est moins un goût de révoltes individuelles qu'une volonté collective copernicienne. Il faut avant toute chose faire converger nos aspirations dans un projet commun pour la défense de la laïcité et des droits des femmes. En sommes-nous si loin ? Pour ma part, je reste convaincue qu'il n'est pas moins urgent aujourd'hui qu'il y a trois siècles de lutter contre les tentations obscurantistes, la bigoterie, la censure et le fanatisme. Les défis de ce début de siècle nous imposent une lucidité et un engagement encore plus grands que par le passé.

PREMIÈRE PARTIE

Des particules de lumière et quelques bribes sur les ténèbres

Sans la promotion de la femme,
le progrès de la nation est impensable.

Habib Bourguiba

Ceux qui se mettent une muselière
et qui choisissent de se taire
renforcent le terrorisme.

Naguib Mahfouz

I.

Islamisme et modernité couvent dans le ventre de l'Égypte

Le Caire, le 3 février 1975. Jamais les rues du Caire (en arabe, al-Qahira, « La Victorieuse ») n'ont été aussi populeuses. Seules les obsèques de Nasser avaient réuni une foule aussi abondante. Le flux humain grouille sur les trottoirs et déborde sur les boulevards en direction de la mosquée Omar Makram. L'Égypte éventrée, dépossédée, accompagne à sa dernière demeure « la Dame », « la cantatrice du peuple », « l'Astre de l'Orient ». Autant de surnoms dont fut gratifiée Oum Kalthoum, toujours entourée d'illustres poètes, paroliers et compositeurs. Du Caire à Bagdad, Alger ou Casablanca, les rues se vidaient, la vie s'arrêtait : petits et grands se précipitaient au café ou à la maison pour s'agglutiner autour du poste de radio. Tous les premiers jeudis du mois, c'était un rituel, la diva égyptienne créait une nouvelle chanson, comme une offrande à ses millions d'admirateurs… Ces jours-là, aucun dirigeant politique ne se serait risqué à faire une déclaration : il n'aurait eu aucune chance d'être écouté, toutes les oreilles étaient religieusement tendues vers « la voix des transistors[1] ». Le cortège funéraire rompt avec la retenue masculine habituelle. Les hommes laissent échapper leurs larmes et pleurent bruyamment. Ils s'emparent du cercueil et le promènent

1. Eliane Azoulay, « Oum Kalsoum, la quatrième pyramide », *Télérama*, 26 octobre 2009.

dans la ville. « Allah Akbar, Allah Akbar, Allah Akbar ! » scande la foule. L'imam est forcé de reporter les obsèques à l'encontre de la tradition musulmane qui commande l'inhumation dans les 24 heures. Il n'y a qu'un astre pour faire attendre les cieux et c'est celui de l'Orient. Et gageons qu'Allah ne s'en est pas formalisé.

Qui mieux que la cantatrice incarne l'histoire de l'Égypte en son temps ? Qui aurait cru que cette fille d'imam, sans instruction, marquerait à jamais des millions de dévots en déterrant de grands classiques de la poésie arabe ? Les hommes se précipitaient sur scène pour lui baiser les pieds alors qu'elle faisait virevolter délicatement son foulard de soie à gauche et à droite, vêtue de longues robes austères brodées de fil d'or, le galbe du dos bien droit, la tête coiffée de son légendaire chignon. Qui aurait pensé alors que c'est à déclamer le Coran qu'elle avait appris à se mettre en bouche les quatrains d'Omar Khayyam[2] (1048-1131) qui exaltent l'ivresse et les plaisirs de la chair, traduits en arabe classique par Ahmed Rami (1892-1981), poète, fou amoureux de la cantatrice ? Ses spectacles s'enchaînaient toujours de la même façon. Après une lente introduction instrumentale, sa voix jaillissait comme une caresse incendiaire et se répandait en cascade à l'infini. Dans *al-Atlal* (*Les ruines*), elle chantait : « Donne-moi la liberté, dénoue mes mains. » Dans ce creuset de mélopées passionnelles, elle mêlait le sacré et les tabous.

« Au-dessus d'elle, il n'y a que le Coran »

Elle faisait courir les têtes couronnées, les stars de cinéma, les poètes et les charbonniers d'un bout à l'autre du monde arabe. C'est peu dire qu'elle était adulée aussi bien par les putains et les gueux que par les bourgeois et les biens nantis. Tous s'enivraient de ses paroles. Dans un film réalisé par Simone Bitton vingt ans

2. Poète, philosophe, mathématicien perse connu pour ses poèmes mystiques, devenu célèbre en Occident grâce à la première traduction par Edward Fitzgerald (1809-1883) de sa poésie.

après sa mort, l'écrivain égyptien Naguib Mahfouz[3], Prix Nobel de littérature qui a donné le nom de la cantatrice à son aînée, disait d'elle : « Les Arabes ne s'entendent en rien, sauf à aimer Oum Kalthoum. [...] Elle parlait aux princes comme aux gens de la rue et aujourd'hui grâce à elle les paysans analphabètes récitent des vers raffinés, les nationalistes glorifient la langue, les mystiques entrent en transe et les femmes rêvent d'amour galant. » « L'Égypte c'est Nasser, Oum Kalthoum et les pyramides », scandait fièrement le peuple dans les années 1960. « Oum Kalthoum, c'est le fond de l'air arabe », confie le journaliste libanais Selim Nassib qui lui a consacré un livre[4].

Difficile d'imaginer un destin aussi exceptionnel que celui de cette femme née au tout début du siècle dernier dans une famille sans le sou du delta du Nil.

Enfant, Kalthoum psalmodie et récite le Coran, privilège pourtant strictement réservé aux hommes, sous l'écoute attentive de son père, le cheikh Brahim El Baltaji, imam et muezzin d'une bourgade paysanne. Avec sa complicité, elle intègre sa troupe religieuse qui psalmodie le texte sacré lors des mariages, des circoncisions et des obsèques ainsi que durant le ramadan. Refoulant les premiers signes de la puberté, elle se produit, déguisée en Bédouin, convertissant ses décibels en or. Très vite, sa voix devient le gagne-pain de la famille. Son père, pour qui « toute musique qui ne glorifie pas Dieu glorifie le Diable[5] », compte les piastres et ne souffle mot. Lui qui s'obstinait farouchement à ne pas l'envoyer à l'école, autre privilège des mâles dans les campagnes égyptiennes de l'époque, organise le déménagement de la famille au Caire pour profiter de son succès. La cadette est bénie des dieux et investie d'une mission. Ne porte-t-elle pas le prénom de la dernière enfant du Prophète ? Or, à cette époque, l'Égypte

3. C'est dans le café Ahmed Abdou, lieu de rencontre de nombreux intellectuels, que Mahfouz fumait le narguilé, buvait du whisky, écoutait les chansons d'Oum Kalthoum et observait la société.

4. Selim Nassib, *Oum*, Balland, 1994.

5. *Les Inrocks :* ‹http://www.lesinrocks.com/actualite/actu-article/t/2815/date/2008-03-20/article/oum-kalsoum-les-mille-et-une-vies-dune-diva›.

est en ébullition et la Dame se trouve au croisement de « ses deux lignes de transformation : politique et musicale. Elle épousera l'une et l'autre pour devenir par la suite l'un des symboles majeurs de l'Égypte moderne[6] ». Son grand attachement à la patrie se confirmera à travers l'amitié doublée d'une proximité idéologique qu'elle va nouer avec le président Nasser, lequel fera plusieurs apparitions en sa compagnie pour fouetter le sentiment nationaliste et renflouer les caisses de l'État.

La Dame a brillé seule et a régné en véritable maîtresse de sa vie, répudiant les maris l'un après l'autre dans le secret le plus absolu. Ce n'est pas rien dans une région du monde où les femmes continuent de naître, vivre et mourir à l'ombre d'un père puis d'un mari. Elle tenait ses hommes en laisse, exigeant d'eux, sans cesse, d'accélérer la cadence pour rattraper la sienne. Rien à faire, ils marchaient tous derrière elle avec un respect quasi mystique. Ce qui fait dire au grand journaliste égyptien Mustapha Amin qu'« au-dessus d'elle, il n'y a que le Coran ». Grâce aux révélations de Robert Essafdi, grand spécialiste de la musique arabe, nous en savons un peu plus sur les hommes de sa vie, quoique certains autres biographes, à l'instar de Selim Nassib, prétendent qu'elle était homosexuelle. Allez savoir... Une chose demeure certaine, la cantatrice refusait ce à quoi la tradition la prédestinait : être une épouse puis une mère.

Oum Kalthoum aurait pris mari à cinq occasions : une première fois elle aurait épousé le jeune Saber Dsouki sur recommandation de son père et avec qui elle vivra jusqu'à la mort de ce dernier. Elle épousera ensuite Abderrahim Bedoui afin de pouvoir se rendre en Irak et animer des spectacles. Une troisième fois, elle prendra pour mari Sabri Cherif Bacha, oncle maternel du roi Farouk, de qui elle a eu sa seule fille : Saadya. Une quatrième fois, elle s'unira au compositeur Mohamed Cherif et enfin, la dernière fois, en 1954, elle se liera à son médecin et confident Hassen El-Hafnaoui. De toutes ces supposées unions, seule la dernière fut rendue publique. Plus encore, des détails

6. *Ibid.*

ayant trait au contrat de mariage furent révélés. La Dame avait pris soin d'y inclure une clause lui permettant de divorcer à tout moment.

La modernité mal assumée

Malgré l'exaltation avec laquelle le monde arabe célèbre Oum Kalthoum, elle demeure plus une exception qu'un exemple. Les réformes nécessaires pour reconnaître les femmes comme des citoyennes à part entière n'ont jamais abouti. Certes, dès leur indépendance, les pays arabes s'empressent d'envoyer les filles à l'école ainsi que les femmes dans les champs, les bureaux et les usines. Mais rares sont ceux qui remettent en cause les dispositions discriminatoires que leur impose le Coran. En effet, le texte sacré autorise l'homme à prendre jusqu'à quatre femmes et à les répudier à sa convenance. La polygamie prescrite par le Coran (IV:3) est autorisée dans la plupart des pays arabes et musulmans. Seules la Turquie d'Atatürk et la Tunisie de Bourguiba l'ont abolie. Quant à la répudiation, il suffit que l'homme prononce trois fois le mot « *talak* », « divorce », pour que la femme soit répudiée, se trouvant ainsi privée de ses droits les plus élémentaires et chassée du domicile familial. Se mettant au diapason de la technologie, certains musulmans ont même répudié leurs femmes par SMS. Par ailleurs, obtenir le divorce pour une femme relève de l'exploit. En 1985, avec six autres femmes, la juriste Mona Zulficar demande au gouvernement égyptien d'amender la loi afin que les femmes obtiennent la possibilité de divorcer sans l'accord du mari. Jusqu'alors, la femme devait faire la preuve de mauvais traitements devant le juge, une mission quasi impossible. Ce « Groupe des sept » est immédiatement vilipendé par les religieux d'al-Azhar. Après sept ans de bataille, en 1992, ces femmes obtiennent le soutien de Suzanne Moubarak. En décembre 1999, Hosni Moubarak signe le projet de loi qui sera voté en 2000. La loi reconnaît le recours au *khola* (divorce sans faute), un principe islamique permettant à la femme de divorcer de son mari en échange de la remise de sa dot en plus de renoncer à toute compensation financière. L'autre option offerte aux femmes, c'est celle de demander le divorce pour faute. Pour pouvoir entamer cette procédure (qui peut leur octroyer des droits financiers), une femme doit apporter la preuve des torts causés par son époux pendant leur mariage. Cependant, il faut savoir que même les accusations de violences physiques doivent souvent être étayées par des témoins et ne sont pas systématiquement prises en compte. Alors que les femmes doivent recourir aux tribunaux pour divorcer et, ce faisant, se trouvent confrontées à d'innombrables obstacles sociaux, juridiques et bureaucratiques, les hommes jouissent d'un droit unilatéral et inconditionnel au divorce. Ils n'ont jamais à se présenter devant un tribunal pour mettre un terme à leur mariage. Ce qui a fait vivement réagir LaShawn R. Jefferson, la directrice de la division Droits des femmes de Human Rights Watch. « Une Égyptienne qui demande le divorce se trouve face à un dilemme. Soit elle demande le divorce pour faute et elle doit vivre des années dans l'incertitude juridique. Soit elle opte pour un divorce sans faute, qui est plus rapide, et elle doit renoncer à tous ses droits financiers[7] », a-t-elle souligné, qualifiant ce système de divorce de discriminatoire envers les femmes. L'organisme de défense des droits humains, qui a produit un rapport de 62 pages intitulé *Divorced from Justice: Women's Unequal Access to Divorce in Egypt*, a décrit les graves atteintes aux droits des femmes découlant de la loi sur le divorce.

Par ailleurs, la lettre coranique exige de l'épouse qu'elle obéisse à son mari, qui est autorisé à la battre en cas de désobéissance (Coran, IV:34). D'autres formes de violence physique telles que les crimes d'honneur et l'excision, qui ne sont pourtant pas explicitées dans le Coran, sont largement répandues dans quelques pays musulmans où les auteurs de ces crimes jouissent de l'impunité la plus totale. C'est ainsi que des pères ou

7. ‹http://www.hrw.org/fr/news/2004/11/28/egypte-garantir-des-droits-egaux-aux-femmes-en-matiere-de-divorce›

des frères s'enorgueillissent d'être les meurtriers de leur propre fille ou sœur ! En 1994, lors de la Troisième Conférence intergouvernementale des Nations Unies sur la population et le développement (CIPD) qui s'est tenue au Caire cette année-là, la diffusion par CNN d'une excision filmée en Égypte avait fait l'effet d'une bombe. La correspondante de la chaîne avait failli être expulsée du pays. Il n'en demeure pas moins que le reportage avait permis de lever un tabou. « La première étude effectuée par l'Organisme central de la mobilisation et du recensement après la conférence de la population en 1994 révèle que 97 % des Égyptiennes âgées de 15 à 49 ans ont été excisées. Les deux sondages effectués en 2005 et en 2008 ont révélé que ce taux a connu une légère baisse, passant de 95,8 à 91,1 %. Cela veut dire que les efforts déployés sur le terrain durant 14 ans ont à peine fait diminuer le taux de 6 %[8] », mentionne le journal *Al-Ahram hebdo* qui révèle que 61 % des femmes ont été excisées à domicile et qu'une majorité des Égyptiennes se disent en faveur de cette pratique. « J'avais 11 ans. Personne ne m'a rien dit. La *daya* (sage-femme traditionnelle) est venue. Ma mère s'est assise sur mes jambes, et m'a tenu les bras. Tout a été très vite : j'ai vu un couteau et j'en ai senti le froid en haut de mes cuisses. Puis il y a eu la douleur. Terrible. J'ai cru que j'allais mourir. J'ai cherché le regard de ma mère, sans le trouver. Ça a beaucoup saigné. On m'a remis des couches pendant quelques jours. Personne ne m'a rien expliqué. Je n'ai réalisé que des années plus tard ce qu'on m'avait fait, en regardant la télévision. Mais on a éteint le poste. Ce sont des choses dont on ne parle pas[9]. »

Signe d'une modernité mal assumée, en 2011, l'existence des femmes continue encore d'être régie en matière d'héritage par des lois islamiques qui prescrivent que la part d'une fille équivaille à la moitié de celle d'un fils (Coran, IV:11). Suivant la même

8. Dina Darwich, « Minimes succès en attendant la victoire », *Al-Ahram hebdo*, 13 janvier 2010.

9. Hubert Prolongeau, « Femmes mutilées au bord du Nil », *Le Monde*, 22 décembre 2005. Lire aussi les témoignages colligés dans : Doaa Khalifa, « À quand la fin des mutilations ? », *Al-Ahram hebdo*, 4 juillet 2007.

logique, dans un tribunal, le témoignage d'un homme équivaut à celui de deux femmes (Coran, II:282). Faut-il s'étonner alors que dans ces conditions les femmes soient privées de l'exercice de leur raison, de leur pouvoir et qu'elles soient surtout exclues de la vie politique et de la dynamique démocratique ? Faut-il se surprendre du retour du voile alors que les non-voilées sont considérées comme « nues » ? Faut-il s'interroger sur leur faible taux d'activité alors que les travailleuses sont perçues comme des prostituées ?

L'Égypte est un bon exemple des multiples contraintes que subissent les femmes au quotidien. Dans ce pays, seuls 2,5 % des parlementaires sont des femmes. D'une façon générale, leur taux de participation à l'exercice du pouvoir n'est guère supérieur. Pire encore, leur représentation a régressé alors qu'elles constituent 53 % de la population. Le système de quota instauré en 1973, qui leur réservait au minimum 30 sièges, a été aboli en 1984 sous prétexte que cette politique allait à l'encontre du principe d'égalité des sexes ! L'hebdomadaire égyptien *Al-Ahram hebdo* rapporte que « selon le Forum économique international, sur 134 pays, l'Égypte occupe la 125e place en ce qui concerne l'égalité entre hommes et femmes. Cela est dû au nombre limité de femmes actives et au taux élevé d'analphabétisme, qui est de 42 % chez les femmes. Il n'y a eu que 8 députés femmes sur les 454 sièges du Parlement pour l'année 2010[10] ». Et il a fallu attendre 2003 pour qu'une femme accède à la fonction de juge.

Cette nomination à la Haute Cour constitutionnelle[11], l'avocate Tahani al-Guébali, spécialiste en droit islamique, l'a attendue des années. Celle qui a entamé sa carrière en 1973 s'est heurtée à la méfiance d'une corporation fortement dominée par les hommes et sous l'influence des islamistes. Toutes les demandes d'accession à la magistrature de ses collègues féminines ont été rejetées au motif que les femmes étaient « trop émotives », avaient

---

10. Hanaa Al-Mekkawi, « Les Égyptiennes aussi font leur révolution », *Al-Ahram hebdo*, 6 avril 2011.
11. Instance composée de 17 juges.

« trop de compassion » ou « manquaient de fermeté pour juger des criminels[12] ». Il faut croire que le seul programme politique qui vaille d'être respecté à la lettre est celui de l'infériorisation des femmes ! Programme qui consiste à enfoncer dans leur crâne le sentiment de peur, de honte et de culpabilité et dans celui des hommes l'ignorance et la vanité. « Je combattais sur plusieurs fronts, explique Guébali, parfois je recourais aux médias, publiant une série d'articles dans l'hebdomadaire *Rose Al-Youssef*. L'une de mes priorités était de faire face aux courants islamistes rigoureux qui s'opposaient farouchement au statut de femme juge. La chaîne satellite Orbit a diffusé un face-à-face entre le cheikh Youssef Al-Badri et moi-même, durant lequel je me référais constamment à la charia pour argumenter [...]. L'une des questions qui me tenait à cœur était : comment l'Égypte, toujours pionnière, suspend ce droit alors que 11 pays arabes et 39 autres pays musulmans l'ont accordé à leurs femmes[13] ? » L'Égypte pharaonique n'a-t-elle pas connu la première femme juge, la déesse Maât, celle de l'égalité ? « C'est elle qui est représentée sur les tribunaux : statue d'une femme aux yeux bandés, portant entre les mains la balance de la justice, tient à rappeler Guébali. Cette image a été transmise au monde entier et est devenue un symbole de la justice partout. Néanmoins, les Égyptiennes ont été privées du droit d'être juge. »

En 2007, 31 femmes sont nommées au poste de juge. La décision provoque la colère des milieux islamistes. En 2010, l'Association des juges du Conseil d'État, une instance qui regroupe 380 juges pour statuer sur les contentieux administratifs, a voté, à une majorité de près de 90 %, contre la nomination de femmes

12. La lutte du mouvement féministe pour accéder à la fonction de juge a commencé à la fin des années 1940 avec l'ancienne ministre des Affaires sociales, Aïcha Rateb, alors jeune diplômée de la faculté de droit qui a saisi pour la première fois la justice pour obtenir le droit de devenir juge. Mais cette pionnière, devenue professeur de droit international, n'a jamais obtenu gain de cause.

13. Dina Darwich et Dina Ibrahim, « La Maât des temps modernes », *Al-Ahram hebdo*, 22 janvier 2003.

juges en son sein. Adel Farghali, président adjoint du Conseil d'État, considère que cette décision est motivée par l'intérêt général. Il prétend que l'idée même du travail de la femme à la justice est contraire à la charia. La justification en est très simple : « Le travail au Conseil d'État est une tâche lourde et compliquée qui demande une connaissance approfondie des lois et de la Constitution et des recherches continuelles pour pouvoir émettre des jugements. La nature et les préoccupations de la femme en tant qu'épouse et mère sont inconciliables avec de telles responsabilités[14]. »

Comment faire éclater, dans ce contexte, la triple prison : le voile, la réclusion et l'ignorance ? Il est si long et tortueux, le chemin de la liberté.

Des victoires sont arrachées par petits bouts. Cependant, elles restent encore trop peu nombreuses. L'étau se desserre difficilement. En 1953, des femmes entament une grève de la faim pour obtenir le droit de vote qui leur est octroyé trois ans plus tard. Un pas vient d'être franchi. « En 1967, le Parlement est sur le point de voter une loi du statut personnel qui déclare l'égalité entre les époux et ne s'appuie plus sur la seule loi musulmane. La guerre des Six Jours contre Israël l'a fait oublier[15]. » Le rendez-vous est donc raté. Plutôt reporté aux calendes grecques…

Force nous est de reconnaître que le statut des femmes n'est franchement pas une « priorité » et que les obstacles à leur émancipation sont de plus en plus nombreux. Le fait de considérer les femmes comme des égales priverait-il les hommes d'un certain pouvoir dont ils ne sont pas prêts à se défaire ? Une chose est sûre, en réformant le statut des femmes, c'est toute la structure

---

14. May Al-Maghrabi, « Une prise de position discriminatoire », *Al-Ahram hebdo*, février 2010.
15. Mireille Duteuil et Denise Ammoun, « Des femmes qui font bouger l'Égypte », *Le Point*, 12 décembre 2000. « L'éducation des filles progresse. Entre 1970 et 1998, le pourcentage des petites filles scolarisées dans le primaire passe de 50 à 72 %. Mais, dans les campagnes, elles quittent souvent l'école dès 10-12 ans. Les femmes exerçant un métier passent, elles, de 6 à 23 % entre 1976 et 1995. »

sociale qui vacillera. Comme le fait remarquer Germaine Tillion : « La diminution générale du rôle de la femme, de sa valeur en tant qu'être humain — au-delà des misères individuelles — se transmet à la société dans son ensemble et agit sur elle comme un frein. [...] la claustration des femmes, les diverses formes d'aliénation dont elles sont victimes représentent la plus massive survivance de l'asservissement humain[16]. » En d'autres mots, niveau de développement et droits des femmes sont indissociables. Tillion explique que « les diverses formes d'aliénation ne dégradent pas seulement l'être qui en est victime ou celui qui en bénéficie, mais — parce qu'aucune société n'est totalement féminine ou totalement masculine — elles paralysent toute l'évolution sociale et constituent une cause irréparable de retard pour ceux qui n'ont pas su s'en libérer ».

En Algérie, j'ai vite compris que la liberté des femmes n'était pas une question exclusivement féminine. En ce sens, la ligne de fracture transcende les sexes et sépare des familles idéologiques. Les familles étant, bien entendu, constituées aussi bien de femmes que d'hommes. Comme en témoigne l'histoire, à différentes époques et dans différentes régions du monde, il est fréquent que des femmes contraignent d'autres femmes ; en outre il arrive qu'elles rencontrent des solidarités masculines. Germaine Tillion souligne qu'« il n'existe pas de milieu où l'on puisse trouver une opinion exclusivement limitée aux femmes ou exclusivement limitée aux hommes, il n'existe nulle part non plus un malheur étanche uniquement féminin, ni un avilissement qui blesse les filles sans éclabousser les pères, ou les mères sans atteindre les fils[17] ». Cette conclusion est tellement vraie. Pour ma part, j'ai eu l'occasion de mesurer le désarroi de nombreux hommes face à la vulnérabilité de leurs mères ou de leurs sœurs. Que d'enfances brisées et de souvenirs cauchemardesques ! Ces malheurs auraient pourtant pu être évités si l'on avait préservé une forme de dignité. L'étude de l'ethnologue

16. Germaine Tillion, *Le harem des cousins*, Seuil, 1996, p. 14.
17. *Ibid.*

n'est pas spécifiquement destinée au monde arabe et musulman. Le sujet de son analyse est le pourtour méditerranéen où l'on n'observe guère de différences d'une rive à l'autre quant à la condition des femmes jusque dans les années 1950. Il se dégage du tableau que dresse cette spécialiste des pratiques familiales qui ont cours dans cette région une certaine unicité dans les structures sociales qui dépasse largement le cadre de la religion et de la langue. Une remarque qui n'est plus fondée aujourd'hui, compte tenu du niveau de développement qui sépare le Levant méditerranéen de l'Occident.

Dans les pays arabes et musulmans, la liberté des femmes n'apparaît pas comme un attribut de la modernité mais comme l'expression d'un « modernisme occidental » dont il faut à tout prix se démarquer. Le sacrifice des femmes est érigé en devoir absolu, théâtralisé et instrumentalisé pour mieux les disposer à la reddition. Autant la puissance économique et militaire de l'Occident fascine ces régimes, autant ces derniers affichent une grande tiédeur lorsqu'il est question de redéfinir le statut des femmes qui demeure la chasse gardée de la tradition. Pour eux, la modernité, ce sont des voitures rutilantes sur des autoroutes livrées clés en main. On la trouve dans les supermarchés où s'entreposent à profusion écrans plats et autres gadgets électroniques. On s'accommode bien du primat économique ou marchand. À côté d'Allah, il y a désormais le dieu dollar qu'on vénère tout autant. Sculptée dans le marbre de la féodalité, la modernité n'est qu'une recomposition de l'ordre ancien. Et à force d'errer dans le modernisme, on finit par perdre l'essence même de la modernité.

Il faut bien comprendre par là que c'est essentiellement par la condition des femmes, le conservatisme des mœurs et l'attachement au dogme islamique que les pays arabes et musulmans tiennent à marquer leur différence avec l'Occident. Pour ces derniers, les femmes constituent le socle inviolable de la sacralité sur lequel repose l'ordre social.

Parmi les leaders arabes, à l'exception d'Habib Bourguiba en Tunisie, personne n'a songé à commencer par le commencement, c'est-à-dire par la reconnaissance de la capacité juridique des femmes avec l'instauration de l'égalité juridique intégrale dans tous les domaines. Pire encore, les avancées non négligeables de la Tunisie n'ont rencontré, en Orient, que critiques, railleries et peu d'adhésions[18]. Ce pays, avec dix ou quinze fois moins de richesses naturelles que la plupart des pays arabes, est arrivé à assurer un niveau de développement comparable à ces derniers sinon supérieur.

En Algérie, alors que la charte d'Alger de 1964[19] reconnaissait l'engagement des femmes dans la lutte de libération nationale et promettait de rendre effective l'égalité, l'Assemblée nationale adopte vingt ans plus tard le Code de la famille qui institutionnalise leur discrimination en s'appuyant sur l'article 2 de la Constitution, lequel stipule que *l'islam est religion de l'État.* Le scénario n'est guère différent parmi les autres États arabes et musulmans. Avec des formulations plus ou moins semblables, on retrouve dans leurs Constitutions que « l'État est islamique » ou encore que « la charia est la source du droit (principale source, une des sources, source d'interprétation ou d'inspiration) ».

---

18. « On raconte que, lors d'une rencontre en 1965, Bourguiba et Nasser discutèrent des progrès de leurs pays respectifs. L'Égyptien aurait chaudement félicité le Tunisien pour sa réforme radicale de la condition féminine. "Faites la même chose", lui aurait lancé le pragmatique Bourguiba. "Je ne peux pas", aurait répondu celui qui fut l'idole du monde arabe. L'histoire ne dit pas pourquoi. » Sophie Bessis, *Les Arabes, les femmes, la liberté*, Albin Michel, 2007, p. 125.

19. À la veille de l'indépendance, le programme de Tripoli proclamait : « La participation de la femme algérienne à la lutte de libération a créé des conditions favorables pour briser le joug séculaire qui pesait sur elle et l'associer d'une manière pleine et entière à la gestion des affaires publiques et au développement du pays. Le parti doit supprimer tous les freins à l'évolution de la femme et à son épanouissement et appuyer l'action des organisations féminines. Il existe dans notre société une mentalité négative quant au rôle de la femme, sous des formes diverses tout contribue à répandre l'idée de son infériorité. » On peut retrouver l'intégralité de la Charte à l'adresse suivante : ‹http://www.el-mouradia.dz/francais/symbole/textes/charte %20d'alger.htm›.

- En Égypte, par exemple, l'article 2 de la Constitution pose le cadre général en promulguant que « l'islam est la religion de l'État dont la langue officielle est l'arabe ; les principes de la loi islamique constituent la source principale de législation[20] ». L'article 11 précise : « L'État assure à la femme les moyens de concilier ses devoirs envers la famille avec son travail dans la société, son égalité avec l'homme dans les domaines politique, social, culturel et économique, sans préjudice des dispositions de la loi islamique. » L'article 19 statue que « l'éducation religieuse est une matière essentielle dans les programmes de l'enseignement général ».

- En Tunisie, l'article premier de la Constitution stipule que « la Tunisie est un État libre, indépendant et souverain ; sa religion est l'islam, sa langue l'arabe et son régime la république ». Les articles 38 et 40 précisent que, pour accéder à la présidence de la république, le candidat doit être de religion musulmane.

- En Jordanie, au Pakistan et en Algérie, l'article 2 de la Constitution établit que « l'islam est religion de l'État » et l'article 73 de la Constitution algérienne rappelle que, pour se porter candidat à la présidence de la république, il faut être de confession musulmane.

- En Syrie, l'article 3 précise que le président doit être musulman et que la loi islamique est la principale source du droit.

- Au Maroc, l'article 6 définit que « [l]'islam est la religion de l'État qui garantit à tous le libre exercice des cultes ».

---

20. Pour rompre avec l'héritage de Nasser et imposer au pays un cours économique libéral, le président Sadate conclut une alliance avec les islamistes contre les organisations de gauche. Ce rapprochement se traduisit par l'ajout dans la Constitution, en avril 1980, d'un article définissant la loi islamique comme la principale source du droit.

• Dans les deux théocraties islamiques que sont l'Iran et l'Arabie saoudite, l'article premier stipule que l'État est islamique. En Arabie saoudite, le même article mentionne que le royaume a pour Constitution le Coran et la sunna (la tradition prophétique caractérisée par les faits et paroles du Messager), alors qu'en Iran, le premier article établit que la souveraineté du peuple repose sur la justice coranique.

Ces références à l'islam consacrent le statut inférieur des femmes dans le monde arabe et musulman. Leur existence est marquée par une multitude d'humiliations et de rebuffades. Et ce, même lorsqu'elles arrivent à occuper les plus hautes fonctions de l'État. Bien qu'elles soient ministres, elles restent femmes. Bien qu'elles fassent l'histoire, elles en sont exclues. Bien qu'elles contribuent à l'édification du pays, elles restent mineures. Pour elles, la citoyenneté se résume à une panoplie de devoirs sans droits. « Pour mesurer à quel point le statut d'infériorité de la femme est, malgré certaines apparences, une réalité sociale et juridique, rappelons par exemple cet incident révélateur qui a défrayé la chronique. [...], Aïcha Rateb, ministre des Affaires sociales [du gouvernement égyptien], avait des difficultés avec son mari et vivait séparée de lui en attendant le divorce. Quand elle a pris l'avion pour un voyage officiel, son mari a réussi à empêcher l'avion de décoller pendant un bon moment car le voyage allait être effectué sans l'autorisation maritale[21]. » Le décret du ministère de l'Intérieur qui exigeait des femmes l'autorisation de leur mari pour voyager à l'étranger a été

21. Mohamed Charfi, *Islam et liberté*, Albin Michel, 1998, p. 19. L'histoire est également reprise par Mireille Duteuil et Denise Ammoun, « Des femmes qui font bouger l'Égypte », *Le Point*, 12 décembre 2000. « Un jour qu'elle était montée dans l'avion qui devait la mener en Europe en voyage officiel, le commandant de bord, la mine décomposée, s'approche d'elle. Avec courtoisie, il lui demande de descendre. Aïcha Rateb, tout ministre qu'elle était, avait omis de demander à son époux — avec lequel elle était en mauvais termes —, conformément à la loi, une autorisation écrite de sortie du territoire. Le mari avait brandi ce moyen légal pour l'humilier en public. L'affaire avait fait grand bruit. »

aboli[22]. Cette anecdote qui a eu lieu dans les années 1970 révèle, à elle seule, l'ambivalence non encore résolue de la place qu'occupent les femmes dans le monde arabe et musulman, que les luttes pour l'indépendance ne sont pas parvenues à résoudre. C'est pourquoi on a vu apparaître, ces dernières années, en Algérie, en Tunisie et au Liban, des revendications en faveur de la laïcité qui font directement le lien avec les droits des femmes. Ces mouvements ont réalisé la nécessité de mettre préalablement en place un cadre laïque pour garantir l'égalité des sexes. Cette exigence, l'intellectuel palestinien Khaled Hroub l'exprime de la façon suivante : « À l'évidence, il n'existe pas de système de valeurs autre que la laïcité susceptible d'organiser des relations saines entre ces différentes entités dans les champs politique, culturel et social. Et si toutes les tentatives de démocratisation dans le monde arabe ont systématiquement avorté, c'est que, en l'absence de culture laïque bien ancrée, le fossé à franchir est trop vaste. [...] Pour nous débarrasser de ces différentes allégeances et adopter enfin les principes de la citoyenneté laïque et de l'égalité fondamentale entre citoyens, la laïcité devient pour nous une nécessité absolue. Elle seule nous permettra de sauvegarder ce qui reste de nos sociétés, avant que leur tissu ne soit irrémédiablement détruit par des explosions sanglantes toujours renouvelées[23]. »

---

22. Ahmad al-Chaer, député islamiste, a exprimé son indignation en rappelant que la Constitution stipule que la charia est la première source de législation. « Selon al-Chaer, la tendance actuelle en Égypte est de modifier certaines lois sous la pression d'organisations internationales et de l'Occident qui accusent l'islam d'être à l'origine de la régression de la femme. "L'islam a requis que la femme prenne la permission de son mari avant de sortir dans un esprit de respect et de cohésion entre la femme et son époux. S'il y a des abus, la femme peut avoir recours à la justice pour trouver une solution. Des abus pourraient aussi survenir du côté des femmes. Et certaines en profiteront pour partir en laissant leurs enfants", a-t-il déclaré. » Marianne Youssef, « Une nouvelle victoire », *Al-Ahram hebdo*, 3 février 2010.
23. Khaled Hroub, « La laïcité, une nécessité absolue », *Al-Hayat*, dans *Courrier international*, 4 octobre 2007. Grand connaisseur du Hamas, auquel il a consacré deux livres (le dernier étant : *Le Hamas*, Demopolis, 2008), Hroub dirige un programme sur les médias arabes à l'Université Cambridge.

Huda Sharawi, l'indépendance et les effluves de la liberté

S'il y a un nom, en Égypte, qui illustre le mouvement de protestation nationaliste contre l'occupation britannique et celui pour l'émancipation des femmes, c'est bien celui de Huda Sharawi (1879-1947)[24], dont l'engagement retentira largement sur l'ensemble des femmes du monde arabe. Habitée par la volonté de transformer la condition des femmes, Sharawi a mené un combat pour l'égalité des sexes, le droit à l'éducation, le dévoilement des femmes, l'accès à la culture, la condamnation du mariage précoce et la limitation de la polygamie. Au Caire, il y a une rue qui porte son nom et qui donne sur la rue Talat Harb, qui relie elle-même la place du même nom à la place Tahrir dont le monde entier connaît maintenant le sens littéral et symbolique : place de la Libération. Au moment où cette extraordinaire volonté de libération enflamme le monde arabe, qu'a-t-on retenu de l'engagement de cette femme fascinante ?

Issue de l'union d'un grand notable et d'une esclave circassienne, Sharawi a passé sa jeunesse dans un harem. Mariée contre son gré à l'âge de 13 ans à son tuteur et cousin germain[25], elle a toujours caressé un grand rêve pour les femmes de son pays : respirer les effluves de la liberté dans une Égypte débarrassée des colons britanniques. Cet immense rêve marquera son existence jusqu'à la fin de ses jours. En 1923, quelques mois après le décès de son mari, une nouvelle vie s'offre à elle à l'âge de 44 ans, marquée par une plus grande liberté qu'elle mettra entièrement au service de son engagement politique. La même année, elle fonde l'Union féministe égyptienne (UFE), une association indépendante qui

24. Elle a dicté ses mémoires à son secrétaire et les a rassemblés dans un ouvrage qui a été traduit en anglais par Margot Badran et dans lequel elle raconte son enfance au harem et les terribles inégalités entre son frère et elle dès son plus jeune âge. Huda Sharawi, *Harem Years : The Memoirs of an Egyptian Feminist,* Feminist Press, 1986.

25. Ali Sharawi était beaucoup plus âgé qu'elle et déjà marié avec une autre femme dont il avait trois filles, toutes plus âgées que Huda Sharawi. Leur mariage a été précipité en partie pour qu'elle soit en mesure de garder les biens hérités de son père, décédé alors qu'elle n'avait que cinq ans.

participera aux conférences féministes internationales et qu'elle présidera jusqu'à sa mort en 1947. Dès 1923, alors qu'elle représente l'Égypte au congrès de l'Alliance internationale des femmes à Rome, elle se dévoile. De retour à Alexandrie, elle ne remettra plus le voile, à la grande stupéfaction du roi qui entre dans une grande colère en apprenant la nouvelle. Femme éduquée et d'une grande culture, parlant couramment le français qu'elle a appris auprès de sa servante italienne, elle fait plusieurs voyages en Europe et entretient des relations privilégiées avec plusieurs intellectuelles européennes, dont Eugénie Le Brun, épouse de Hussain Rushdi Pasha, premier ministre d'Égypte de 1914 à 1919. À cette époque, de part et d'autre du pourtour méditerranéen, l'émancipation des femmes correspondait à quelques réalités communes. Alexandrie appartenait au même monde que Naples. Dans les rues d'Oran ou de Beyrouth, on aurait pu se croire à Marseille ou à Alicante. Les mouvements féministes entamaient leur existence, d'une rive à l'autre en même temps et leurs aspirations étaient sensiblement les mêmes.

Depuis la création du parti Wafd en 1918 par l'ancien juge et avocat Saad Zaghloul (1859-1927)[26], l'agitation nationaliste a gagné toutes les régions de l'Égypte. Ses militants luttent contre

26. La libération de l'Égypte devait se conclure à la fin de la Première Guerre mondiale. Seulement, la promesse d'indépendance ne vit pas le jour. Ce qui poussa trois nationalistes, Saad Zaghloul, Abdel Aziz Fahmy et Ali Sharawi, à former une délégation (*wafd* en arabe) pour se rendre auprès du haut-commissaire britannique et demander la suppression des mesures d'exception (loi martiale, censure de la presse). Lorsque Zaghloul s'adressa au commissaire britannique, il lui dit : « Nous voulons devenir les amis de l'Angleterre, mais nous voulons l'amitié qui unit l'homme libre à l'homme libre, non celle qui lie l'esclave à l'homme libre. » Ce dernier lui rétorqua : « Chez un enfant, trop de nourriture provoque l'indigestion. » Chef nationaliste, la vie de Saad Zaghloul a été ponctuée de plusieurs arrestations et déportations. Son parti qui a mobilisé de larges pans de la petite notabilité rurale et de la classe moyenne urbaine a été le fer de lance de l'indépendance complète de l'Égypte. Inspiré par la modernité européenne, Zaghloul se montrait en public avec son épouse et défendait l'émergence d'un modèle politique séculier basé sur un système électoral, des débats publics et des partis politiques. Henry Laurens, *L'Orient arabe*, Armand Colin, 1993, p. 198.

la mainmise des Britanniques sur le pays et la gabegie de l'administration de la monarchie d'origine albanaise implantée par l'ancien Empire ottoman. Des femmes adhèrent massivement au mouvement de contestation et, le 16 mars 1919, munies de gourdins et d'ustensiles de cuisine, elles défilent contre les Britanniques qui ont instauré un protectorat en 1914 après avoir occupé militairement le pays depuis 1882. Durant la manifestation, une certaine Hamida Khalil est assassinée devant la mosquée Hussein, devenant la première martyre de la révolution de 1919. Des centaines de femmes sont alors arrêtées. Deux jours plus tard, c'est au tour des femmes de la haute société égyptienne de marcher dans les rues de la capitale en signe de protestation. Elles sont encerclées, insultées et humiliées par un cordon de sécurité formé par des agents égyptiens, souvent d'origine paysanne, avec la bénédiction des Britanniques[27].

La trajectoire de Sharawi et ses actions dans la mouvance nationaliste se nourrissent d'un sentiment de rejet à l'égard des Empires ottoman et britannique. Mais elle est bien consciente de l'énorme retard civilisationnel du monde arabo-musulman sur l'Europe. En janvier 1920, dans la cathédrale copte du Caire, Sharawi crée le Comité central des femmes du Wafd. Entrée dans le parti nationaliste par l'intermédiaire de son mari, Ali Sharawi, un proche collaborateur de Zaghloul, son passage n'y est que de courte durée. Essuyant de nombreuses déceptions, elle met fin à cette expérience quelques mois à peine après son adhésion. Lorsque le Wafd et les Britanniques en arrivent à un accord, en 1922, elle se rend compte que les femmes en sont exclues. Amère, Huda Sharawi rumine cet échec et lâche Zaghloul : « Il est tout à fait injuste que le Wafd égyptien qui lutte pour les droits de l'Égypte et pour sa libération, dénie à la moitié de la nation la part prise à cette libération[28]. » Faut-il comprendre par là que les

27. Pour un récit historique détaillé, voir Jacques Berque, *L'Égypte, impérialisme et révolution*, Gallimard, 1967.
28. Margot Badran, *Feminists, Islam and Nation*, Princeton University Press, 1995, p. 82.

nationalistes qui ont pour ambition de conquérir une place pour l'Égypte parmi les nations libres ne comptent pas en faire bénéficier ses femmes ? Ont-ils décidé de ne pas aborder « les sujets qui fâchent » pour rallier le plus grand nombre d'Égyptiens à la cause de l'indépendance ?

Bien que le protectorat ait été aboli en 1922, ce geste reste symbolique puisque les Britanniques gardent la mainmise sur les affaires étrangères et la défense et se réservent le contrôle des voies de communication, la protection des intérêts étrangers ainsi que ceux des minorités et continuent à occuper le Soudan. Ce qui déplaît fortement à Saad Zaghloul qui revendique la pleine souveraineté de son pays et remporte une écrasante majorité lors des élections de 1924. Seuls les hommes prennent le chemin des urnes puisque les femmes sont les grandes oubliées de la première Constitution du pays qui se donne pour but de conduire le peuple égyptien au progrès et au bonheur. Déterminée à s'inscrire dans le mouvement de l'histoire, l'Union féminine égyptienne que vient de fonder Sharawi adresse une requête au Parlement, réclamant l'égalité entre les sexes en matière d'enseignement, c'est-à-dire le droit d'accès à l'enseignement primaire, secondaire et supérieur. Dès 1928, l'accès des étudiantes à l'université prend l'allure d'une lutte politique engageant des modernistes contre un courant conservateur, formé dans sa majorité d'islamistes. Après quelques mois à la tête du gouvernement, Zaghloul est contraint de démissionner le 24 novembre 1924 lorsque le gouverneur général du Soudan et chef de l'armée britannique en Égypte, Sir Lee Starck, est assassiné. Il faudra attendre douze longues années pour que des négociations soient entamées avec Londres et qu'un traité soit signé.

Le 26 août 1936, l'Égypte obtient son indépendance et entre un an plus tard à la Société des Nations. Sharawi, quant à elle, se bat désormais pour l'unité panarabe et la Palestine mandataire[29], sous protectorat britannique, dont le sort la préoccupe

29. À cette époque, le territoire est partagé entre l'Égypte et la Jordanie sous mandat britannique.

depuis l'accélération de l'immigration juive. Répondant à l'appel du Comité des femmes arabes de Jérusalem, elle tente d'obtenir une condamnation internationale de la déclaration Balfour[30], mais en vain. Fuyant les mesures antisémites adoptées en Europe, des milliers de juifs affluent vers la Palestine. L'Orient redevient ainsi la terre de prédilection des juifs européens, tout comme il l'avait déjà été avec l'expulsion des juifs d'Espagne.

L'armée britannique continuera à stationner dans la zone du canal de Suez encore vingt ans. La Grande-Bretagne obtient la possibilité d'utiliser l'ensemble des voies de communication, ports et aéroports égyptiens en cas de guerre. La co-souveraineté exercée par la Grande-Bretagne sur le Soudan est également maintenue. En s'alliant aux religieux d'al-Azhar, le roi Farouk tente d'écarter le Wafd du pouvoir ; il met en avant le caractère religieux de la monarchie pour remettre en cause les principes de la Constitution de 1923. Le roi tente de rétablir le principe du califat qui venait d'être aboli. Le parti nationaliste est, quant à lui, soumis à la critique et accusé de corruption, de penchant pour les coptes et de mollesse face aux Britanniques. Le Wafd qui fait face à des divisions intérieures est battu lors des élections de 1938.

Un autre acteur politique, la confrérie des Frères musulmans, gagne de plus en plus la faveur populaire. Ces nouveaux clercs prêchent l'unification de l'Oumma divisée, quitte à oublier le despotisme de la monarchie, avec pour but ultime de planter sur l'édifice du Parlement leur drapeau où figurent deux sabres se croisant sur un Coran. Sous leur nouvelle bannière, il n'y a subitement ni palais ni taudis, ni riches ni pauvres, mais seulement des « offensés ». Car tout compte fait, tous les musulmans sont des « frères opprimés ». La figure mythique de « l'opprimé » fonctionnera comme un catalyseur de mobilisation et il est de

30. Du nom du ministre britannique des Affaires étrangères, Arthur James Balfour, la Déclaration de 1917 reconnaissait l'adhésion de la Grande-Bretagne à l'établissement, en Palestine mandataire, d'un foyer national pour le peuple juif. Cette déclaration est considérée comme la première étape dans la création de l'État d'Israël.

plus en plus évident que dans le ventre fécond de l'Égypte couve un autre projet de société : celui de l'islam politique.

La Seconde Guerre mondiale aggrave les tensions entre le gouvernement et le roi qui entretient des relations avec l'Allemagne, l'Italie et le régime de Vichy contre la volonté de la Grande-Bretagne. Contrairement aux Frères qui n'ont jamais caché leur penchant pour les forces de l'Axe, le gouvernement se montre plus favorable aux Alliés qui imposent le retour du Wafd. Cependant, cet appui extérieur discrédite le parti nationaliste. Le mécontentement se fait fortement sentir dans les milieux militaires et le roi renvoie le Wafd en octobre 1944. En janvier 1945, il déclare la guerre à l'Allemagne et au Japon.

L'après-guerre est suivi d'une forte instabilité politique et sept États arabes entreprennent de fédérer leurs forces pour créer, le 22 mars 1945, l'organisation de la Ligue arabe qui compte aujourd'hui 22 membres. Parmi les représentants des pays dans la Ligue ne figure aucune femme, ce que Huda Sharawi déplore fortement en affirmant que « la Ligue dont vous avez signé le pacte hier n'est qu'une moitié de Ligue, la Ligue de la moitié du peuple arabe[31] ». C'est fou ce que ces pays ont le don de détruire les rêves des femmes et de briser leurs volontés ! Les tensions sont exacerbées par la défaite arabe de 1948 face à Israël, qui nuit fortement à l'image de la monarchie et des partis qui la soutiennent. Le Wafd apparaît alors comme l'ultime recours politique et gagne les élections de 1950.

« Relève la tête, mon frère ! »

Deux ans plus tard, les Officiers libres (des militaires), avec à leur tête Gamal Abd al-Nasser, prennent le pouvoir par un coup d'État et renversent définitivement la monarchie pour mettre en place un système républicain à parti unique. La Constitution de 1923 est abolie le 10 décembre 1952. Le rêve nationaliste se

31. Badran, *Feminists, Islam and Nation*, *op. cit.*, p. 246.

poursuit. Il connaît même un nouveau souffle avec l'émergence de la figure charismatique de Nasser dont le slogan est : « Relève la tête, mon frère[32] ! » Le rêve s'étend à l'ensemble des peuples arabes et au Mouvement des non-alignés créé en 1955 à la conférence de Bandung sous l'égide de Nehru et de Tito. Désormais, il est possible pour les « petits » de se tailler une place parmi les « grands ». Bénéficiant du soutien de la Chine et de l'URSS, l'Égypte inflige une terrible rebuffade aux Britanniques ainsi qu'aux Français en nationalisant le canal de Suez dont ils avaient la cogestion, moins de trois ans après l'échec de la nationalisation du pétrole iranien par Mossadegh[33]. Cette reconfiguration géopolitique bénéficie aux États-Unis dont l'arrivée sur la scène régionale éclipse les anciennes puissances coloniales. Pour une fois, les clivages entre Russes et Américains n'ont pas empêché une action multilatérale[34].

Point de passage stratégique pour le pétrole et voie commerciale vitale, le canal de Suez fait l'objet de toutes les convoitises.

---

32. Discours de Nasser le 21 février 1959 : « La recherche de la liberté sous toutes ses formes, politique, économique et sociale, ne visait en fait qu'à engendrer une volonté libre, fière et indépendante, qui construirait elle-même son avenir et façonnerait de ses propres mains les lendemains glorieux qu'elle s'était choisis. S'affranchir du colonialisme, mes frères, c'était libérer la volonté indépendante ; s'affranchir du féodalisme, c'était aussi libérer la volonté indépendante ; et s'affranchir de la domination du pouvoir par le capital, c'était encore libérer la volonté indépendante. Car si la liberté est conquise, et par là même la volonté indépendante, alors la route est toute tracée pour que les peuples puissent mettre en œuvre leur expérience et réaliser leurs vastes desseins et aspirations. » Hossam Issa, « La *Nahda* ou le rêve de la nation égyptienne de Muhammad 'Ali à Gamal Abdel Nasser », 8 juillet 2008, ‹http://ema.revues.org/index1480.html›.
33. En 1951, le premier ministre Mossadegh nationalise l'industrie pétrolière. L'Anglo-Iranian Oil Company et la Grande-Bretagne portent plainte devant la Cour internationale de Justice. En 1953, Mossadegh est renversé par un coup d'État appuyé par la CIA.
34. Le conflit donne naissance à une première opération multilatérale des Nations unies avec l'arrivée des Casques bleus. C'est le ministre canadien des Affaires étrangères de l'époque, Lester B. Pearson, qui a eu l'idée de déployer une force onusienne neutre entre les parties belligérantes. Cela lui a valu le prix Nobel de la paix en 1957.

Cette bataille, c'est celle de la reprise en main de l'économie du pays et de la nationalisation de tous les intérêts anglais et français pour qu'enfin *l'Égypte revienne aux Égyptiens*. En devenant le principal actionnaire, l'État s'approprie les capitaux étrangers dans tous les secteurs de l'économie et enregistre entre 1961 et 1965 les meilleurs taux de croissance industrielle de son histoire contemporaine[35]. On rêve de lendemains meilleurs : de parer la révolution des plus grandes espérances en ouvrant la voie aux indépendances nationales en Afrique, en Asie et en Amérique latine.

Pour mesurer l'influence qu'a eue l'Égypte sur l'ensemble du monde arabe, laissons s'exprimer Mohamed Charfi qui, en 2002, faisait l'analyse suivante : « Nous [les nationalistes tunisiens] nous rencontrions dans notre admiration commune de l'Égypte, l'aînée des nations arabes et qui, la première, a combattu la colonisation et obtenu son indépendance. Nous étions émerveillés par le degré d'évolution de ce pays avec une société qui se modernisait, une femme dévoilée, une presse relativement libre, un bouillonnement culturel, des élections périodiques et un parti dominant, le Wafd, aux tendances laïcisantes assez claires. Le Caire, siège de la Ligue arabe et du Bureau du Maghreb arabe d'où nous parvenaient les encouragements et les appels à la poursuite de la résistance, avait à nos yeux un prestige incomparable. Ce prestige a augmenté avec la nationalisation du canal de Suez, le discours anti-impérialiste enflammé de Nasser et son appel à l'unité arabe et à la libération de la Palestine. Lorsque, le 20 mars 1956, le protocole d'indépendance a été signé, la joie était immense ; car, dans notre esprit de jeunes idéalistes et démesurément optimistes, le plus difficile étant fait, tous nos objectifs allaient être atteints. Aujourd'hui, quarante-six ans après, je prends la mesure des erreurs d'appréciation et de l'excès d'optimisme de la jeunesse. L'Orient arabe a accompli des pas immenses en arrière[36]. »

35. Hossam Issa, *op. cit.*
36. ‹http://www.alternatives-citoyennes.sgdg.org/num8/actualite-p.html›

Pour saisir l'ampleur de cette régression, encore faut-il se familiariser avec ce qui a fait la fierté de l'Orient du Moyen Âge à la Renaissance, c'est-à-dire ses philosophes, ses savants et ses poètes. Quoi qu'on en dise, l'Orient, avant de s'ankyloser, a été un lieu intellectuel dynamique où ont existé plusieurs écoles de pensée qui se sont affrontées ; où les questionnements philosophiques étaient encore possibles. Sa déchéance a commencé lorsque les clercs l'ont emporté sur les philosophes, lorsque la certitude a verrouillé les doutes, lorsque la bataille des livres a été perdue, lorsque le religieux a cessé de passer par le filtre de la raison critique. Sa décadence s'est confirmée lorsque tout mouvement a été déclaré hérétique et que l'immobilisme a été érigé en culte.

Il était une fois des penseurs arabes féministes

Il y a longtemps que des voix masculines se sont élevées dans le monde arabe pour proposer des réformes en profondeur concernant le statut des femmes. Ce mouvement a connu un réel regain avec la naissance du courant réformiste arabe, la Nahda, qui a débuté au milieu du XIXe siècle. En Occident, on ne soupçonne guère son existence. Car, dès qu'il est question du Levant, une détestable vision différentialiste ou essentialiste vient brouiller les enjeux et obscurcir la réflexion. J'entends encore cette enseignante de l'Institut Simone de Beauvoir de Montréal suggérer que le féminisme occidental n'était qu'une forme de néocolonialisme et que le voile islamique n'était, tout compte fait, pas si contraignant que ça, lors d'une rencontre animée par le journaliste François Bugingo à laquelle je participais au Musée de la civilisation du Québec le 8 mars 2010.

Je réagis à ces propos. Je conteste cette ignoble vision. Je déterre mes silences. Je partage mon expérience. Je sais mes critiques acerbes. Mais elles ne sont rien face à la réclusion. Cet entre-deux invivable entre la vie et la mort, je le connais. Je sais le poids des bâches de la honte et de la mort. Le public réagit, approuve, applaudit chaleureusement. Il est, encore une fois, mon seul bouclier contre la bien-pensance dont les théories et surtout les baratins sur « la différence, la tolérance et l'ouverture » m'ennuient. Tous ces gens m'aident à tenir. Leur implication insoupçonnée me fait oublier ces milliers de kilomètres qui me rentrent dans le corps. Pour libérer la parole, rien n'est aussi important que ce contact direct avec mes concitoyens. Quelques semaines auparavant, j'étais dans la région de Québec à l'invitation du comité femmes de l'Association des retraités de l'éducation du Québec (AREQ) présidée par Carole Dionne. La salle était pleine, immensément accueillante et chaleureuse. J'engrange des forces afin d'étayer mon avancée. Je sais que mon message fait son chemin. J'ai toujours pensé qu'à force d'implication on finit par insuffler le mouvement.

Surtout, je ne me laisse distraire par aucun « lifting du voile » qui vise à enjoliver et flatter ces « âmes occidentales » sensibles aux paillettes, aux tons des couleurs et aux textures des étoffes. D'ailleurs, on peut mesurer l'ampleur de la séduction qu'opère le voile islamique sur une bonne partie des journalistes québécois en lisant l'article d'Anabelle Nicoud, « Le hijab à la mode », paru dans *La Presse* le 31 janvier 2011. Sans retenue aucune, sans égard aux canons journalistiques de base, la page du journal est entièrement dédiée à faire l'apologie du voile islamique, le présentant comme un objet de mode et de séduction. À la suite de cet article, l'animateur Benoit Dutrizac a vivement réagi lors de son émission radiophonique au 98,5 FM le jour même. Rien à faire… une bâche restera, pour moi, une bâche. C'est kif-kif (pareil). Je connais sa fonction. J'ai fouillé cette question dans ses moindres recoins dans le creux fourbu de la douleur. Qui ne prend pas la mesure des contraintes sur le corps ne peut comprendre l'aliénation des consciences. Jamais je n'accepterai, ici, ce que j'ai toujours combattu là-bas. Si l'on admet que des femmes puissent dégrader leur propre condition au nom d'une supposée culture, on se désolidarise d'une partie de l'espèce humaine et on consent qu'elle évolue à l'écart. Pourtant, en Égypte, le voile avait graduellement disparu dans les grands centres urbains. En 1958, un journaliste du *Sarasota Herald Tribune* de passage dans la région écrivait que « le voile est inconnu ici[37] ». Cette tendance m'a été confirmée par plusieurs Égyptiennes ayant vécu dans ce pays dans les années 1950 et 1960, notamment par Samia I. Spencer, professeur de français à l'Université Auburn aux États-Unis, qui a eu la gentillesse de partager avec moi de nombreuses photos de sa vie d'écolière et d'étudiante en Égypte. Une histoire rapportée par le *Courrier international* corrobore ces faits. « En comptant les tables et le nombre de chaises par table, mon épouse, sociologue comme moi, a calculé le nombre d'invités présents : environ quatre cents, dont une bonne moitié de femmes. Parmi tout ce beau monde, elle était la seule à ne pas porter le voile. Elle m'a rappelé alors qu'il y a quarante ans, au premier mariage égyptien auquel elle avait assisté, pas une seule invitée n'était voilée[38]. » Dans *Unveiling in Early Twentieth Century Egypt: Practical and Symbolic Considerations*, l'auteure Beth Baron a bien montré tous les enjeux entourant la question du voile dans l'Égypte du début du siècle dernier. Huda Sharawi était loin d'être la première Égyptienne à se débarrasser d'une pièce de tissu que beaucoup de femmes des villes et des campagnes ne portaient pas. Le voile était essentiellement lié à la position sociale. Contrairement aux femmes des classes supérieures, les paysannes et les femmes du peuple étaient libres de leurs mouvements et n'avaient pas le visage voilé. Les chanteuses, les danseuses, les servantes qui allaient de maison en maison jouissaient également d'une grande liberté. Par son geste, Huda Sharawi voulait mettre fin à la culture de harem à laquelle elle avait été jusqu'alors assujettie. Alors qu'aujourd'hui, dans ce pays, les hommes ont totalement délaissé

37. Phyllis Chesler, « Ban the Burqa? The Argument in Favor », *Middle East Quarterly*, automne 2010, p. 33.

38. Saad Eddine Ibrahim, « Choses vues aux noces de ma cousine », *Al-Masri Al-Youm* dans *Courrier International*, 3 février 2011. Saad Eddine Ibrahim est sociologue et militant des droits de la personne, il dirige le Centre Ibn Khaldoun d'études sociologiques et politiques, un forum réformateur et laïque. Le pouvoir, qui lui a reproché d'avoir « terni l'image de l'Égypte » et « reçu illégalement des fonds étrangers », l'a emprisonné de 2000 à 2002. Sa femme, Barbara Lethem Ibrahim, dont il question dans l'article, est également sociologue.

l'habit traditionnel au profit d'un habit occidentalisé, le voile a regagné du terrain sous l'impulsion des islamistes pour devenir pratiquement la norme.

Il y a bien eu, en Orient, des hommes qui ont fait de la cause des femmes leur préoccupation principale. Un retour sur leur engagement permet de comprendre que l'exclusion des femmes de la sphère publique est davantage le fruit de l'histoire que d'une supposée « culture » et que leur mise à l'écart correspond bel et bien à une vision politique. Considérant les rapports des sexes avec les yeux de leur temps, plusieurs penseurs de la fin du XIXe siècle ont fait leur marque dans la société égyptienne en publiant des contributions fort remarquées : Kassem Amin (1863-1908) ; Mansour Fahmy (1886-1959) ; Ali Abd al-Raziq (1888-1966) et Taha Hussein (1889-1973). Chacun de ces penseurs a contribué à poser les principaux jalons d'une pensée nouvelle. Une pensée qui a pris forme dans un double mouvement : l'émancipation des femmes et la séparation du temporel et du spirituel.

Dans ses deux ouvrages pamphlétaires *Tahrir al-maraa* (*L'émancipation de la femme*, 1899) et *Al-maraa al-gadida* (*La femme nouvelle*, 1901)[39], Kassem Amin fait une corrélation directe entre l'état de sous-développement du monde arabe et la condition des femmes, en abordant les questions essentielles de l'éducation et du voile. Concernant ce dernier, l'auteur affirme : « Nous n'avons trouvé aucun texte dans la charia qui exige le hidjab de la sorte que nous connaissons. Ce n'est qu'une coutume. C'est pour cela que nous ne voyons aucun inconvénient à discuter du sujet, et à insister sur la nécessité de changer cette coutume. » Amin, qui prône la généralisation de l'enseignement et sa gratuité, fustige le port du voile, appelle ses concitoyennes à s'en débarrasser et interpelle les hommes : « C'est quand même étonnant ! Pourquoi ne demande-t-on pas aux hommes de porter le voile ou de dérober leur visage au regard des femmes s'ils craignent

39. Qasim Amin, *The Liberation of Women and the New Woman : Two Documents in the History of Egyptian Feminism,* American University of Cairo Press, 2000.

tant de les séduire? La volonté masculine serait-elle inférieure à celle de la femme? » Quant au constat qu'il fait concernant le vécu des femmes, il est tout aussi sévère. Cet ancien juge et élève de la Faculté de droit de Montpellier considère que la société persiste à leur refuser la dignité d'être humain et que ce climat d'oppression et de domination généralisé mène à leur dégradation si bien que même leurs enfants, surtout les garçons, ne montrent aucun signe de respect à leur égard; au contraire, ils ont tendance à les mépriser et à les ignorer. Pour cet intellectuel, la réforme des lois régissant le mariage et le divorce était une urgence et l'abolition de la polygamie une nécessité. Jusqu'à la fin de sa vie, il martèlera le même message: « Je ne crois pas exagéré de proclamer que les femmes sont le fondement d'une édification solide de la civilisation moderne. »

Le livre de Mansour Fahmy, *La condition de la femme dans l'islam*[40], est une thèse de doctorat soutenue à la Sorbonne en 1913 sous la direction du professeur Lévy-Bruhl et publiée la même année à Paris, dans laquelle cet érudit d'al-Azhar et disciple de Durkheim traite de la condition des femmes en islam du point de vue sociologique. Il fait un lien direct entre les classes sociales, la réclusion et le voile. En analysant le cheminement du Prophète, il écrit: « Mahomet légifère pour tous et fait exception pour lui-même. » En effet, ce dernier exige des maris polygames l'équité dans le traitement des épouses alors que lui ne cache guère sa préférence à l'égard d'Aïcha. Voilà qu'il limite la polygamie à quatre épouses alors qu'il s'autorise à en épouser davantage. Pour valider un mariage, il exige des témoins et une dot alors que lui s'en dispense. La vie du Prophète n'est pas sans importance lorsqu'on connaît son influence sur la législation islamique jusqu'à nos jours. Fahmy explique: « Nous avons parlé si longuement des mariages de Mahomet parce qu'ils ont eu une répercussion sur le domaine du droit et sur le domaine des mœurs: l'esprit d'imitation qui animait les sectateurs zélés du Coran les a poussés à suivre en tout l'exemple du Prophète, dont

40. Mansour Fahmy, *La Condition de la femme dans l'islam,* Allia, 2002.

les actes étaient considérés comme marqués de l'empreinte divine, et la conduite de Mahomet à l'égard de ses femmes a servi de modèle aux générations postérieures[41]. » C'est pourquoi le sociologue remet en cause la « sacralité » du texte coranique et plaide pour l'abandon des lois islamiques responsables de la décadence du statut des femmes.

L'ouvrage d'Abd al-Raziq *Al-islam wa usul al-hukm* (*Les fondements du pouvoir en Islam*, 1925) pose le problème du califat et affirme que ce système politique est inapte à gouverner et doit être remplacé par un nouveau système basé sur l'expérience et la raison humaine. Pour ce cheikh d'al-Azhar qui considère que la mission prophétique était strictement religieuse, la justice ne doit pas se rendre au nom d'Allah. « Rien n'empêche les musulmans d'édifier leur État ou leur système de gouvernement sur la base des dernières créations de la raison humaine et sur la base des systèmes dont la solidité a été prouvée, ceux que l'expérience des nations a désignés comme étant parmi les meilleurs[42] », écrit-il. Pour permettre aux musulmans de s'ouvrir à la science et de vivre avec leur temps, il faut contextualiser le Coran. Cette perspective n'avait pas uniquement des incidences sur le débat sur *l'institution califale* comme telle, mais impliquait des transformations considérables dans tous les aspects du vécu social, en particulier pour les femmes. En prônant la séparation du politique et du religieux, Abd al-Raziq a ouvert le champ politique à la raison en s'inscrivant dans la lignée de la pensée des mutazilites. « Pour la première fois dans l'histoire de la pensée politique en islam, on défendait l'idée que le califat est plus une institution empirique, imposée par des nécessités sociales changeantes, qu'une fonction religieuse dûment définie par des textes sacrés[43]. » C'est en ces termes que le penseur Mohamed Arkoun a souligné la contribution de l'œuvre d'Abd al-Raziq.

---

41. Mansour Fahmy, *op. cit.*, p. 16.
42. Ali Abd al-Raziq, *L'islam et les fondements du pouvoir*, Matba'at Misr, 1925, traduction par Abdou Filali Ansari, La Découverte, 1994, p. 156.
43. ‹http://www.oboulo.com/commentaire-texte-islam-fondements-pouvoir-1925-ali-abd-el-raziq-44914.html›

Le livre Fil adab al-jahili (*De la poésie préislamique*) de Taha Hussein[44] publié en 1927 porte une empreinte grecque et méditerranéenne qui renoue avec la dimension hellénique de l'Égypte. Étudiant la langue, la rhétorique, les références des poètes jahilites (préislamiques), l'auteur dissèque cette poésie et l'analyse à travers une méthode rigoureuse et des critères scientifiques qui l'amènent à douter de son authenticité. Certains clercs voient dans cette démarche une prédisposition à critiquer le texte coranique qui s'est édifiée au fil des siècles sur la même logique linguistique que la poésie préislamique et s'empressent de l'accuser d'athéisme. D'autant plus qu'Hussein désacralise le récit religieux et écrit : « L'Ancien Testament peut nous parler d'Abraham et d'Ismaël, le Coran peut nous en parler aussi ; pourtant, le fait que leurs noms apparaissent dans ces deux textes ne suffit pas pour prouver historiquement qu'ils ont existé, ou pour établir le bien-fondé de cette histoire qui nous raconte la migration d'Ismaël fils d'Abraham jusqu'à La Mecque[45]. » À l'évidence, ce jeune homme brillant, frappé de cécité à l'âge de trois ans, issu d'un milieu pauvre, et qui accumule les succès, dérange l'oligarchie azharienne. Le 15 mai 1914, Taha Hussein présente la première thèse universitaire en Égypte ayant pour sujet le poète et philosophe syrien Abou Ala

44. « Il était journaliste de presse politico-littéraire, professeur d'histoire gréco-romaine puis de littérature arabe à la faculté de lettres du Caire dont il devint doyen. Il était le premier président de l'université d'Alexandrie (qu'il avait créée en 1942), contrôleur général de la culture, représentant de l'Égypte à l'UNESCO, conseiller technique et sous-secrétaire d'État au ministère de l'Instruction Publique, ministre de l'Éducation (nommé en 1950) et le premier à avoir aboli les frais d'inscription et instauré la gratuité de l'enseignement dans son pays. » Kania Chettouh, *Biographie : Qui est Taha Hussein ?*, 21 juin 2009. ‹http://www.republique-des-lettres.fr/10822-taha-hussein.php›

45. Luc-Willy Deheuvels, « Tâhâ Husayn et *Le livre des jours* ; Démarche autobiographique et structure narrative », *Revue des mondes musulmans et de la Méditerranée,* n°s 95-98, avril 2002, mis en ligne le 12 mai 2009 : ‹http://remmm.revues.org/index236.html›.

al-Maari[46] (973-1057). Considérant que la littérature est une science, Taha Hussein plaide pour l'acquisition d'une culture générale solide et une large réforme du système éducatif. C'est d'ailleurs lui qui parviendra à instaurer la gratuité de l'enseignement dans son pays après un passage à la tête du ministère de l'Éducation de 1950 à 1952 (sa devise : « L'enseignement est [nécessaire] comme l'eau et l'air »). L'écrivain qui avait été expulsé en 1931 de l'université par le ministre de l'Éducation se hissera au sommet de la pyramide pour y laisser son empreinte.

Les ouvrages précédemment cités ont connu un grand retentissement et ont été l'occasion en Égypte de débats passionnés. Il reste que leur influence a été fortement limitée en raison de la censure des autorités religieuses d'al-Azhar et de la lâcheté des élites politiques et universitaires qui n'ont pas su tirer profit de ces grands esprits libres. Toutes ces œuvres qui auraient pu favoriser un passage qualitatif vers les valeurs émancipatrices de l'individu ont été mises à l'Index, brûlées dans des autodafés et rageusement combattues, et la société a été condamnée ainsi à l'immobilisme.

Abd al-Raziq a été chassé d'al-Azhar[47] et son titre de cheikh lui a été retiré. Interdit de toute fonction religieuse, il a également

46. Précurseur d'Omar Khayyam, al-Maari ne manifeste dans sa poésie aucune complaisance à l'égard des pouvoirs politiques et religieux. Une polémique éclate entre celui-ci et le philosophe Ibn Alqarih et prend la forme d'un célèbre ouvrage intitulé *Rissalat Al Ghofrane* (*Lettre du pardon*). La liberté de ton témoigne, en effet, de la vigueur des échanges à cette époque. Avec un style ironique mais une grande profondeur philosophique, al-Maari imagine son concurrent dans l'au-delà en train de se promener entre le purgatoire, le paradis et l'enfer où il fait des rencontres pleines de surprises avec des poètes décédés. Ce texte n'est pas sans rappeler *La divine comédie* de Dante écrite deux cent ans plus tard. Al-Maari écrit : « Réveillez-vous, réveillez-vous pauvres sots, vos religions ne sont que ruse de vos ancêtres » ; « *Les habitants de la terre se divisent en deux catégories : les uns, doués d'intelligence, mais sans religion ; les autres religieux, mais dénués d'intelligence.* » ‹http://remacle.org/bloodwolf/arabe/almaari/extraits1.htm›

47. Taha Hussein à propos de la condamnation d'Abd al-Raziq écrit : « Des gens d'al-Azhar se sont coalisés contre cet homme et l'ont exclu de leurs rangs ;

été radié de son poste de juge auprès du tribunal religieux d'al-Mansura. Accusé de « juiverie », d'hostilité à l'islam et à son prophète, Fahmy a été persécuté et écarté de l'enseignement en Égypte pendant six ans, jusqu'au lendemain de la révolution de 1919. Dans sa préface à *La condition de la femme en islam,* Mohamed Harbi écrit : « Fahmy a été désigné à la vindicte publique par des journalistes sans scrupule devant lesquels les autorités universitaires ont dû honteusement s'incliner[48]. » Kassem Amin ainsi que Taha Hussein ont également fait les frais de l'ignoble intransigeance d'al-Azhar et furent accusés d'hérésie. Cependant, cela ne les a pas empêchés de poursuivre leurs travaux et d'étoffer leur contribution. Précisons tout de même que ce que l'on a désigné en Égypte comme *l'affaire Taha Hussein* a poussé le pays au bord de la crise politique et a eu des échos internationaux. Hussein, quant à lui, menacé de mort et de poursuites judiciaires, constamment calomnié[49] dans la presse, a été contraint de s'exiler en France et a été réhabilité par la suite.

Le divorce forcé du professeur apostasié

En comparaison avec la production intellectuelle qui se fait en Égypte depuis trente ans, avouons que celle du début du

---

or, al-Azhar est une chose, et la religion en est une autre… Viens donc, discutons et rions de cette histoire comique, l'histoire de ton livre, de ta condamnation, de ton expulsion d'al-Azhar ; oui, nous rirons de toi, de ton livre, d'al-Azhar et de ceux qui t'en ont chassé. Discutons en toute liberté, et ne fais pas l'azharien, tu n'es plus à al-Azhar. Qu'as-tu dit dans ton livre ? Tu as affirmé que le califat n'était pas un des fondements de l'islam ; pourquoi ne pas avoir mené l'étude à son terme et achevé la théorie : le califat n'est pas un fondement de l'islam, il est tiré du droit romain. » Luc-Willy Deheuvels, *op. cit.*

48. Mansour Fahmy, *op. cit.*, p. 7.

49. Ignorance, trahison, blasphème, dépravation, corruption par les idées européennes, apostasie ne sont que quelques-unes des accusations proférées contre Taha Hussein, à qui on a également reproché son mariage avec une non-musulmane et les prénoms français qu'il a donnés à ses deux enfants. Luc-Willy Deheuvels, *op. cit.*

siècle dernier, malgré tous les obstacles qu'elle rencontrait sur son chemin, bénéficiait d'un climat plus favorable à la liberté de pensée (ou peut-être, moins hostile). En effet, le milieu politique de l'époque n'était pas en mesure de verrouiller le champ de la raison : la réelle pluralité des partis politiques, leur jeunesse ainsi que leur fragilité, et un mouvement des Frères musulmans encore inexistant ou tout juste formé, tous ces éléments empêchaient l'hégémonie d'un parti sur les autres ou la création d'un système étatique despotique. Pour mesurer l'effroyable repli, il suffit de rappeler que le plus célèbre roman du doyen de la littérature arabe, Taha Hussein, *Al Ayyam* (*Les jours*), a failli être retiré des programmes scolaires en 2010.

La nouvelle est tombée comme un couperet après que le journal libanais *al-Khabar* eut ébruité l'affaire par l'entremise de son correspondant au Caire. Déjà en avril, le quotidien koweïtien *al-Qabas* avait révélé qu'un rapport du ministère de l'Éducation recommandait la suppression des textes de Hussein au programme depuis fort longtemps. « Aujourd'hui, l'article d'*Al-Akhbar* nous apprend que le ministère a donné suite au fameux rapport. Au prix d'un sordide marchandage, le livre reste au programme, mais les élèves n'y trouveront pas les paragraphes les plus moqueurs sur les travers de certains des hommes de religion, sur leur hypocrisie et leur bigoterie. Les responsables égyptiens ont donc jugé bon d'émasculer le texte le plus célèbre écrit, il y a bientôt un siècle, par celui qui symbolise, dans toutes les écoles du monde arabe, la Renaissance arabe, cette tentative pour les penseurs de cette culture d'élaborer une pensée en phase avec le monde de leur temps[50]. » Près de quatre-vingts ans après la parution de son roman autobiographique, les bigots ont fini par avoir la peau du géant. Ce qui a fait fortement réagir la comédienne syro-libanaise Darina al-Joundi. Dans une charge contre l'institution religieuse, elle explique comment « al-Azhar a enfin triomphé sur Taha Hussein[51] ».

---

50. ‹http://cpa.hypotheses.org/203›
51. ‹http://www.prochoix.org/cgi/blog/index.php/2010/01/11/2251-al-azhar-versus-taha-hussein-darina-al-joundi›

Le doyen de la littérature arabe n'a pas été le seul à faire les frais de cette infâme censure. Le roman des *Mille et une nuits* a été interdit, le film de Youssef Chahine *Al-Mohaguer* (*L'émigré*) retiré des salles, les écrits de Naguib Mahfouz[52] censurés ainsi que ceux de la féministe Nawal al-Saadawi[53]. C'est dans cet ignoble climat que Farag Foda[54], intellectuel laïque, a été assassiné sous les yeux de son fils Ahmed le 8 juin 1992 et que plusieurs autres intellectuels et artistes ont été déclarés apostats par al-Azhar et condamnés à mort. Les exemples ne manquent pas[55].

Le procès le plus célèbre est probablement celui de Nasr Hamed Abou Zeid, professeur d'études islamiques de renommée internationale qui a dû se réfugier aux Pays-Bas à l'été 1995 après avoir été condamné, par la Cour d'appel du Caire, à se séparer de son épouse Ebtihal Younès, professeur de français, pour cause d'apostasie. Ce qu'on avait présenté, au départ, comme la malheureuse histoire d'un enseignant à qui on refusait sa titularisation a pris une curieuse tournure, plongeant le pays

52. En 1994, l'écrivain, âgé de 84 ans, fut poignardé au cou par deux islamistes de al-Gamaa al-Islamiya dans son quartier, ce qui lui fit perdre l'usage de sa main droite, qu'il utilisait pour écrire.
53. Il est question du roman *Soqout al-imam* (*La chute de l'imam*) publié en 2004.
54. Parmi ses œuvres : *Al-Wafd wa-l-mustaqbal* (*Le Wafd et le futur*), *Qabl as-Suqût* (*Avant la chute*), *Al-Haqîqa al-ghâ'iba* (*La vérité oubliée*), *Hiwâr hawl al-'almâniyya* (*Dialogue au sujet de la laïcité*), *Al-Tâ'ifiyya ilâ ayna* (*Le confessionnalisme vers où ?*), *Al-Mal'ûn, qissat sharikat tawzîf al-amwâl* (*Le maudit, histoire de la société d'investissement*), *Al-Irhâb* (*Le terrorisme*), *Al-Nadhîr* (*L'avertisseur*), *Nakûn aw lâ nakûn* (*Être ou ne pas être*), *Hattâ la yakûn kalâman fîl-hawâ* (*Pour que ce ne soit pas des paroles en l'air*).
55. Le roman *Walima li aâchab al bahr* (*Festin pour les algues de la mer*) du Syrien Haydar Haydar, le poème de Hilmi Salem *Chorfat Leila Mourad* (*Le balcon de Leila Mourad*) ont été jugés « blasphématoires » par al-Azhar. En ce qui concerne le roman, le 17 mai 2000, al-Azhar émet une déclaration pour signifier qu'il est considéré comme contrevenant à l'islam et incrimine le ministère de la Culture qui interrompt l'impression de trois autres romans. Des milliers d'étudiants d'al-Azhar manifestent et le recteur appelle à un cérémonial d'autodafé du roman dans un lieu public. « La liberté d'expression est bienvenue, mais tous les hommes de lettres doivent comprendre que cette liberté est restreinte par le respect de Dieu, du Prophète et des valeurs religieuses », déclare le recteur de l'université.

dans un scandale sans précédent. Un groupe d'avocats islamistes, estimant l'étude *Critique du discours religieux* de Hamid Abou Zeid blasphématoire, avait exigé la dissolution de son mariage. Ce droit, la *hesba*, garanti par la loi, donne la possibilité à une tierce partie d'ester en justice contre n'importe quel citoyen pour défendre les valeurs de l'islam quand les intérêts religieux de la communauté sont en péril. Ce qui est le cas quand une femme musulmane, même de plein gré, est mariée à un supposé apostat (*kafir*). Cette interprétation de la *hesba* se base sur les articles 89 et 110 des règles des tribunaux de la charia. Amendée depuis 1998, la *hesba* est devenue une prérogative du procureur. Curieusement, cette intervention créait un précédent dans le pays. Jusque-là, personne n'avait pensé à déterrer un précepte totalement méconnu pour s'immiscer dans la vie intime d'un couple. « Sur le fond, rappellent les spécialistes, la *hesba* n'existait ni au temps du prophète Mohamad ni à celui de ses compagnons, et lorsqu'elle surgit après l'époque des Omeyyades, c'était surtout une "*hesba* des marchés", soit une sorte de protection des consommateurs contre la hausse des prix et le monopole des marchandises. Bizarrement, ce n'est qu'après la chute du califat islamique que la *hesba* religieuse éclôt et devient synonyme d'accusation d'apostasie[56]. » C'est ainsi que le divorce forcé du professeur Abou Zeid et de son épouse fut prononcé contre leur volonté. Comme si cela ne suffisait pas, lorsque Ebtihal Younès a refusé le verdict, son mari a été accusé d'adultère. Qu'importe, Abou Zeid n'était plus à une récrimination près. Outre la mise au ban de la société, l'apostat est passible de la peine capitale. Curieuse intrusion dans la vie d'un couple, le procédé était d'une efficacité redoutable pour tétaniser les « mal pensants ». L'entreprise florissante, propice à toutes les dérives, ne reposait désormais que sur un seul mot : *kafir* !

Cette histoire, à elle seule, est une éclatante illustration des connivences entre trois acteurs : l'Université du Caire, al-Azhar

56. Samar Al-Gamal, « L'épée de la hesba toujours tranchante », *Al-Ahram hebdo*, 14 juillet 2010.

et le système Moubarak. L'interaction de ce trio dévoile un establishment universitaire rongé jusqu'à la moelle par le conservatisme et la corruption, des islamistes qui revendiquent le monopole absolu sur la religion et un pouvoir judiciaire aux ordres du système de l'ancien président Moubarak, lui servant de redoutable levier répressif. Dans cette dynamique, l'islam ne sert que d'alibi. Le recours à Allah ne sert qu'à faire dévier l'attention sur le religieux. Son évocation n'a de sens que pour cacher l'essentiel. Chacun des acteurs invoque une légitimité religieuse pour imposer son pouvoir sur la société. Le discours dominant de l'islam officiel alimente le discours des islamistes et vice-versa. Dans cette course folle au contrôle des esprits, ce trio se trouve réuni dans une même détestation de la liberté. Sa confiscation s'opère sur une toile de fond religieuse, mais la protection de l'islam n'est qu'un prétexte, l'enjeu principal étant bien évidemment politique : la liberté qui pourrait mener à la démocratie. Aux yeux de ces trois acteurs, le véritable tort de l'universitaire réside dans sa liberté de pensée. En l'exerçant, Hamid Abou Zeid a magistralement nargué ces trois forces destructrices. En effet, ne supportant pas la mainmise des islamistes sur la sphère religieuse, le professeur n'a cessé de plaider pour la liberté de pensée. Il propose d'interpréter le texte coranique en tenant compte du contexte historique. Conscient que sa démarche dérangeait les potentats de tout acabit, il avait confié à un journal égyptien qu'« aborder la pensée dans les sociétés arabes se heurte aux limites posées par la liberté avant même de la pratiquer. Que l'on pratique la liberté au prix de commettre quelques erreurs, parce que la liberté finira elle-même par se réhabiliter[57] ».

57. Dina Kabil, « Un chantre de la liberté s'éteint », *Al-Ahram hebdo*, 7 juillet 2010.

L'ignorance institutionnalisée

La confiscation de la religion et la chasse à l'esprit critique sont les deux éléments inséparables d'un programme politique mis en place par les États arabes et musulmans après les indépendances nationales pour implanter « un système d'ignorance institutionnellement organisé » selon la célèbre expression de Mohamed Arkoun. C'est également la thèse défendue par le philosophe syrien Jalal Sadiq al-Azm, spécialiste de Kant, exprimée dans son très célèbre ouvrage *Naqd al-fikr al-dîni* (*La critique de la pensée religieuse*)[58] publié à la fin des années 1960 et dans lequel il pointait du doigt l'instrumentalisation de la religion par les régimes en place. Selon ce Damascène, cette apathie explique les échecs et le retard accumulés par les sociétés arabes. En citant quelques exemples, al-Azm constatait, par ailleurs, que cet appauvrissement s'était considérablement aggravé. Il évoquait un ouvrage publié par Ibn Baz — la figure religieuse la plus élevée d'Arabie saoudite (jusqu'à sa mort en 1999), qui était à la tête du Comité pour la propagation de la vertu et la prévention du vice et avait été président de l'Université islamique de Médine et président de la recherche scientifique —, ouvrage dans lequel le mufti rejetait complètement l'idée que la Terre est ronde et qu'elle tourne en orbite autour du Soleil. Plus encore, Ibn Baz accusait d'apostasie toute personne qui récusait son affirmation, la condamnant à la peine capitale. « [...] la grande catastrophe, considère al-Azm, dans une entrevue accordée au

58. Édité et publié pour la première fois au Liban, le livre a suscité la colère des autorités religieuses musulmanes et chrétiennes du pays. Fait unique, al-Azm a été poursuivi pour outrage aux deux religions mais la justice s'est prononcée en sa faveur et celle de son éditeur. Il a été, néanmoins, emprisonné pendant quelques mois. Depuis, son nom n'a cessé de défrayer la chronique de la censure, faisant de lui l'un des plus grands intellectuels du monde arabe et l'un des plus éminents représentants du courant laïque. Son dernier ouvrage traduit en français relate son parcours intellectuel, comprend une réflexion sur les attentats du 11 septembre et leur impact sur le monde arabe, une analyse de l'affaire Rushdie et une critique de *L'orientalisme* d'Edward Saïd. Sadik Jalal al-Azm, *Ces interdits qui nous hantent*, Parenthèses, 2008.

quotidien qatari *Al-Raya*, c'est que pas un seul des religieux ou des institutions universitaires du monde musulman, de l'Orient à l'Occident, de al-Azhar à al-Zaytouna, de al-Qaradawi à al-Tourabi, au cheikh Ahmad Kaftaro, et des départements d'étude de la charia, pas un seul n'a osé dire à Ibn Baz à quel non-sens il s'accroche au nom de la religion islamique[59]. »

L'infiltration islamiste s'est manifestée d'abord dans les écoles techniques, puis dans les facultés d'ingénieurs et enfin dans les filières scientifiques. Pourquoi les esprits scientifiques se réalignent-ils dans le sillage de l'ignorance ? La mosquée serait-elle devenue le déversoir de l'université ou tout simplement son prolongement ? Dans une entrevue accordée au quotidien algérien *Liberté,* Arkoun explique comment cette omniprésence du religieux a fini par étouffer toutes les autres sphères de la pensée : « Cette coupure entre le discours des sciences sociales et celui des religions en général porte préjudice à tout ce qui touche à la construction d'un espace citoyen pacifique dans les sociétés où l'instance religieuse exerce son contrôle sur tous les domaines sensibles de la production historique des sociétés : politique, culture, connaissances scientifiques, vie artistique, exercice de la pensée critique libre. Cela touche particulièrement les systèmes éducatifs, la formation des maîtres, la liberté de penser, la créativité littéraire et artistique, l'écriture de l'histoire et de l'anthropohistoire[60]. »

Dans cette entreprise de destruction de la pensée, l'université a été prise en otage et phagocytée par l'ignorance et la médiocrité sous couvert d'esprit religieux. La pensée libératrice, tant souhaitée, qui exige la critique et le dépassement a toujours été farouchement combattue. Or ce n'est qu'en rendant à l'humain sa capacité de réfléchir loin des chapelles doctrinaires que peut se construire « la conscience civique », comme dit Arkoun, sans laquelle le bricolage de réponses conjoncturelles à des conflits

59. *Al-Raya*, 12 janvier 2008.
60. Chabha Bouslimani, « De l'islam asservi à l'islam libéré », *Liberté*, 1er octobre 2002.

profonds s'impose comme une fatalité. Il fait encore remarquer ceci : « Le système scolaire instauré par les partis-États depuis les indépendances a été profondément marqué par deux facteurs régressifs : la prédominance du discours des mosquées sur celui des écoles publiques ; une politique de l'arabisation qui continue d'ignorer les données objectives de l'histoire de la langue arabe. À ce jour, il manque un dictionnaire historique de la langue arabe et des dictionnaires techniques de chaque discipline en science[61]. » Pour sortir de l'ignorance institutionnalisée et de l'hégémonie du religieux, Arkoun exprime sa perspective, dans une autre entrevue accordée au quotidien algérien *El-Watan* : « [L]a modernité c'est de dire que la religion relève du privé. La modernité, c'est le regard de la raison sur la raison. La modernité, c'est la rupture proclamée par la raison[62]. » Car il n'y a « rien de plus effrayant que l'ignorance agissante », constate Goethe. La raison, c'est pourtant elle que les régimes ont toujours tenue à distance, allant jusqu'à mettre en cage les « passeurs d'idées ». Pourtant ils étaient nombreux à rêver d'une ère nouvelle pour le monde arabe au début du siècle dernier.

La scission du mouvement de la Nahda

Travaillés par l'esprit critique de la Nahda et traversés par la pensée des Lumières, Amin, Fahmy, Abd al-Raziq et Hussein se sont tous frottés aux idées universalistes pendant leur séjour en France où ils ont poursuivi leurs recherches et où ils ont remis en cause le perpétuel consensus des élites d'al-Azhar. Cette ouverture à la culture française a été introduite et fortement encouragée par Méhémet Ali (1769-1849)[63], qui a régné en maître pendant

61. *Ibid.*
62. Nadjia Bouzegrane, « Décès de Mohamed Arkoun », *El-Watan*, 16 septembre 2010.
63. « On lui doit la construction d'un État centralisé contrôlant tous les centres de décision politique et économique, de sorte qu'à la faveur de l'étatisation de l'agriculture, de l'industrie et du commerce, l'Égypte fut la première

quarante-trois ans sans interruption et a multiplié les interactions culturelles entre les deux pays, notamment pour se démarquer de la culture anglo-saxonne de l'occupant. Dans cette perspective, l'Occident n'était pas vu comme une détestable entité homogène mais comme une formidable source d'attraction et en même temps de répulsion. Car, pour le commun des mortels, démêler l'Europe coloniale de l'Europe des Lumières n'était pas une mince affaire.

Pour Amin, Fahmy, Abd al-Raziq et Hussein, il n'était nullement question d'islamiser la modernité, mais de s'approprier des méthodes scientifiques pour analyser leur société et répondre à ces lancinantes questions : comment sortir de la léthargie ? Comment se fait-il qu'une religion, en l'occurrence l'islam, qui dans son essence ne connaît pas d'autorité cléricale, ait conféré un statut quasi divin à ses institutions religieuses ? Brandissant le doute comme fer de lance, les quatre penseurs ont combattu l'interprétation primaire et littérale du Coran. Dans cette quête de la raison, l'histoire des idées en Orient n'est pas si différente de celle qu'a connue l'Occident. Aujourd'hui, la question se pose à lui en termes de liberté de conscience et de pensée. Et comme le montre l'épopée européenne, la transition de l'État théocratique à l'État laïque et l'éclosion de la Renaissance puis de l'idéal humaniste se sont accomplies à travers six siècles d'efforts permanents, d'inlassables combats et de ruptures essentielles et nécessaires.

Pour Amin, Fahmy, Abd al-Raziq et Hussein, le retard de l'Orient ne peut se résumer à un simple décalage technologique et scientifique, le mal est plus profond. Pour l'éradiquer, il est indispensable de redéfinir la place du religieux dans la Cité, de

---

formation sociale en Orient à mener à bien une entreprise de construction nationale indépendante, plus d'un demi-siècle avant l'ère Meiji au Japon. Cette entreprise fut marquée avant tout par la mise en place d'une industrie moderne, notamment dans le domaine militaire, le développement des systèmes d'irrigation et de l'agriculture, la réforme de la législation fiscale, la diffusion de l'enseignement et la constitution d'une puissante armée nationale garante de la sauvegarde de ces réalisations. » Hossam Issa, *op. cit.*

promouvoir les droits les femmes et d'investir massivement dans l'éducation. Dans cette révolution, les sciences humaines et sociales ont un rôle fondamental à jouer. C'est précisément ces disciplines que les courants islamistes veulent tailler en pièces. Paradoxalement, ce n'est pas al-Azhar qui a infligé au mouvement réformiste sa plus grande défaite, mais l'un des siens, Rachid Rida (1865-1935), un penseur syrien disciple de Mohammad Abdou (1849-1905)[64], l'initiateur du mouvement de la Nahda avec Djamel dine al-Afghani (1839-1897). Rida a exprimé une haine absolue et totale à l'égard de toutes les réformes proposées par Amin, Fahmy, Abd al-Raziq et Hussein. C'est lui qui a marqué la scission du mouvement réformiste du XIXe siècle en deux grands courants : salafiste, attaché à l'expression littérale du Coran, et rationaliste, inspiré des Lumières. Rachid Rida est devenu la principale référence des Frères musulmans. Sa pensée est à la source de leur idéologie qui trouve dans la société égyptienne, atomisée par les injustices et les humiliations, un terreau fertile.

64. Mohammad Abdou a connu durant sa vie d'âpres polémiques avec al-Azhar dont il était issu et qu'il accusait d'être responsable de l'immobilisme de la société. Son action a surtout porté sur l'exégèse du Coran. Il abordait les questions du statut des femmes, des châtiments corporels, du rapport aux non-musulmans avec un regard nouveau au point qu'il voulait abolir la polygamie et en faire un péché. À sa mort, il avait achevé l'exégèse de trois grandes sourates du Coran et établi tout un inventaire de ce que lisaient alors les Égyptiens. Leurs lectures les plus récentes étaient vieilles de cinq siècles.

II.

Des Frères musulmans à l'Internationale islamiste

Ahmed Abd el-Gawwad, force de la nature, homme corpulent, vêtu de sa galabiyé (costume masculin traditionnel en forme de longue robe) et coiffé de son fez (chapeau ottoman), est le personnage principal d'*Impasse des deux palais*[1], première partie de la *Trilogie du Caire*[2] de Naguib Mahfouz, « le Zola du Nil », qui se déroule durant la Première Guerre mondiale. Patriarche d'une famille de petits commerçants cairotes qui mène une double vie, el-Gawwad est un être qui cultive les paradoxes. Autoritaire avec ses enfants et tyrannique avec sa femme, il est charmeur et sensuel avec ses maîtresses. Ne jurant que par Allah la journée, il se noie, en soirée, dans le vin, le whisky et les bras des prostituées qu'il rencontre en faisant la tournée des salons de plaisir une fois son magasin fermé. C'est dans la nuit, à une heure tardive, qu'il regagne sa maison, épuisé de ses veillées prolongées et bien arrosées en galante compagnie, pour être accueilli par sa très pieuse et dévouée femme Amina qui le considère comme un dieu.

1. Naguib Mahfouz, *Impasse des deux palais*, Jean-Claude Lattès, 1985.
2. En plus d'*Impasse des deux palais*, la trilogie du Caire comprend : *Le palais du désir*, Lattès, 1987 et *Le jardin du passé*, Lattès, 1989. Cette épopée familiale nous plonge dans l'Égypte de la Première Guerre mondiale jusqu'au renversement du roi Farouk en 1952. Elle met en scène trois générations et trois visions politiques différentes : communiste, nationaliste et islamiste, à travers le vécu des enfants et petits-enfants du patriarche Ahmed Abd el-Gawwad.

Cette dernière, après avoir pris soin des cinq enfants, attend son mari derrière le moucharabieh pour l'aider à se changer et à regagner son lit. C'est ainsi que sont meublées les nuits de ces deux personnages. Ahmed Abd el-Gawwad a tous les droits. Chaque soirée passée à l'extérieur est une négation d'Amina qui se résigne à son sort. « Lorsqu'un jour elle eut l'idée d'élever une sorte d'objection polie contre ces soirées continuelles, la réaction de son mari fut brutale : Je suis un homme. C'est moi qui commande. Je n'accepte pas la moindre remarque sur ma conduite. Ton seul devoir est d'obéir. Prends garde de ne pas m'obliger à t'apprendre à vivre. »

Cependant, l'animation des cafés, les spectacles nocturnes, la volupté que procurent la musique et la danse ainsi que le mouvement des noctambules en inquiètent plus d'un dans cette société encore réfractaire à la liberté sexuelle, où les classes dominantes sont conservatrices et les couches populaires déshéritées et ignorantes. Certes, Rousseau prétendait que « le bonheur est dans l'ignorance » : mais il faisait allusion à celle du paradis de l'enfance. Il déplorait que depuis que l'homme avait mordu dans le fruit de la connaissance, il ne pût plus jamais en faire abstraction. Or, en Égypte, la vénération des saints et le culte des reliques constituaient de fortes croyances populaires confortablement installées. Les efforts de modernisation de Méhémet Ali n'ont jamais atteint la société en profondeur. Il n'a pas réussi à extirper la théocratie de l'Égypte. Le pouvoir des chefs religieux, incarné par al-Azhar, sur l'ensemble de la population est resté presque absolu. C'est précisément le terrain sur lequel Khéreddine, le fondateur de la Tunisie moderne, a choisi de se battre et a remporté des victoires, notamment en réformant radicalement le système éducatif. Dès que Khéreddine a accédé aux fonctions de premier ministre, en 1873, il a entrepris plusieurs réformes dont la principale a été la création du collège Sadiki, qui avait pour mission d'enseigner les langues étrangères et les sciences[3].

3. Mohamed Charfi, *Islam et liberté*, *op. cit.*, p. 37. Khéreddine publie un livre en 1868 pour souligner l'importance du progrès scientifique et des langues

Le relâchement des mœurs préoccupe grandement Hassan al-Banna (1906-1949). Jeune adolescent, il réfléchit déjà à une stratégie pour que l'islam reprenne le contrôle de la société et préconise l'exclusion et la répression des musulmans « frivoles », ce qui lui vaut d'être propulsé à la tête de l'Association pour les bonnes mœurs... alors qu'il n'est âgé que d'une dizaine d'années. Quelque temps plus tard, grâce à son zèle, il monte en grade et fonde l'Association contre les violations de la Loi, dont les membres faisaient parvenir de façon anonyme des remontrances écrites aux personnes suspectées d'avoir enfreint des principes religieux. Dans la tête de cet enfant de la classe moyenne qui a grandi dans une famille religieuse et politisée de la charmante ville d'Ismaïlia, le long du canal de Suez, le rigorisme occupe déjà une place prédominante. Initié à la politique par son père, un fonctionnaire dévoué à l'étude de l'islam, il est l'aîné d'une famille de cinq garçons — dont le plus jeune, Gamal, qui vit actuellement en Égypte, est en rupture avec la tradition familiale puisqu'il prône un islam moderne. S'insurgeant contre l'occupation, Hassan al-Banna met en garde ses compatriotes contre la pire des colonisations, la colonisation culturelle. Pour la contrer, il met toutes ses énergies dans le développement d'une stratégie de prise de pouvoir en direction des familles, ce qu'il appelle *l'islamisation par le bas*, espérant qu'un jour les individus « tombent comme des fruits mûrs dans son panier ».

Le statut des femmes et la morale sexuelle sont l'un des piliers centraux sur lesquels ce nostalgique du passé construira son mouvement. Le sexe est une affaire politique, la fornication un acte de dissidence, la sexualité une fixation qui occupe tous les esprits, celle des femmes est l'affaire de tous, son contrôle relève

---

étrangères et sensibiliser ses concitoyens à la nécessité de s'ouvrir sur le monde. La mise sur pied du collège Sadiki correspond à ce besoin et constitue donc une alternative à l'enseignement donné par les religieux de la Zaytouna qui détenaient le monopole sur l'éducation. À l'instar des autres pays arabes, la vie intellectuelle en Tunisie était entièrement sous l'emprise des religieux.

de la pathologie collective. Dans l'esprit des « Frères », la cause profonde de la régression et du sous-développement est l'absence de morale ou encore l'éloignement de la morale islamique. « Trop de sexe » a désaxé l'Oumma. Faire l'amour à perpétuité c'est pour plus tard dans l'au-delà. Le temps viendra des nuits de braise, des jours de feu et des copulations sans fin. Pour le moment, les alcôves sont mises coraniquement sous clé. Pour les « Frères », la civilisation musulmane était à son apogée à l'époque du Prophète qui avait une conduite morale et sexuelle irréprochable. Al-Banna ne rêve pas d'une nouvelle ère abbasside (IXe-XIIIe) où le calife al-Maamoun protégeait les libres penseurs mutazilites et célébrait les sciences et les arts. Il s'inscrit dans la ligne de pensée intégriste de Ibn Hanbal (780-855), revigorée par le sinistre Ibn Taymiya (1263-1328) et reprise comme doctrine officielle de l'Arabie saoudite. À l'âge d'or abbasside où l'on se souciait de traduire Platon et Aristote, il préfère la manière sombre d'un Mohammed ibn Abd al-Wahhab, père contemporain du salafisme, aussi appelé wahhabisme. Pour lui, les inflexions rationalistes au sein de l'islam au XIXe siècle ne sont que le produit de l'interaction des musulmans avec l'Occident et n'ont conduit qu'à la ruine et à l'aliénation. Par conséquent, il faut éliminer toutes ces évolutions et revenir aux sources : *al-salaf* (les ancêtres), et en particulier à la lecture littérale des textes révélés et à l'imitation de la tradition (le *taqlîd*). Voilà pourquoi le jeune al-Banna préconise le retour à l'orthodoxie musulmane. Sa rhétorique, qui repose sur une extrême intransigeance à l'égard des pratiques religieuses, est l'un des points clés de l'idéologie qu'il professe. Car s'il y a un sujet, chez les intégristes, qui a traversé les siècles sans perdre de sa fraîcheur, c'est bien celui de la sexualité.

Contrairement à quelques réformistes importants du XIXe siècle qui préconisent une réforme de la langue arabe, du mode de raisonnement et une distanciation dans le rapport au texte coranique, al-Banna prône le mimétisme et le retour au passé. Considérant que la période contemporaine correspond à l'époque préislamique (*jahiliya*), il invite les musulmans à faire table rase de toutes les réflexions inhérentes à l'évolution de la pensée. Seule l'imposition d'une vision fondamentaliste de l'islam au genre humain est en mesure de soulager les musulmans. L'enchaînement à une époque dépassée est ce que récuse avec force Mohamed Charfi. « Notre problème majeur, affirme-t-il, le frein puissant qui empêche notre émancipation et notre développement, est que nous sommes enchaînés à notre passé. C'est notre prison collective. Pour les musulmans, il n'y aura pas de développement sans liberté et il n'y aura pas de liberté sans évasion de notre prison historique. » Vision qu'aurait pleinement partagée l'écrivain, poète et traducteur égyptien Ibrahim Abdel-Kader al-Mazni[4] (1890-1949) qui revendiquait une révolution totale contre l'ordre ancien afin de « mettre fin à l'emprise des morts sur les vivants, à la mainmise du passé sur le présent ».

Un système de gouvernance totalitaire

Après un passage par l'École normale du Caire, al-Banna est nommé, en 1927, instituteur à Ismaïlia. C'est là qu'il fonde, en 1928, le mouvement des Frères musulmans qui fait de l'islam un système global régissant les structures sociales et politiques. Pour ce dernier, l'islam ne peut être que politique et c'est à travers une conquête sociale que la prise du pouvoir se concrétisera. Régissant tous les aspects de la vie de l'ici-bas et de l'au-delà, cet islam se vit dans l'émotion collective partagée : des larmes à l'extase. Se déclarer « croyant » ne suffit plus. Militer en faveur de sa foi dans un but expansionniste, telle est la préoccupation de ce nouveau

4. Al-Mazni fut inspiré par les écrivains et poètes médiévaux rationalistes, tels al Jahez, Ibn al Roumi, al Sharif al Radhi, Abul Alaa al Ma'arri, al-Asfahani et Ibn al Faredh. Parmi ses œuvres, mentionnons le fameux *Al-Diwane fil adab wal naqd* (*Le diwane dans la littérature et la critique*) ainsi que de nombreux romans et recueils de nouvelles réédités aux éditions al-Shourouk, dont *Qesset hayati* (*L'histoire de ma vie*), *Ibrahim al-Kateb* (*Ibrahim l'écrivain*), *Sondouq al-dounia* (*Le coffre de la vie*) et *Salasat regal wa imraa* (*Trois hommes et une femme*).

mouvement dont le succès est immédiat et l'ascension fulgurante. En affirmant que « la bannière de l'islam doit couvrir le genre humain, et que chaque musulman a pour mission d'éduquer le monde selon les principes de l'islam », en promettant « de combattre pour accomplir cette mission tant que je vivrai et de sacrifier pour cela tout ce que je possède[5] », Banna pose la pierre angulaire de son programme en 50 points : la conquête du genre humain, de la famille et du peuple. Une fois ces trois conditions réunies, il propose l'instauration d'un gouvernement islamique d'abord en Égypte puis dans le monde arabe et musulman, pour l'étendre finalement à l'ensemble du monde.

Caroline Fourest, qui a consacré de nombreuses années à analyser ce mouvement, a puisé dans ses écrits pour en faire ressortir quelques éléments pertinents : « Le mouvement se fixe pour objectif de réformer les lois pour qu'elles se conforment à la législation islamique, notamment les infractions et les sentences pénales », en diffusant « l'esprit islamique dans les instances du gouvernement afin que les citoyens se sentent tous appelés à appliquer les préceptes de l'islam[6] », écrit-elle. La vision « panislamique » de Banna s'avère limpide, son dévouement à la cause, total, et ses objectifs ainsi que ses méthodes, empreints d'une grande clarté. Son programme d'action, puissamment mobilisateur, qui transcende les domaines politique, juridique, économique et social, galvanise, encore aujourd'hui, tous les islamistes du monde dont le but ultime est l'instauration de l'État islamique à l'échelle planétaire avec le credo officiel suivant : « Dieu est notre but (*Allah ghayatouna*). Le Prophète est notre modèle (*Arrasulu qaidouna*). Le Coran est notre loi (*Al-quran chariaatouna*). Le djihad notre chemin (*Al-jihadu sabilouna*). Le martyre est notre souhait (*achahadatu amniyatouna*). » C'est dire que le culte du martyre des djihadistes n'est guère étranger à la doctrine du maître.

5. Olivier Carré et Gérard Michaud (Michel Seurat), *Les Frères musulmans, Égypte et Syrie (1928-1982)*, Gallimard/Julliard, 1983, p. 26.
6. Caroline Fourest, *Frère Tariq*, Grasset, 2004, p. 31.

Parallèlement au volet politique, juridique et économique, le programme comprend les grandes lignes du volet social qui insiste sur la nécessité de sévir davantage dans l'application des sanctions pénales relatives aux mœurs et préconise de réprimer sévèrement la prostitution, la consommation de vin, de drogue, d'interdire la mixité dans les universités, d'uniformiser les apparences vestimentaires, de fermer les lieux de débauche et de danse ainsi que d'exercer un contrôle accru sur le théâtre, le cinéma, la musique, la presse et les livres. Cet islam idéologisé qui tient de la régénérescence d'un rigorisme ultraconservateur est passablement éloigné de l'« islam populaire », qui a bien moins de problèmes avec la mixité et l'alcool, par exemple, que l'on veut bien le prétendre. Pour maintenir l'ordre, celui qui se disait le guide suprême avance l'idée d'établir une police des mœurs pour punir tous ceux qui ne respectent pas ses préceptes. Ce resserrement a pour ambition de combattre les « dépravés » corrompus par l'univers occidental propagateur de débauche. Cette thérapie collective se veut en quelque sorte un remède contre l'arrogance des Occidentaux. La valse des mots abominables se met en marche. La surenchère des tirades cruelles s'appuie toujours sur les mêmes termes : *moufsidouns* (corrupteurs), *mounafiqoun* (hypocrites), *fasidoun* (pervers), *jahiloun* (ignorants).

Jeunes et femmes, fer de lance de l'Oumma

Soucieux de pénétrer les masses, Banna se lance dans la mise sur pied d'un réseau d'écoles, à l'échelle nationale, destinées principalement à formater les enfants suivant les dogmes islamiques. Les contingents de formateurs sont fournis par les étudiants et les diplômés des instituts azhariens chargés de la formation des instituteurs du primaire, notamment dans les campagnes. Banna insiste sur la notion de *tarbiyya islamiyya* (éducation religieuse islamique) qui prendra une place centrale dans son système de pensée et d'action. Il préconise que les écoles soient réformées de manière à « enrichir l'instruction religieuse, l'histoire religieuse et la philosophie des croyances [...], que les associations de jeunesse musulmane se doivent de fonder des écoles pour former les enseignants de religion, de morale et de langue — à l'instar de ce qu'ont fait les Jésuites — et que dans chaque école soit construite une mosquée correspondant à sa taille et à son importance[7] ».

Il n'est guère étonnant que Banna ait accordé une large place à la question éducative. Le but recherché par les Frères est l'islamisation de la société. L'école offre cette possibilité de travailler et d'investir la société. « Les associations religieuses fondent des écoles ; organisent des cours du soir, des programmes d'enseignement complémentaires ou des camps de jeunesse orientés tout autant vers l'éducation religieuse que vers les activités culturelles et sportives, voire paramilitaires, avec en vue la lutte contre l'occupation, d'une part, et la lutte pour l'accès au pouvoir, de l'autre[8]. » Ce type d'embrigadement idéologique dispensé par les Frères correspond à la façon de faire des partis fascistes à la même époque en Europe. Les organisations de jeunes sont comparables à celle de la jeunesse hitlérienne. Comme avec l'OVRA, pour Mussolini, et la Gestapo, pour Hitler, les Frères ont également leur police secrète. « En 1948, [celle-ci totalise] un effectif de quarante mille membres parfaitement entraînés et mobilisables. À côté de cette structure, l'organisation dispose d'un appareil encore plus secret et totalitaire, la "Section spéciale", forte d'un millier de membres entraînés au maniement d'armes et aux diverses techniques de terrorisme urbain. Ils doivent prêter un serment particulier d'obéissance et de silence devant un Coran et un revolver : la mort est un art. Le Coran a ordonné d'aimer la mort plus que la vie[9]. »

7. Hassan Muhammad Hassân, « Choix culturels et orientations éducatives en Égypte. 1923-1952 », *Égypte/Monde arabe*, Première série, L'éducation en Égypte. ‹http://ema.revues.org/index68.html.›
8. *Idem.*
9. Alexandre Del Valle, *Le totalitarisme islamiste à l'assaut des démocraties*, Syrtes, 2002, p. 115.

Aux antipodes des Frères, les tenants du courant rationaliste appellent à l'élargissement de l'enseignement à tous les niveaux, à la lutte contre l'analphabétisme par tous les moyens et à la construction d'une rationalité scientifique. Ces derniers considèrent qu'historiquement l'Égypte n'est pas si loin de l'Europe et donc ne voient aucun mal à se mettre à l'heure européenne en matière d'éducation. Leur aspiration à la modernité va de pair avec l'ouverture aux idées occidentales. Ainsi Taha Hussein a demandé que les élèves du secondaire étudient le latin et le grec. Cependant, l'enjeu central de la confrontation entre les courants consistait dans la nécessité d'unifier l'enseignement pour mettre fin à la dualité des « filières » entre les écoles publiques et celles subordonnées à al-Azhar. En 1927, une autre bête noire des islamistes, Salama Mûsa[10], qui a contribué à faire connaître les travaux de Darwin, de Freud et de Marx, a appelé à la suppression de l'enseignement de la religion dans les écoles, considérant cette dernière comme un obstacle à la liberté de pensée. « Alors que c'est précisément d'une culture libre et libérée de toute pensée religieuse [que] nous avons besoin. » La religion n'étant pas une « somme de connaissances » mais une « éducation des mœurs et des sentiments », « ce n'est pas aux écoles gouvernementales que revient la charge d'enseigner une religion particulière, mais aux parents[11]. »

Le rôle des femmes est plus que déterminant. Dès 1933, la Confrérie lance l'Association des femmes musulmanes dont le mandat visait essentiellement à combattre le mouvement féministe arabe qui émergeait. Dès sa création, l'Association est présidée par Zaynab al-Ghazali (1917-2005) dont la loyauté à l'égard du « guide suprême » ne se démentira jamais. En contrepartie, Tariq Ramadan a préfacé son autobiographie intitulée *Des jours de ma vie*[12] dans laquelle elle raconte ses années

10. Didier Monciaud, « Polémique autour de Salama Mûsa : enjeux de nationalité, nationalisme et projet de Nahda », *Égypte/Monde arabe*, Première série, Économie égyptienne et perspectives de paix au Proche-Orient. ‹http://ema.revues.org/index699.html›.

11. Hassan Muhammad Hassân, *op. cit.*

12. Zaynab al-Ghazali, *Des jours de ma vie*, Al-Bouraq, 1996.

d'emprisonnement sous le règne de Nasser et son engagement au service de la Confrérie.

Le maillage des Frères repose sur les techniques d'infiltration. Nonobstant l'importance de sa base, ce qui fait le succès de la Confrérie reste, entre autres facteurs, sa méthode d'entrisme qui s'avère extrêmement efficace. Car c'est de l'intérieur de l'État que les Frères grugent, jour après jour, un peu plus d'espace pour en changer la nature. Le fait d'opérer dans l'anonymat sans afficher leur appartenance à la Confrérie rend leur travail plus souple et la tâche de leurs opposants plus ardue car, dans ces conditions, la main des Frères devient difficile à discerner et, par conséquent, presque impossible à dénoncer et à combattre. En ce sens, la Confrérie fonctionne comme une secte. C'est donc sur un double mode, formel et informel, que la Confrérie est arrivée à marquer autant de points en si peu de temps. Cette recette, un savant mélange de ruse et de tromperie, c'est-à-dire la *taqiyya,* a tellement bien marché qu'elle a été adoptée par plusieurs groupes islamistes dans le monde. Car en définitive, comme le répètent les islamistes en reprenant une célèbre parole du Prophète, « la guerre est ruse ». Et cela, ils l'ont bien compris : mieux vaut avancer masqués !

Le jeu trouble du colonisateur

Sur le plan politique, la confrérie des Frères musulmans est née en réaction au mouvement nationaliste constitué principalement par le Wafd et les libéraux-constitutionnels. Sa montée coïncide avec l'abolition du califat en 1924 par Mustapha Kemal Atatürk (1881-1938), facteur qui a probablement dopé la ferveur des Frères. Considérés comme des avatars de l'Occident, les kémalistes furent accusés de trahir l'islam de même que les nationalistes furent qualifiés de suppôts du colonialisme. Comment accepter que la laïcité soit inscrite dans la Constitution, que le califat soit aboli, que le voile et le fez soient prohibés, que les femmes puissent avoir le droit de voter et que l'alphabet arabe soit remplacé par l'alphabet latin ? N'empêche que les Turques ont obtenu le droit de vote en 1934, soit six ans avant les Québécoises (1940), une dizaine d'années avant les Françaises (1944) et les Italiennes (1945) et vingt-deux ans avant les Grecques (1952).

Craignant que la vague kémaliste n'atteigne l'Égypte, les yeux de Hassan al-Banna sont tournés vers l'Arabie. Subjugué par le triomphe du wahhabisme, il puise les principales sources de son credo dans l'enseignement de Rachid Rida, le penseur qui a infléchi le mouvement réformiste du XIXe dans un sens nettement intégriste. Al-Banna fonde son message sur la fusion entre l'État et la religion. L'État qu'il prône n'a pas pour vocation de rester confiné dans un territoire circonscrit. Car l'ambition des Frères est de conquérir le monde. Sayyid Qutb (1906-1966), le principal théoricien du mouvement après la mort du grand maître, postule que « les liens qui reposent sur la race, la terre, la couleur de peau, la langue et les intérêts communs » sont des entraves grossières et que la civilisation islamique est « musulmane et non arabe, religieuse et non nationale[13] ». Ainsi exprimé, on comprend fort bien la dichotomie entre, d'une part, le mouvement nationaliste qui se projette dans un pays indépendant où plusieurs confessions coexistent et, d'autre part, un mouvement islamiste pour lequel le lien confessionnel est à la base du lien politique. Qutb, qui appartient à une famille de petits notables ruraux en déclin, se radicalise davantage et en rajoute en élaborant sa théorie de la troisième voie : l'islam est la solution par opposition au « marxisme soviétique athée » et au « capitalisme égoïste et dépravé ». Théorie qu'il conceptualise à son retour d'un voyage professionnel aux États-Unis entrepris grâce à une généreuse bourse du gouvernement égyptien, à la fin des années 1940. Bouleversé par son odyssée au Colorado, il en est revenu amer. Sa plume est acerbe. Il écrit : « Et ce capitalisme d'accumulation, de

13. Sayyid Qutb, *Ma'âlim fi-l-Tariq (Jalons sur la route)*, Maktaba wahba, 1967, p. 52-53. Qutb publie également : *Al-'adâla al-ijtimâ'iyya fî al-islâm* (*La justice sociale dans l'islam*) et *Ma'raka al-islâm wa al-ra'smâliyya* (*La bataille de l'islam et le capitalisme*).

monopoles, d'intérêts usuriers, tout d'avidité ! Et cet individualisme égoïste qui empêche toute solidarité spontanée autre que celle à laquelle obligent les lois ! Cette vue matérialiste, desséchée, minable de la vie ! Cette liberté bestiale qu'on nomme la "mixité" ! Ce marché d'esclaves nommé "émancipation de la femme", ces ruses et anxiétés d'un système de mariages et de divorces si contraire à la vie naturelle ! Cette discrimination raciale si forte et si féroce ! En comparaison, quelle raison, quelle hauteur de vue, quelle humanité en islam[14] ! » Cette expérience « d'acculturation » agit comme un déclencheur, du moins un accélérateur d'une « prise de conscience » qui va faire basculer l'essayiste et poète dans les rangs des Frères au tout début des années 1950.

Souhaitant pérenniser leur présence en Égypte, les Britanniques ne voyaient pas d'un mauvais œil l'arrivée de ce nouveau joueur proche idéologiquement du wahhabisme et naturellement en concurrence avec les nationalistes laïques. Ayant réussi à instrumentaliser la tribu des Saoud en Arabie contre la dynastie des Hachémites en Jordanie, les Anglais s'emploient à renouveler leur exploit en dressant les islamistes contre les nationalistes. Les largesses de l'administration coloniale à l'égard des Frères ainsi que l'aide financière[15] qui leur est offerte dès leurs premiers balbutiements démontrent bien leur parti pris. Après avoir longtemps nié ces faits, Hassan al-Banna finira par les reconnaître : « Mais c'était notre argent, pas l'argent de ces messieurs. Le canal est à nous, le Nil est à nous, le terrain est à nous et ces gens n'en disposent que pour un certain temps[16]. » Aveu gênant qu'il a nié par la suite.

---

14. Cité et traduit par Olivier Carré, *Mystique et politique : Lecture révolutionnaire du Coran par Sayyid Qutb, Frère musulman radical*, Presses de la FNSP, 1984, p. 14.

15. Cinq cents livres, de la toute-puissante « Compagnie du Canal » sous contrôle des Britanniques depuis 1876. Banna reçoit aussi un permis pour construire une mosquée. Olivier Carré et Gérard Michaud, *Les Frères musulmans*, *op. cit.*, p. 18.

16. ‹http://www.lemondedesreligions.fr/archives/2007/11/01/1906-1949-hassan-al-banna,9013903.php›

Les Britanniques espéraient tirer profit de l'émergence de cette nouvelle force politique et mettre en place un scénario semblable à celui qu'ils appuyèrent dans le sous-continent indien, où ils encouragèrent la division de la population entre musulmans et hindous, jusqu'à sa conséquence ultime, la partition des Indes sur une base religieuse et la création du Pakistan (« pays des purs » en ourdou), au moment de l'indépendance en 1947. C'est ainsi que le rêve nationaliste de Gandhi (1869-1948) et de Nehru (1889-1964), fondateurs de l'Inde moderne qui avaient milité toute leur vie en faveur d'un État incluant les musulmans, les hindous ainsi que les autres membres des innombrables religions et convictions philosophiques et spirituelles de l'Inde, a volé en éclat. L'exacerbation des particularismes religieux a plongé les deux pays dans trois guerres successives. « Clairement destinée à affaiblir le jeune État indien, cette partition confessionnelle répond, selon Richard Labévière, à un double objectif: ne pas abandonner tel quel ce qui fut le joyau de l'Empire et assurer l'avenir de la présence britannique dans le sous-continent[17]. »

Dans la foulée, la mouvance islamiste radicale, le Jammaat-e-islami[18], sous l'autorité du journaliste et auteur prolifique Abdul 'Ala Mawdoudi (1903-1979), gagne du terrain. En insistant essentiellement sur la dimension du djihad, le père spirituel de l'islamisme pakistanais va encore plus loin que Banna. Il déclare que le « djihad signifie la lutte jusqu'à la limite de nos forces. Un homme qui fait tout son possible physiquement ou moralement, ou utilise ses biens dans la voie d'Allah est en fait engagé dans le djihad. Mais dans le langage de la charia ce mot est utilisé plus particulièrement pour la guerre qui est déclarée uniquement au nom d'Allah contre les oppresseurs et les ennemis de l'islam. Ce sacrifice suprême de la vie incombe à tous les musulmans[19] ».

---

17. *Les dollars de la terreur*, *op. cit.*, p. 48.
18. Plus grand parti islamiste du Pakistan et sans doute la plus grande organisation islamiste au monde. En 1973, le mouvement compte plus de 100 000 membres, mais n'occupe que quatre sièges au Parlement et joue, néanmoins, un rôle majeur dans la rédaction d'une nouvelle constitution.
19. Abul 'Ala Mawdoudi, *Risâla-é-dîniyât*, 1932, trad. française *Comprendre l'islam*, A.E.I.F, 1999, p. 95.

Mawdoudi ravive la fibre guerrière des dévots. Avec lui, le recours au djihad devient encore plus évident, incontournable, et gagne de plus en plus d'adeptes. Son influence sur les Frères se fait sentir dès la création de son mouvement en 1941, si bien que Saïd Ramadan, l'ambassadeur des Frères à l'étranger, fait plusieurs allées et venues entre son pays et le Pakistan et devient un habitué du cercle de Mawdoudi. Chouchou des médias pakistanais, Ramadan suscite la même adhésion dans les hautes sphères du pouvoir. Ses apparitions publiques s'enchaînent : conférences internationales, radios, journaux, toutes les tribunes s'offrent à lui. En échange de ses loyaux services, le Pakistan lui offre un passeport diplomatique.

Pour sa part, Sayyid Qutb reprend à son compte les thèses de Mawdoudi pour dénoncer les deux grandes dérives de l'humanité : le capitalisme et le communisme. Si l'idée principale de Banna consiste à transformer radicalement l'individu égyptien pour islamiser la société, celle de Qutb et de Mawdoudi s'articule essentiellement autour de la prise du pouvoir par le djihad. Pour ces deux idéologues, les sociétés musulmanes sont impies et vivent une deuxième *jahiliya*. Alors, le chemin du djihad s'impose ! Nul doute que, pour les Frères, le Pakistan offre un terrain prometteur pour leur projet. Le politologue Del Valle explique : « La politique du *divide et impera*[20], fondée sur le levier identitaire islamique, était une constante de la diplomatie britannique depuis le milieu du XIXe siècle. Le Foreign Office encouragea la création de l'un des plus importants réseaux islamiques du monde. Celui-ci allait devenir l'un des principaux points d'appui du courant islamiste international, lequel menace aujourd'hui l'équilibre géostratégique mondial et est parvenu à compromettre le développement du monde islamique[21]. »

Au fil des années, la complicité entre les Britanniques et les Frères ne se dément pas. Plus encore, elle se confirme dès le début des années 1960 après que ces derniers, poursuivis par

20. L'expression latine de *Diviser pour régner.*
21. Alexandre De Valle, *Islamisme et États-Unis, une alliance contre l'Europe*, L'Âge d'Homme, 1997.

Nasser, eurent trouvé refuge en Europe. Complicité contagieuse qui s'élargit à d'autres acteurs, en particulier les États-Unis. Pour les Américains, les Frères constituent les intermédiaires idéals par lesquels ils peuvent repousser aussi bien l'ennemi soviétique que les régimes arabes jugés trop proches de Moscou. Car, vue de Washington, de Londres, de Paris et de Berlin, l'émergence de « régimes socialistes » en Égypte, en Syrie, en Irak, en Libye et en Algérie représente une sérieuse menace qu'il faut arrêter. Et ce, quel qu'en soit le prix.

L'antisémitisme, point de convergence des totalitarismes

Dans le programme politique et social rédigé par Banna en 1936, on trouve tous les ingrédients d'une pensée totalitaire. L'ancien président de la Haute Cour de justice du Caire, Muhammad Said al-Ashmawy, a mené une réflexion de fond sur la question de l'islam politique et la confrérie des Frères musulmans. « L'ensemble de ma recherche me ramène toujours au même constat simple : au début de ce processus de perversion de l'islam se trouvent les Frères musulmans, une secte d'extrême droite […] fascinée par l'idéologie fasciste. Leur doctrine, système de vie total, sinon totalitaire, s'inspire de la même obsession d'une cité terrestre parfaite, conforme à la cité céleste dont ils déterminent l'organisation et la répartition des pouvoirs à travers les lunettes de leur lecture fantasmatique du Coran[22]. » Même son de cloche chez Maxime Rodinson : « Difficile de juger les tendances différentes qui doivent parcourir les cadres de cette organisation. Mais celle qui domine est certainement une sorte de fascisme archaïsant. Entendons la volonté d'établir un État autoritaire et totalitaire dont la police politique maintiendrait l'ordre moral et social[23]. » Hassan al-Banna fait lui-même

22. Muhammad Said al-Ashmawy, *L'islamisme contre l'islam*, La Découverte, 1989.
23. Cité par Richard Labévière dans *Les dollars de la terreur*, *op. cit.*, p. 41.

ressortir quelques points de similitudes entre les ambitions de Hitler, celles de Mussolini et les siennes en affirmant : « Si le Reich allemand s'impose en tant que défenseur de tout individu en qui coule le sang allemand, la croyance islamique, elle, oblige tout musulman en possession de ses forces à se considérer comme le défenseur de tout individu dont l'âme a été nourrie des enseignements du Coran. [...] Et si le seigneur Mussolini considère qu'il lui appartient de droit de restaurer l'empire romain [...] il est de notre droit de restaurer la majesté de l'empire islamique[24]. »

Sur le plan économique, les Frères affichent leurs couleurs en affirmant qu'ils sont favorables à un régime économique semblable à ceux qui ont existé dans l'Allemagne nazie et l'Italie fasciste. « S'inspirant des options de l'Italie de Mussolini, les choix économiques mettent en avant trois priorités : la mise en chantier d'une réforme agraire, l'interdiction de l'usure et la suppression de l'impôt sur le revenu, remplacé par l'impôt religieux, la "*zakat*". La politique sociale envisage une nouvelle loi sur le travail, fondée sur les corporations. Ce programme économique affichera plus directement sa filiation avec les idéologies totalitaires quelques années plus tard, avec les ouvrages de Mohamed Ghazali, *L'islam et les questions économiques*, de Sayyid Qutb, *La justice sociale dans l'islam*, et d'Al-Bahi Lotfi, *L'islam : ni communisme ni capitalisme*[25]. »

L'émergence ou la réémergence de la famille comme unité de base de la société, le confinement des femmes à leurs rôles de mère et d'épouse, le culte des chefs, le contrôle par l'État de tous les aspects de la vie sociale des individus, l'utilisation à outrance de la propagande, l'aversion profonde pour le multipartisme, la censure des livres, du théâtre, de la musique et des expositions artistiques, le rejet des homosexuels et des personnes handicapées constituent autant de points de convergence des trois totalitarismes.

---

24. Sylvain Besson, *La conquête de l'Occident*, Seuil, 2005, p. 53.
25. Richard Labévière dans *Les dollars de la terreur*, *op. cit.*, p. 134.

Mais il y a autre chose… une symbiose idéologique qu'on pourrait désigner comme le *ciment de l'alliance* formé des trois coupables, tel que formulé par Banna : « Le judaïsme mondial et le communisme international, ainsi que les puissances colonialistes et les tenants de l'athéisme et du laxisme moral, tous étaient dès le premier jour de ceux qui voyaient dans les Frères et leur Message un obstacle important[26]. » Deux historiens allemands, Klaus-Michael Mallmann et Martin Cüppers, ont consacré un ouvrage très fouillé aux liens entretenus par le IIIe Reich avec le monde arabo-musulman[27]. Sur la base d'archives allemandes, les deux auteurs remontent le temps et décortiquent la nature de ces rapports. « Jusqu'à présent, expliquent-ils, une grande partie des recherches allemandes affirmait, à tort, que le monde arabe ne s'était rapproché d'Adolf Hitler que dans une logique stratégique, sans aucune affinité idéologique. Dans notre livre, nous avançons, au contraire, que l'antisémitisme[28] fanatique était précisément à l'origine de la fascination des Arabes pour le nazisme[29]. »

Le principal artisan de ce rapprochement est le sulfureux mufti de Jérusalem Hadj Amin Al-Husseini, qui fait prendre un virage radicalement antisémite à la cause palestinienne. Ses activités le conduisent à rencontrer tour à tour Hitler, Mussolini et Eichmann. D'ailleurs, lorsqu'il est chassé de Jérusalem en 1941, il se réfugie à Berlin. C'est Banna qui organise son installation en Allemagne puis son retour au Caire en 1946. Son petit-fils Tariq Ramadan, dans son ouvrage intitulé *Aux sources du renouveau musulman*[30], raconte cet épisode dont il est très fier. Dans

26. Olivier Carré et Gérard Michaud, *op. cit.*, p. 32.
27. Klaus-Michael Mallmann et Martin Cüppers, *Croissant fertile et croix gammée*, Verdier, 2009.
28. Le terme d'antisémitisme n'est pas tout à fait approprié dans ce contexte. Il serait plus juste de le remplacer par celui d'antijudaïsme qui désigne spécifiquement la haine des juifs, étant donné que les Arabes sont également des sémites. Cependant, l'usage du terme « antisémitisme » est très largement établi.
29. ‹http://www.editions-verdier.fr/v3/oeuvre-croissantfertile.html›
30. Tawhid, 2002, p. 206.

un autre de ses ouvrages, *Islam, le face à face des civilisations*[31], il relate le rôle de son père, Saïd Ramadan, dans la mise sur pied des unités armées de l'Organisation secrète des Frères qui ont participé, en Palestine mandataire, à la grande révolte de 1936-1939 et à la guerre de 1947-1948.

L'alliance entre islamistes et nazis s'est développée à la fin des années 1920 alors que la Palestine mandataire était devenue le théâtre d'affrontements sanglants. Dans une critique relative à l'ouvrage de Klaus-Michael Mallmann et Martin Cüppers, le journal *Le Monde* précise : « Une haine commune vis-à-vis du "Yichouv", la minorité juive qui habite la Palestine, fonde une affinité croissante. La politique étrangère allemande soutient indirectement les nationalistes arabes, qui découvrent chez les nazis des alliés susceptibles de les soutenir dans leur combat d'émancipation. Cette alliance stratégique passe par des connivences idéologiques. À partir de 1938, plusieurs articles parus en Égypte, en Syrie ou en Libye comparent le Führer au prophète Mahomet. Al-Husseini, le mufti de Jérusalem, leader des Arabes de Palestine, soutien indéfectible des nazis durant toute la guerre, fait, dès le début des années 1930, référence aux *Protocoles des Sages de Sion* — un faux document forgé en Russie par la police du tsar[32]. »

Malheureusement, l'admiration pour Hitler et le IIIe Reich a perduré après 1945 dans le monde arabo-musulman, où la littérature nazie remporte un franc succès. D'ailleurs, l'actuel régime iranien, avec sa grotesque négation de l'Holocauste, illustre bien cette tendance. La journaliste et essayiste Fiammetta Venner témoigne de ce fait dans *L'effroyable imposteur*, essai consacré à démonter la théorie du complot de Thierry Meyssan à propos des attentats du 11 septembre. Venner, qui a grandi au Liban, entame son livre en décrivant son voyage en Jordanie à l'été

31. Tawhid, 2001.
32. Samuel Blumenfeld, « Le livre du jour : Le IIIe Reich et les Arabes », *Le Monde*, 18 décembre 2009, cité dans ‹http://www.editions-verdier.fr/v3/oeuvre-croissantfertile.html›.

2002 : « Je m'engouffre dans le dédale de rues menant à l'amphithéâtre romain, au pied de la citadelle Jabel El Qalaa. Elles fourmillent de petites "librairies". La plupart des vendeurs étalent leurs trésors à même le sol. Autrefois abonnés aux coupe-ongles, calculatrices et copies de sacs de marque, ils sont devenus les principaux diffuseurs de livres et pamphlets, avec une prédilection pour les ouvrages antijuifs. Les ouvrages antisémites français — qu'une librairie néo-nazie européenne n'ose plus diffuser que sous le manteau — ont franchi les frontières et s'offrent une seconde jeunesse[33]. » La vision conspiratrice de l'histoire, celle d'un vaste complot contre l'islam et les musulmans, fondement idéologique de la Confrérie, survit aux aléas du temps. Mieux encore, elle connaît un immense succès et culmine avec les attentats du 11 septembre 2001.

Le basculement dans la violence

En moins de dix ans, de 1928 à 1938, la Confrérie devient la première force politique d'Égypte, disposant d'un imposant réseau caritatif et de plusieurs structures économiques et sociales qui témoignent de son succès. Si bien qu'en 1948, selon certaines sources, elle compte plus d'un demi-million de membres, et, selon d'autres sources, le double et même quatre fois plus[34]. Elle s'appuie aussi sur un réseau financier bien nanti et sur des bataillons de soldats armés. Repoussant les frontières de leur pays d'origine, le message des Frères a désormais une résonance à Jérusalem, à La Mecque, à Amman, à Damas, à Beyrouth, dans plusieurs États du golfe Arabo-Persique et même au Pakistan. Les Frères égyptiens deviennent le centre du mouvement islamiste à l'échelle internationale, un mouvement qui s'étend jusqu'au sous-continent indien. Grisés par leur succès et leur popularité, les militants s'impatientent. Leur chef n'est-il pas l'un des

33. Fiammetta Venner, *L'effroyable imposteur*, Grasset, 2005.
34. Olivier Carré et Gérard Michaud, *op. cit.*, p. 21.

hommes les plus puissants de la région ? Se rapprochant de plus en plus du pouvoir, ils deviennent nerveux et précipitent leur chute en passant à la liquidation physique de quelques représentants de l'État.

Les griefs contre leurs adversaires pullulent. Ils reprochent au premier ministre Ahmed Maher d'avoir déclaré la guerre aux forces de l'Axe. Le 24 février 1945, ils l'assassinent en pleine séance parlementaire. Des officiers anglais sont lynchés en public. Le 5 janvier 1946, c'est au tour du ministre Amin Osman d'être abattu. Quelques mois plus tard, c'est le chef de la police qui est ciblé et, en 1948, le juge Ahmed Khazindar est descendu en plein centre-ville. L'escalade de cette violence fait craindre le pire et d'aucuns soupçonnent les Frères de préparer un coup d'État. La sécurité du pays ne tient plus qu'à un fil. Les Frères refusent de neutraliser leur branche armée comme l'exige le gouvernement. Banna, dépassé par sa base qui bascule dans la guérilla urbaine, ne parvient pas à contenir ses fidèles. Le roi intervient et dissout la Confrérie le 6 décembre 1948. La réplique est presque immédiate. Quelques jours plus tard, le chef du gouvernement Fahmi el-Noukrachi est assassiné. La réponse de la police royale ne se fait pas attendre. Le 12 février 1949, Hassan al-Banna est abattu, au Caire, dans des conditions obscures. La Confrérie compte ainsi son « premier martyr ». Les troupes sont galvanisées. La répression, quant à elle, ne fait que commencer. Une nouvelle page s'ouvre avec l'entrée en scène de l'héritier naturel de Banna, Saïd Ramadan, son secrétaire particulier, en qui il avait une confiance absolue et à qui il a confié sa fille aînée, Wafa Hassan al-Banna, que Ramadan prendra pour épouse et avec laquelle il aura cinq enfants.

La période d'hibernation politique des Frères n'est que de courte durée. Avec l'avènement de la révolution de 1952, ces derniers renouent rapidement avec l'action politique en participant au renversement du roi Farouk et à la prise du pouvoir par les Officiers libres — lesquels se retournent contre eux deux ans plus tard. La lune de miel entre Nasser, le nouvel homme fort de l'Égypte, et la Confrérie s'interrompt brutalement après une tentative d'assassinat contre le raïs à laquelle il échappe miraculeusement. C'est de nouveau la machine répressive qui se met en branle. Accusé d'avoir participé au combat contre le président Nasser, Sayyid Qutb est emprisonné en 1954. Libéré dix ans plus tard, il est arrêté l'année suivante pour complot en vue de renverser le gouvernement. Condamné à mort, il est pendu le 29 août 1966.

Déplacer le centre de gravité des Frères vers l'Occident

Ceux qui échappent à la prison et à la mort empruntent le chemin de l'exil. C'est le cas de Saïd Ramadan qui, après avoir vécu à Jérusalem, à Riyad, à Damas, à Amman et à Islamabad pendant quatre années, s'installe à Munich, puis à Genève en 1958 où il vit jusqu'à sa mort en 1995. Le confort des monarchies conservatrices qui lui déroulent le tapis rouge à chacune de ses visites ne l'attire guère. Il n'a qu'une idée en tête : répandre le message de Banna. Ses protecteurs s'occupent de lui fournir l'aide financière dont il a besoin et des passeports diplomatiques pour qu'il puisse s'atteler à la seule mission qui en vaille la peine : celle de déplacer le centre de gravité de la Confrérie vers l'Europe et l'Amérique du Nord. « Il utilise successivement des passeports égyptien, pakistanais, syrien, jordanien, saoudien et yéménite[35]. » Les Saoudiens se montrent généreux. « Son activité est largement financée par la Ligue islamique mondiale, d'obédience saoudienne, qui lui verse 10 000 francs suisses par mois pour ses publications et un salaire mensuel de 2 000, puis 3 000 francs par mois[36]. » Son carnet d'adresses contient les noms aussi bien du roi d'Arabie saoudite que du roi de Jordanie ou encore de l'émir du Qatar. Des noms de nouveaux venus tels que l'ancien président iranien Rafsandjani ou Hassan al-Tourabi, le pape

35. Sylvain Besson, *op. cit.*, p. 55.
36. *Ibid.*, p. 65. Il cite Tariq Ramadan, qui confirme ces chiffres lors d'une déposition devant la police genevoise, en septembre 1970.

de l'islamisme soudanais, s'ajouteront au fur et à mesure. On y retrouve aussi les noms de deux argentiers, Youssef Nada et Himmat Ghaleb, tous deux liés à des réseaux nazis et responsables de la banque al-Taqwa. Y figure également le nom d'al-Qaradawi, l'idéologue et le stratège de la Confrérie. Sa route croise, de nouveau, d'anciens serviteurs du Führer. Des représentants des gouvernements américain, anglais, allemand et suisse s'emballent pour « l'homme au visage harmonieux, aux yeux sombres, à la barbe bien taillée — presque une image d'Épinal de l'Oriental au charme mystérieux[37] ». La grande séduction fait son chemin. En mai 1975, il déclare à la *Tribune de Genève* qu'il se considère responsable des sept millions de musulmans qui vivent en Europe. Et, ces derniers, s'identifient-ils à ce prophète autoproclamé ?

37. Sylvain Besson, *op. cit.*, p. 51.

III.

Sakineh, la lapidation et la fabrication de l'*homo islamicus* iranien

C'était un dimanche matin ensoleillé du mois de juin de l'année 2010. Les marchands de fruits et les artisans avaient déjà étalé leurs gâteries pour les passants. Quelques badauds se livraient aux douceurs du farniente sur des terrasses accueillantes. Une maman, les traits lisses, un peu enfantins, promenait son fiston qui savourait goulûment une crème glacée. Non loin de là, un papa, les cheveux clairs, le cou tendu sur le côté, partageait un moment de tendresse avec sa fille qui prenait un malin plaisir à faire le clown. Des poussettes bien encombrantes essayaient de se frayer un chemin dans la foule. Quelques couples se bécotaient en se tenant par la main. Je flânais rue Sainte-Catherine, promenant mes yeux sur ces quelques scènes attachantes lorsque j'aperçus un petit attroupement dans le square Philips. Le groupe, constitué essentiellement d'Iraniens, exhibait l'immense portrait en noir et blanc d'une femme le visage sévèrement encadré d'un voile noir. Les manifestants, les uns excédés, les autres apitoyés, scandaient quelques mots difficiles à saisir. Démocratie? Iran? Lapidation? Pas évident à décoder dans le vacarme des autos et le brouhaha des flâneurs.

Il m'a fallu une dizaine de secondes à peine pour reconnaître Sakineh Mohammadi Ashtiani, cette mère de deux enfants, âgée de 43 ans, accusée d'adultère et condamnée à mort par lapidation en Iran. Je me souviens d'avoir murmuré: « La-pi-dée... ! »

Il y a quelques années encore j'étais incapable de me faire une idée précise de ce que ce mot-là signifiait. Je sais… je sais… théoriquement, c'est quand le ciel et la terre s'acharnent à coups de pierres sur un corps fautif d'avoir copulé en transgressant les préceptes d'Allah. Dans la pratique, qu'est-ce au juste ?

Trois syllabes et c'est la descente, à grandes foulées, vers les ténèbres.

L'accusé est solidement ligoté, enfoncé dans un trou, les yeux bandés, une portion du corps ensevelie. Le trou, comme un aimant, attire la pluie de pierres. Le bruit de leur percussion sur le visage se mêle aux cris sauvages des lanceurs. Le corps devient un amas élastique à perforer, la chair corrompue décline, la colonne vertébrale lâche, la tête se fragmente, le corps se tord, la respiration s'amenuise, le râle d'agonie se perd dans la poussière.

Puis, plus rien. Plus un souffle. Plus rien du tout…

Ni trop petites ni trop grosses

Instaurée au lendemain de l'avènement de la Révolution islamique, la lapidation est régie par des rituels capricieux. Le code pénal iranien[1] fourmille de détails à ce sujet. Les femmes sont enterrées jusqu'aux épaules et les hommes jusqu'à la taille. L'article 102 précise que si un condamné arrive à s'échapper du trou, il peut retrouver sa liberté. Les pierres, pour leur part, sont scrupuleusement choisies. Leurs dimensions et leurs formes ne sont guère laissées au hasard. L'article 104 précise que « les pierres utilisées pour infliger la mort par lapidation ne devront pas être grosses au point que le condamné meure après en avoir reçu une ou deux ; elles ne devront pas non plus être si petites qu'on ne puisse leur donner le nom de pierres. » Des pierres pas trop grosses ? En effet, car si elles étaient trop grosses, elles pourraient provoquer la mort subite du condamné, ce qui abrégerait la sentence, la rendant plus clémente et allant même jusqu'à l'annuler.

1. Code pénal : ‹http://mehr.org/Islamic_Penal_Code_of_Iran.pdf›.

Et puis, il faut tenir compte de tous ces énergumènes qui affluent de toutes parts pour prêter main-forte à Allah. Chacun y contribue en apportant sa pierre. Expurger le mal est un grand moment de défoulement, une sorte de fête, un spectacle jouissif pour les libidos refoulées. Les yeux enflammés par la gloire de la virilité, les visages tournés vers le dieu victorieux, ils sont des centaines à y participer au Nigeria[2], en Somalie[3], au Soudan, au Pakistan, au Bangladesh, en Afghanistan ou encore au Yémen. En 2002, Fazul Hadi Shinwar, représentant de la justice du gouvernement intérimaire afghan, expliquait que « Dieu estime que les personnes ont besoin d'être présentes pour savoir à quoi correspond exactement la punition[4] ». Sous le règne des talibans, les exécutions étaient les seules distractions donnant lieu à de grandes kermesses obligatoires[5]. Matchs de foot interrompus, on clouait aux poteaux des goals des dissidents politiques qu'on

2. Citons le cas d'Amina Lawal, condamnée à mort par lapidation pour adultère, qui a été acquittée en septembre 2003 après une vaste campagne de mobilisation internationale. Ses avocats ont plaidé « "qu'en fait leur cliente n'avait jamais eu de relation sexuelle hors mariage". Sa grossesse, deux ans après avoir divorcé, aurait été le fait "d'un embryon dormant", phénomène que reconnaît la loi islamique. "L'embryon dormant" aurait été fécondé alors qu'Amina Lawal était encore auprès de son mari. » Didier Samson, « "L'embryon dormant" sauve Amina Lawal », *Radio France International*, 25 septembre 2003. ‹http://www.rfi.fr/actufr/articles/045/article_24092.asp›
3. Le cas d'Aisha Ibrahim Duhulowa, exécutée par lapidation dans un stade réunissant un millier de personnes, le 27 octobre 2008 dans la ville de Kismayo, a été rapporté par plusieurs médias. Amnistie internationale a affirmé que Duhulowa était âgée de 13 ans et qu'elle avait été violée par trois hommes. À la suite de quoi, elle avait été accusée d'adultère. Se référer à : « Stoning victim "begged for mercy" », *BBC News*, 4 novembre 2008 ou encore « Somali fighters stone "rape victim" », *English al-Jazeera*, 2 novembre 2008.
4. Alex Spillius, « Afghans to carry on stoning criminals », *The Telegraph*, 25 janvier 2002.
5. Dans des provinces sous contrôle des talibans, les exécutions par lapidation continuent de se faire. Deux jeunes gens âgés de 23 ans et 28 ans ont été exécutés en public en raison de relations sexuelles extraconjugales dans le village de Mullah Quli. Se rapporter à : « Taliban kill couple in public stoning », *The Telegraph*, 16 août 2010.

pendait par la suite[6]. Encore en 2011, la lapidation, telle une malédiction, crible les amoureux de Kunduz[7].

Des pierres pas trop petites ? Oui, car si elles étaient trop petites elles pourraient donner l'impression que les sanctions ne sont pas suffisamment prises au sérieux. On s'en doute, le respect ne saurait être imposé par de minables cailloux inoffensifs. Pour éviter l'inconvenance d'une telle situation, on les examine, on les scrute, on les pèse et soupèse et on les trie minutieusement. Ce n'est pas un boulot de géologue ou de paléontologue ou que sais-je encore, mais une simple tâche de lanceur de pierres. Bref, afin de faire expier la faute par la souffrance, les mollahs ont fixé la taille des pierres à celle d'un poing. Quant à leur forme, le code précise que « les pierres coupantes sont choisies pour leurs arêtes effilées qui provoquent les saignements les plus spectaculaires. Une pierre coupante doit de préférence être lancée au visage du condamné. Les pierres rondes nécessitent moins de précision car elles sont efficaces partout. » Si la lapidation n'est pas très répandue en Iran, elle continue d'y être pratiquée. Et ce, en dépit du moratoire de 2002 qui avait pour vocation d'y mettre fin. Selon plusieurs organismes de défense des droits humains, depuis la vague de protestation qui a secoué le régime le nombre de condamnations à mort ne cesse d'augmenter en Iran. Même si officiellement les chiffres des exécutions stagnent ou ne montrent qu'une légère hausse — 317 personnes en 2007, 346 en 2008, 338 en 2009[8] —, ils doivent être pris avec beaucoup de précaution car le gouvernement iranien continue à exécuter des individus dans le plus grand secret, n'en rapportant qu'un petit

6. Alex Spillius, *op. cit.*

7. Une vidéo montrant l'exécution en public par lapidation d'un jeune couple ayant eu des relations extraconjugales dans la province de Kunduz en Afghanistan peut être consultée : « Shocking footage emerges of Taliban stoning couple to death », *The Telegraph*, 27 janvier 2011. ‹http://www.telegraph.co.uk/news/worldnews/asia/afghanistan/8287154/Shocking-footage-emerges-of-Taliban-stoning-couple-to-death.html›

8. Chiffres donnés par la Fédération internationale des ligues des Droits de l'Homme. ‹http://www.fidh.org/IRAN-Lapidation-dans-un-contexte-de-pendaisons›

nombre dans les statistiques. Les dates et les lieux des exécutions sont fréquemment dissimulés aux familles des prisonniers, ainsi qu'à leurs avocats et à la population d'une manière générale. Selon l'organisme Women Against Execution in Iran, plus de 50 femmes ont été lapidées entre 1980 et 2000 et plus de 2000 femmes auraient été exécutées entre juin 1981 et octobre 1990[9].

Dans des pays tels que les Émirats arabes unis et l'Arabie saoudite, on lapide en catimini. Histoire de ne pas apporter de l'eau au moulin des organismes de défense des droits humains qui pourraient mettre dans l'embarras les alliés occidentaux des Saoud. L'art de faire de la politique sans faire de vague, c'est la dangereuse tendance qu'ont prise les relations internationales. Les principes ne font pas vivre. Surtout, ils ne nourrissent plus personne. Le dollar est maître.

Dans un texte publié dans *Le Monde* en septembre 2002, Hani Ramadan considérait que la lapidation des femmes pouvait constituer « une forme de purification[10] ». Dans cet article, le prédicateur défendait la charia islamique en développant les arguments suivants : « Réduire la richesse de la loi islamique — reconnue par les plus grands spécialistes du droit comparé — aux seuls châtiments corporels, c'est un peu comme si l'on prétendait résumer toute la médecine aux seules amputations chirurgicales. [...] Les musulmans sont convaincus de la nécessité, en tout temps et tout lieu, de revenir à la loi divine. Ils voient dans la rigueur de celle-ci le signe de la miséricorde divine. Cette conviction n'est pas nourrie par un fanatisme aveugle, mais par un réalisme correspondant à la nature des choses de la vie. Vivre en paix et en conformité avec l'être et le devoir, tel est le principe de leur engagement, parce que, comme le souligne le Coran, "c'est certes à Dieu qu'appartiennent la création et le commandement"[11]. »

9. ‹http://www.capitalpunishmentuk.org/iranfem.html›
10. « Elle constitue une punition, mais aussi une forme de purification. Il est interdit d'insulter le coupable. Après sa mort, on prie pour lui. » Hani Ramadan, « La charia incomprise », *Le Monde,* 10 septembre 2002.
11. *Ibid.*

Bluffer le tragique à coup de diarrhées verbales, c'est typique de la logorrhée ramadanienne ! Mais pas seulement d'elle. Avec des arguments « juridiques » à peine croyables, un professeur de droit international de l'Université de Montréal prend la défense des tribunaux islamiques lors d'un repas privé auquel sont conviés diplomates européens et universitaires. « Les tribunaux islamiques sont acceptables, soutient-il, pour autant qu'ils respectent les droits de la personne. » De cette analyse savante, les femmes sont absentes comme si le professeur craignait de ne pas paraître sérieux aux yeux de ses interlocuteurs en tenant compte de leur existence. Je déglutis à plusieurs reprises, parviens difficilement à m'humidifier la gorge. Mon verre de vin blanc est vide. Mon verre d'eau est à sec. « Vous en connaissez beaucoup, vous, des religions qui respectent les droits des femmes et qui soient compatibles avec les droits de la personne ?... Moi, je n'en connais aucune. » Le professeur semble agacé. Je réalise, encore une fois, combien il est confortable de palabrer... loin des champs de bataille ! Cette façon de ruminer des concepts, avec une telle désinvolture, n'oblige en rien à s'interroger sur des réalités lointaines et si proches en même temps. Dérisoires, toutes ces vies de femmes prisonnières de lois archaïques et barbares ? Pourquoi ne pas interrompre ces ondes de folie qui fracassent des vies ? Rappelons-nous l'histoire d'Aïcha l'Afghane[12], dont le magazine *Time* a fait sa fameuse une[13]. Son mari lui avait tranché le nez et les oreilles. Rappelons-nous l'histoire de la petite Nojoud Ali[14], divorcée à l'âge de 10 ans d'un mari trois fois plus

---

12. Aïcha a été offerte à une famille pour réparer la faute de son oncle, accusé d'avoir tué l'un des membres de celle-ci. Après le mariage, elle s'enfuit. Son mari la retrouve et obtient sa condamnation par mutilation. Il l'emmène dans un endroit tranquille dans la montagne et exécute lui-même la sentence, puis l'abandonne sur les lieux, la laissant mourir. Elle est retrouvée *in extremis* par des soldats américains en patrouille. Prise en charge par l'ONG Women for Afghan, elle est opérée à Los Angeles par un professeur de chirurgie réparatrice qui lui refera un nez tout neuf.
13. Juillet 2010.
14. Nojoud Ali avec la collaboration de Delphine Minoui, *Moi Nojoud, 10 ans, divorcée*, Robert Laffont, 2009.

âgé qu'elle. Qu'est-ce que la charia sinon tous ces crimes abjects multipliés à l'infini ? D'où vient cette fâcheuse tendance à ne point deviner la terreur dans les yeux assombris de ces femmes devenues des pestiférées ? Comment peut-on feindre l'ignorance ?

Pardon, vous avez dit quoi ? « Rajam »

La première fois que Sakineh, la veuve d'origine azérie[15], sans grande éducation, a entendu le mot *rajam* (« lapidation » en persan), elle se trouvait dans un tribunal face à un juge qui s'adressait à elle en persan, une langue qu'elle ne maîtrisait pas. Tout s'est passé très vite. À peine la sentence était-elle prononcée que déjà elle signait des documents dont elle ignorait totalement le contenu. Puis, elle a filé dans sa geôle. C'est là que les choses se sont gâtées. « Je n'ai même pas réalisé que j'allais être lapidée à mort car j'ignorais ce que signifiait le mot "rajam" », a-t-elle confié au quotidien *The Guardian* par la voie d'un intermédiaire. « Ils m'ont demandé de signer la sentence, ce que j'ai fait, et quand je suis retournée en prison et que mes codétenues m'ont avertie que j'allais être lapidée, je me suis immédiatement évanouie[16]. » Une de ses codétenues, réfugiée à Paris, la journaliste Shahnaz Gholami, qui purgeait une peine de seize ans de prison pour ses articles jugés trop critiques, corrobore les propos de Sakineh : « Son foulard est tombé, elle s'est évanouie et les autres prisonnières sont venues pour la soulever et l'aider à reprendre connaissance[17]. » Amnistie internationale rappelle que « la majorité des personnes condamnées à mort par lapidation sont des femmes. Ces dernières ne sont pas traitées sur un pied d'égalité

---

15. Groupe ethnique qui vit principalement dans le nord-ouest de l'Iran et dans la République d'Azerbaïdjan.
16. Saeed Kamali Dehghan, « Iranian facing stoning speaks : "It's because I'm a woman" », *The Guardian*, 6 août 2010. Traduction libre.
17. ‹http://www.france24.com/fr/20100827-gholami-codetenue-sakineh-mohammadi-ashtiani-iran-lapidation-prison-justice-journaliste›

avec les hommes devant la loi et les tribunaux. De plus, elles sont particulièrement exposées à des procès inéquitables car elles sont plus souvent analphabètes et par conséquent davantage susceptibles de signer des "aveux" concernant des actes qu'elles n'ont pas commis[18] ». Bien qu'il soit très difficile d'avoir des chiffres fiables, Amnistie internationale, après avoir recueilli de nombreux témoignages de membres de minorités ethniques et d'opposants politiques, arrive à la conclusion suivante en 2010 : « Selon les informations disponibles, [en Iran,] au moins 10 femmes et 4 hommes risquaient d'être tués par lapidation à la fin de l'année, même si certaines affaires étaient encore en cours d'examen et qu'il était possible que des peines de substitution soient prononcées[19]. » Le journaliste Freidoune Sahebjam, condamné à mort en 1979 et exilé à Paris, a publié un livre intitulé *La femme lapidée*[20], un récit tiré d'une histoire vraie, celle de Soraya M., une pauvre villageoise sans défense contre laquelle son mari et ses fils s'étaient ligués en l'accusant d'adultère et qui a été lapidée le 15 août 1986. Ce sont son mari, Ali Ghorban, un homme violent, volage et cupide, ses deux fils aînés et son père qui lui lancent les premières pierres. Quant au maire du village, un homme déchu, il ne fait qu'obéir à la toute-puissance du chef religieux pour se venger du refus de la condamnée de céder à ses avances. Dans cette terre où l'arbitraire des hommes marque l'existence des femmes, Soraya n'est qu'une innocente parmi tant d'autres.

Le cauchemar de Sakineh a commencé le 15 mai 2006, jour où elle est condamnée à 99 coups de fouet pour « relation illicite » avec deux hommes (plusieurs années après la mort de son

---

18. ‹http://www.amnesty.org/fr/news-and-updates/report/campaigning-end-stoning-iran-20080115›
19. ‹http://www.amnesty.org/fr/library/asset/ACT50/001/2011/fr/827800b8-b10d-4dbf-a6a9 ecad88fbb4ab/act500012011fra.html›
20. L'auteur s'est rendu clandestinement en Iran, en février 1987, pour reconstituer l'histoire et rencontrer les principaux acteurs. L'histoire a été adaptée au cinéma par Hollywood en 2008. Freidoune Sahebjam, *La femme lapidée*, Grasset, 1990.

mari). L'un de ces hommes est accusé d'avoir tué ce mari. La mère est fouettée sous les yeux de son fils Sajjad Ghaderzade, un jeune adolescent. Avec sa sœur cadette, Sajjad fait tout pour que Sakineh relève la tête. Mais les choses se corsent. Elle est de nouveau mise en cause lors de l'enquête destinée à faire la lumière sur la mort de son mari et écope de dix ans de prison pour sa participation au meurtre. Puis, après réexamen du dossier par la Cour suprême, la justice se rétracte et réduit sa peine à cinq ans. Mais voilà que surgit une soudaine et nébuleuse accusation « d'adultère commis en étant mariée ». Celle-ci aboutit à une nouvelle condamnation : la mort par lapidation.

Blanchie du meurtre de son mari, Sakineh est condamnée à mort pour adultère ! « Dans le droit iranien, explique Hassiba Hadj Fahraoui, directrice du programme Moyen-Orient à Amnistie internationale, la lapidation est prévue pour un seul "crime" : l'adultère commis par une personne mariée. Depuis 1979, 77 exécutions par lapidation ont eu lieu dans le pays[21]. » Ce qui est encore plus ironique, c'est que « l'homme qui a tué mon mari, explique Sakineh au *Guardian*, a été identifié et emprisonné mais il n'est pas condamné à mort. [...] La réponse à tout cela est fort simple, poursuit-elle, c'est parce que je suis une femme, ils pensent qu'ils peuvent faire tout ce qu'ils veulent avec les femmes dans ce pays. Pour eux, l'adultère c'est pire qu'un meurtre. Mais pas tous les types d'adultère : l'adultère commis par un homme ne sera même pas sanctionné. Par contre, celui d'une femme est considéré comme la fin du monde. C'est parce que je vis dans un pays où les femmes n'ont même pas le droit de divorcer et sont dépourvues de leurs droits les plus élémentaires[22] ». Pour la journaliste iranienne Rasa Sowlat, la condamnation à mort de Sakineh pose le problème d'un système où la plupart des femmes n'ont aucune liberté de choix. En effet,

21. Agathe Heintz, « La lapidation en Iran, au-delà du cas Sakineh », *L'Express*, 6 novembre 2010.
22. Saeed Kamali Dehghan, « Iranian facing stoning speaks : "It's because I'm a woman" », *The Guardian*, 6 août 2010.

depuis l'instauration en mars 1979 de la République islamique qui a mis fin à la monarchie constitutionnelle — par un référendum approuvé par 98 % de la population —, la situation des femmes s'est considérablement dégradée. L'âge légal du mariage a été abaissé à neuf ans[23]. Des mineurs sont exécutés. En raison d'une séparation très stricte des sexes, l'accessibilité aux soins de santé devient de plus en plus difficile. Des viols de jeunes femmes sont commis par les milices du régime. Amputations et flagellations sont monnaie courante. Les divorces sont presque impossibles[24]. Des militantes pour les droits de la personne subissent harcèlement et arrestations[25]. « Dans ces zones [villages et villes moyennes], les obstacles législatifs se doublent d'attitudes sociales qui stigmatisent le divorce. Les pressions auxquelles font face les femmes qui veulent quitter leur mari peuvent avoir trois issues : le suicide, le meurtre du mari ou l'adultère. Selon les statistiques officielles iraniennes, le taux de suicide chez les femmes de moins de 30 ans a atteint des niveaux alarmants dans des provinces comme le Khouzestan ou le Lorestan, dans le sud-ouest du pays. La difficulté à obtenir le divorce est aussi l'un des motifs qui poussent les femmes, en désespoir de cause, à tuer leur mari. Selon une étude menée par l'Université de Téhéran en 2002, 58 % de ces meurtres

23. Article 1210 du code civil. ‹http://www.alaviandassociates.com/documents/civilcode.pdf›

24. « Le mariage est annulé si l'homme apprend que sa femme est sujette à l'un des sept maux suivants : folie, lèpre, eczéma, cécité, paralysie avec séquelles, malformation des voies urinaires et génitales ou des voies génitales et du rectum qui se confondent, malformation vaginale qui empêche le coït. Si la femme apprend, après son mariage, que son mari est atteint d'une maladie mentale, qu'il est châtré, impuissant, ou qu'il a subi l'ablation des testicules, elle peut demander l'annulation du mariage. » ‹http://www.fnb.to/FNB/Article/Khomeyni/Khomeyni.htm›

25. « Selon les chiffres officiels, 14635 femmes furent emprisonnées entre janvier et juin 2007 pour avoir manifesté pacifiquement pour les droits des femmes et environ 60000 femmes reçurent un avertissement. Le 8 mars 2007, les forces de sécurité ont attaqué et dispersé un rassemblement célébrant la Journée internationale de la femme à Téhéran. » ‹ http://www.realite-eu.org›

concernaient des femmes qui n'avaient pu obtenir le divorce car leur mari ou leur famille s'y opposait[26]. » L'esclavage des femmes était déjà dénoncé par le poète et philosophe syrien al-Maari, au XIe siècle :

> Il s'est marié ; et après la première femme,
> Il en a pris trois.
> Il a dit à son épouse :
> « Un quart de ma personne te suffira. »
>
> Si elle s'en accommode,
> Il la gratifiera d'une maigre pitance,
> Mais si elle se tourne vers un amant,
> Il la lapidera.

Décrivant ses geôliers, Sakineh raconte que « leurs mots, leur façon de me regarder comme une femme coupable d'adultère qui doit mourir par lapidation, c'est comme si on me lapidait tous les jours[27] ».

Le temps d'une étreinte au paradis

Les mariages précoces, forcés ou arrangés, l'impossibilité de divorcer ou encore la polygamie poussent de nombreuses femmes dans les bras d'un amant. Mais est considérée comme femme adultère toute femme qui s'écarte de la norme. La femme adultère, c'est l'adolescente que le père a échangée contre un lopin de terre ou quelques brebis ou contre une poignée de rien du tout et qui a succombé aux charmes d'un berger ou d'un voisin. La femme adultère, c'est celle qu'on viole et qu'on accuse

26. Rasa Sowlat, « Femmes, vous ne divorcerez point », *Mianeh* dans *Courrier international*, 14 avril 2011.
27. Saeed Kamali Dehghan, « Iranian facing stoning speaks : "It's because I'm a woman" », *op. cit.*

d'être une putain[28]. La femme adultère, c'est celle qui prend le risque de choisir un autre homme et de l'aimer furtivement, un homme sans doute plus jeune, plus beau ou plus gentil ou tout simplement aimant pour oublier l'instant d'un baiser, d'une caresse, d'une étreinte ou d'un orgasme la grisaille de sa propre existence. Enfin, de quoi ne serait-on pas capable pour se sauver, ne serait-ce qu'un jour, une heure, quelques minutes ou quelques secondes, de son enfer pour atteindre le nirvana ? Qui oserait reprocher à ces corps enlacés de chercher un peu de rêve par-delà la misère du quotidien ?

Mais à côté de toutes celles qui, malheureusement, sont encore trop nombreuses à subir dans le silence, il y a toutes celles qui ont des exigences et posent des conditions. Célibataires, divorcées ou veuves... elles cherchent des hommes à la hauteur de leurs rêves. Elles sont diplômées, travaillent ou encore militent et ne se laissent guère impressionner par les barbouzes du régime qui se déploient pour les traquer. Partout dans le pays, *pasdaran*[29] (gardiens de la Révolution) et *bassidji*[30] (des miliciens rapidement mobilisables) guettent leurs proies. Mais qu'importe, avec les années elles ont appris à éviter la police des mœurs. L'impératif de la virginité est de moins en moins soutenable. Et si le mari n'arrivait jamais ? L'abstinence, ce n'est pas pour elles. C'est peu dire qu'elles ont excellé dans l'art de berner la répression et les traditions. Elles narguent le destin du matin au soir. Elles se maquillent, se parfument, soignent leurs ongles, portent des bijoux, ajustent leurs vêtements, dégagent leur cou du maudit foulard qu'elles sont nombreuses à renvoyer de plus

28. La Française d'origine marocaine Touria Tiouli a été violée par trois Émiratis et, après avoir porté plainte, a été accusée de « relation sexuelle hors mariage ». Après avoir passé quelque temps en prison à Dubaï, elle a finalement été libérée grâce à l'implication d'un comité de solidarité français. Blandine Grosjean, « Touria Tiouli, violée et accusée à Dubaï », *Libération*, 2 janvier 2003.

29. Garde prétorienne du régime qui serait forte de 120 000 hommes. « Les bassidji, milice poreuse du régime iranien », *L'Express*, 17 juin 2009.

30. Corps paramilitaire de volontaires, parfois très jeunes, certains ont tout juste 13 ou 14 ans. Ils seraient plus de quatre millions. *Ibid.*

en plus en arrière, laissant apparaître quelques mèches de cheveux. Pour ces dernières, pas question de jouir par procuration ! Les nouvelles Schéhérazades[31] ne sont guère des idiotes qui se consument du regret de n'avoir jamais joui.

Darina al-Joundi appartient à cette race de femmes farouchement libres. Comédienne dès l'âge de huit ans, elle s'est taillé un beau succès dans le monde de la télévision et du cinéma. Elle a grandi à Beyrouth en pleine guerre civile et a joui dans ses décombres. Au Liban, contrairement à ce qu'on raconte, la vie ne s'est jamais arrêtée. Lorsque la guerre bat son plein, la vie devient jouissance. Car, vivre est l'acte ultime des femmes et mourir est leur déchéance. Disparaître sous terre ne peut être la volonté que des plus faibles ou le sort des moins chanceux. Les autres ont mieux à faire. S'agripper au plaisir pour se nourrir d'espoir. Tels sont, entre autres, les gestes de survie que relate la comédienne dans un livre intitulé *Le jour où Nina Simone a cessé de chanter*. À lire Darina, il ne fait aucun doute que la vie sous les bombes est un tournis de rencontres et d'éblouissements : « J'aimais faire l'amour sur la ligne de démarcation, dans les immeubles ravagés, aux façades noires transpercées par des milliers d'impacts de balles. J'appuyais mes mains contre les murs, et pendant que Daoud venait en moi, je lisais à la lumière des bougies les innombrables graffitis qui recouvraient les murs de ces ruines : À Marika, la pute, pour la vie. À Alya, à la mort à l'amour. Je voyais au loin la mer et la ville fantôme et je criais à Daoud : Viens, viens, jouis avant qu'on ne crève[32]. » Pour une femme arabe ou musulmane, la recherche éperdue de liberté est presque une maladie. Que dis-je ? Cette malfaisante obsession est la plus grave des maladies et certainement la plus dangereuse, qui précipite la société dans une espèce de panique généralisée. Les femmes libres, on les entasse dans des asiles. Darina a été

31. Avant de se transporter à Bagdad, les *Mille et une nuits* se sont imprégnées de la Perse.
32. Darina al-Joundi et Mohamed Kacimi, *Le jour où Nina Simone a cessé de chanter*, Acte Sud, 2008, p. 117.

enfermée à « l'hôpital des femmes folles » à Jounieh tout comme l'avait été la grande poétesse May Ziyada (1895-1941), qui avait entretenu une sulfureuse relation épistolaire avec Khalil Gibran (1883-1931). Battue et bourrée de médicaments, Darina ne tenait plus sur ses jambes. Le jour, elle traînait groggy en chaise roulante et, le soir, elle s'endormait dans sa camisole de force, le corps comprimé comme un saucisson. Elle raconte : « Je n'avais jamais connu la peur, dans les pires moments de la guerre, je rigolais sous les F16, je dansais aux moments des pires massacres, je faisais l'amour sous les bombes, mais au couvent de la Croix je tremblais tout le temps, j'avais peur des gifles des bonnes sœurs, peur de faire pipi, de laver les toilettes. Les femmes que je voyais autour de moi étaient pareilles à toutes les femmes que j'avais vues dans le monde arabe : des bêtes de trait. J'ai compris notre vulnérabilité de femmes, on a beau être une vedette, un médecin, une célébrité, au moindre faux pas la femme redevient femme, bête de somme qu'on enchaîne comme on veut[33]. »

En 2007, elle monte sur les planches, au Festival d'Avignon. Elle met en scène sa propre vie, vêtue d'une robe rouge à bretelles. La presse est emballée. Elle est la révélation du festival. Celle qui a transgressé toutes les convenances et tous les interdits est désormais acclamée par le public français ! J'ai rencontré Darina à Paris quelque part au mois de décembre de l'année 2010 dans un restaurant italien, Le Marco Polo, à Saint-Germain. Accrochée à ses lèvres, je buvais chacune de ses paroles. « J'adore Chypre, répétait-elle, en me fixant de ses yeux noirs. C'est là-bas que je rencontrais mon père lorsqu'il était interdit de séjour au Moyen-Orient. » Ce père, qui avait deux rêves — faire de ses filles des femmes libres et libérer Jérusalem —, écoutait Nina Simone et récitait de la poésie arabe. Ce père, journaliste et écrivain, contraint à vivre tel un nomade a été la plus grande source d'inspiration de sa fille. Dans le monde arabe, si pour les femmes liberté rime avec exil permanent, pour les hommes, la

33. *Ibid.*, p. 154.

liberté ne se décline presque jamais naturellement et pour certains elle reste une quête qui s'écrit en lettres de sang.

Je ne me rappelle plus combien de bouteilles nous avions sifflées. Les gens avaient quitté le restaurant depuis un moment déjà. Et nous avons trinqué à la santé de ce drôle d'oiseau, le père de Darina, qui s'était envolé au ciel sans déranger personne. *Yamas !* (*Santé !* en grec.)

Un point de suture, et le tour est joué !

Bien sûr, lorsque vient le moment de choisir des femmes, les hommes veulent toujours épouser des vierges. Eh bien… le bricolage et la technologie se sont chargés de faire du neuf avec du vieux. D'un bout à l'autre du monde arabo-musulman, la veille des noces les mères se précipitent dans le cabinet du médecin. Et le toubib, après avoir farfouillé dans le sexe de la future épouse, délivre le fameux certificat de virginité contre une poignée d'argent, celui-là même qui fait courir les filles dans les cliniques privées pour claquer toutes leurs économies. Un simple point de suture permet de reconstruire la membrane déchirée avec une anesthésie locale de rien du tout. Le tour est joué ! La journaliste Negar Farshidi fait le constat suivant : « Le décalage entre les coutumes de la société iranienne et la permissivité croissante de la vie privée a engendré un accroissement de la demande d'hyménoplasties[34] […]. Les cliniques privées de Téhéran acceptent généralement de pratiquer ces interventions, même si elles ne sont pas officiellement autorisées. Malgré l'absence de statistiques, on observe ces dernières années une croissance du marché de l'hyménoplastie. Selon l'emplacement de la clinique et la réputation du chirurgien, le coût d'une hyménoplastie varie entre 200 et 500 dollars à Téhéran[35]. » Negar Farshidi rapporte

34. Chirurgie qui consiste à recoudre l'hymen.
35. Negar Farshidi, « Le tabou des relations prémaritales », *Mianeh*, dans *Courrier international*, 1er mars 2011.

les résultats d'un sondage réalisé en 2010 par l'Organisation nationale des jeunes d'Iran qui montrait que 55 % des 7 000 jeunes — hommes et femmes — interrogés avaient eu des relations sexuelles avant leur mariage. Et de l'avis d'experts indépendants, le pourcentage réel pourrait même être plus élevé.

En Tunisie, raconte Sophie Bessis, l'industrie de l'hyménoplastie est plus que jamais florissante : « Dans les pays comme ceux du Maghreb où les citadines ne se marient plus en moyenne avant la trentaine, personne ne dit mot de la sexualité hors mariage. Or plus du tiers des Tunisiennes de trente à trente-quatre ans et une femme de vingt-cinq à vingt-neuf ans sur deux sont célibataires. Officiellement, elles n'ont aucune vie sexuelle[36]. » Chez les moins fortunées, on se rabat sur les produits *made in China* qui promettent de simuler « la première fois » pour la modique somme d'une vingtaine d'euros. « Une petite poche translucide de quelques centimètres de large contenant du liquide rouge, placée à l'intérieur du vagin environ vingt minutes avant le rapport sexuel. Sous l'effet de la chaleur corporelle, la membrane se dilate et, lors de la pénétration, une sensation de défloration est ainsi recréée, le liquide rouge se répand, imitant la rupture de l'hymen et tachant de quelques gouttes les draps. Le tour est joué pour une somme modique[37]. » Le produit miracle se vend sous le manteau dans les souks marocains et tous semblent connaître Gigimo (du nom de la compagnie chinoise qui fabrique le produit). Chez les religieux, c'est le tollé ! « Il n'en fallait pas plus au Conseil des oulémas de Rabat, qui, fidèle à l'adage "mieux vaut prévenir que guérir", n'a pas attendu pour se prononcer sur le sujet. Sans surprise, il condamne cette "brèche ouverte" aux relations illégitimes. Dans une fatwa émise fin octobre, ces gardiens du temple religieux réaffirment que, selon le Coran, "l'hymen ne peut être recousu" et déclarent que

36. Sophie Bessis, *Les Arabes, les femmes et la liberté*, Albin Michel, 2007, p. 152.
37. Wafaa Lrhezzioui, « Like a virgin », *TelQuel*, dans *Courrier international*, 19 janvier 2010.

l'utilisation d'un hymen artificiel est une "tricherie interdite" qui porte "atteinte aux principes et valeurs de l'islam[38]". »

À lire le récit de Chahdorrt Djavann[39], qui raconte son retour en Iran après un exil forcé en Turquie puis en France, on se rend bien compte que la jeunesse dorée y vit à l'heure américaine. À l'intérieur des somptueuses baraques de riches, lorsque s'ouvrent les énormes portails, les verrous de la République islamique ont tous pété : nombril dénudé, minijupe, boléro, whisky et pas de danse rythment des nuits endiablées. Sur le chemin du retour, lorsque quelques *pasdaran* montrent le bout du nez, il suffit de leur graisser la patte pour brouiller la vision d'Allah. Le voile est toujours en place, c'est l'essentiel ! Chez les pauvres bougres on se débrouille comme on peut en attendant des miracles. Qui parfois surviennent car, pour remonter le moral des troupes, les conservateurs les plus extrémistes savent parfois se montrer conciliants. Le 2 décembre 1990, Ali Akbar Rafsandjani, alors président de la République islamique, décide de légaliser le mariage de jouissance (*zawaj al-mutaa*) pour que les « couples tenaillés par la faim sexuelle puissent s'accoupler rapidement en toute légalité et se séparer au plus vite[40] ». Khomeiny avait, à son époque, précisé les termes du mariage en stipulant que « la femme peut appartenir légalement à l'homme de deux façons : le mariage continu ou le mariage temporaire. Pour le premier, il n'est pas nécessaire de préciser la durée ; pour le second on indique, par exemple, qu'il s'agit d'une période d'une heure, d'un jour, d'un mois, d'un an ou plus[41] ». En réalité, la pratique vise à légitimer et à généraliser le viol des opposantes politiques, à soustraire les hommes aux obligations financières à l'égard de leurs partenaires sexuelles et à grossir le contingent des prostituées en constante augmentation. En Algérie, les sanguinaires du

---

38. *Ibid.*
39. *Je viens d'ailleurs*, Gallimard, 2002.
40. Martine Gozlan, *Le sexe d'Allah*, Grasset, p. 50.
41. Propos tenus par Khomeiny. ‹http://www.fnb.to/FNB/Article/Khomeyni/Khomeyni.htm›

Groupe islamique armé avaient remis cette pratique au goût du jour. Soheib Bencheikh, ancien mufti de Marseille, en faisait l'analyse suivante : « Les hommes du GIA ne sont pas fous. Ils agissent de manière très canonique, datant des temps ancestraux. Ce sont des criminels qui agissent selon un juridisme archaïque et un extrémisme dogmatique[42]. »

Malika : enceinte... mais vierge

Bruxelles, le 19 octobre 2010. Mon regard se pose sur une délicate et jolie brunette assise non loin de la tribune à la deuxième ou troisième rangée, qui me fixe avec intensité et semble souscrire à mes propos en opinant de la tête. Comment l'ai-je remarquée dans cette salle comble ? Difficile à dire... J'ai deviné que sa concentration traduisait plus que de l'intérêt et qu'elle contenait une forme d'émotion que seul un vécu particulier pouvait expliquer. Il y avait dans les yeux de Malika une ferveur inouïe.

Malika, je l'ai croisée à Bruxelles alors que j'étais invitée par le Conseil francophone des femmes de Belgique[43] à partager mon expérience dans le cadre d'une tournée de promotion dans ce pays organisée par la sénatrice Anne-Marie Lizin. Lorsque j'ai eu fini mon intervention, elle m'a rejointe à la tribune pour balbutier des remerciements. Son regard était plein de gratitude. J'ai compris qu'il y avait en elle une brisure. Quand le public a commencé à se disperser, Malika est restée et nous avons poursuivi nos échanges en compagnie de Nadia Geerts[44], de Jamila Si

42. Soheib Bencheikh, « Le GIA a une logique canonique », *Le Matin*, 11 janvier 1998.

43. ‹http://www.cffb.be›

44. Philosophe et essayiste, Nadia Geerts est fondatrice du Réseau d'action pour la promotion d'un État laïque en Belgique (‹http://www.le-rappel.be/FR/›). Elle a coordonné l'ouvrage collectif *La laïcité à l'épreuve du XXIe siècle*, publié aux éditions Luc Pire en 2009, et est l'auteure de *Fichu voile !* publié aux mêmes éditions en 2010.

M'hamed[45] et de mon père, qui s'est mêlé à la discussion. Très spontanément, Malika s'est exclamée : « C'est ton père ! Eh bien, tu as vraiment de la chance qu'il puisse t'accompagner et te soutenir dans ce que tu fais, c'est rare de voir ça. » Rare malheureusement pour une écrasante majorité de femmes de culture musulmane. Malika en sait quelque chose. Dès l'enfance, la condition féminine lui est apparue comme une injustice criante, une sorte de malédiction. Elle a longtemps pensé que le bonheur lui serait interdit. Enfant, elle a terriblement souffert de voir sa mère subir les humiliations sans jamais rien dire. N'empêche, elle a trouvé son chemin à force de trébucher. Elle s'est forgée sans modèle et sans mode d'emploi. Juste en tenant tête de temps en temps au destin.

Son père immigre en Belgique en 1958 et sa mère le rejoint six ans plus tard. Sur son blogue[46], on peut lire des bouts de son histoire. Mais, je vous préviens, on ne sort pas indemne de cette lecture ! Dès les premières lignes le ton est donné : « Dieu est amour. À tous ceux qui prétendent que nous les femmes, qui ne portons pas le voile, qui revendiquons une dignité et qui ne sommes pas soumises à l'homme, que l'enfer nous attend, que Dieu nous fera subir les pires supplices, je dis merde. Osez dire que nous sommes sur terre pour adorer le tout-puissant et uniquement pour cela : je vous dis merde. » Cinquième d'une famille de 10 enfants, la jeune femme a tout subi ou presque :

45. Présidente du comité belge de Ni Putes Ni Soumises, Jamila Si M'hamed est psychiatre. En 2002, elle a ouvert la Clinique de l'Exil au CHU Saint-Pierre, dont le but premier était de « réduire le shopping médical et de centraliser les données des patients », mais c'est en réalité de la difficulté des relations humaines qu'il s'est agi. « Pour certains, issus de communautés et de cultures différentes, on ne peut remettre en question la structure familiale et encore moins l'autorité parentale », explique-t-elle. « Leur mal-être s'exprime alors par le biais du somatique. En libérant la parole de nos patients, nous nous sommes rendu compte de la recrudescence des mariages arrangés, des demandes de certificats de virginité, de réfection d'hymen, et même d'excisions… » ‹http://www.niputesnisoumises.be/npns/?Jamila-Si-M-Hammed-La-laicite-une›

46. ‹http ://malikha.unblog.fr›

mariage forcé, cruauté, violence, viol et séquestration dans le dénuement et la solitude. Elle raconte dans quelles circonstances elle a accepté son mariage avec un cousin venu du Maroc alors qu'elle était déjà enceinte de six mois d'un autre homme. « Enceinte mais vierge », précise-t-elle. La veille de ses noces, elle accouche en cachette à l'hôpital et place son nouveau-né en adoption, alors que son mari et sa mère, ignorant sa grossesse, l'attendent patiemment sur un banc dans une salle à côté. Officiellement, elle est opérée pour une infection et quitte l'hôpital après que sa mère, dans un français très approximatif, eut convaincu le médecin de lui donner congé pour qu'elle puisse rejoindre les 200 convives impatients de festoyer! Deux semaines plus tard, elle retourne à l'hôpital pour une hyménoplastie. Le docteur lui dit: « Si cela réussit, faites-le-nous savoir. Vous êtes la première sur qui on le fait. D'autres filles en auront encore besoin[47]. »

À peine rentrée à la maison, son mari la « dévierge ». La nouvelle se répand comme une traînée de poudre, circule dans la famille, fait le tour des voisins, de la communauté et se rend jusqu'au Maroc. Tout le monde est content. La virginité de Malika est confirmée. Le produit est resté intact jusqu'à la date de sa consommation. L'honneur est sauf! La *baraka* (la bénédiction) est au rendez-vous.

---

47. Plusieurs personnes appartenant au corps médical m'ont avoué qu'en Belgique cette intervention se fait dans plusieurs hôpitaux publics et qu'elle connaît une véritable recrudescence depuis quelques années. Dans l'ouvrage collectif *La laïcité à l'épreuve du XXIe siècle*, Hugo Godoy, gynécologue, répond à une question de Nadia Geerts relative aux certificats de virginité et aux réfections d'hymen en affirmant: « Il y a une augmentation saisonnière des demandes: lorsqu'on approche de l'été, les demandes de reconstruction de l'hymen augmentent, parce que le mariage a été conclu ici en janvier, la famille a payé la dot en mars, et elles vont se marier en Turquie en juin. Cependant, la recrudescence est non seulement quantitative, mais aussi et surtout qualitative. La femme se sent maintenant oppressée comme elle ne l'a jamais été: ces filles ont vécu toute une série de choses et soudain, elles doivent rentrer se marier dans ce pays qu'elles ne connaissent pas, et leur angoisse est énorme, tout comme l'exigence de ceux qui vont vérifier leur virginité; alors qu'en réalité, personne ne peut dire si une femme est vierge ou pas » (p. 134).

Malika, quant à elle, a terriblement honte et traverse les épreuves comme sur des charbons ardents, non sans traîner une immense colère pendant de nombreuses années. « Colère contre ce père qui, sous le couvert de l'islam, nous a ramené un mari, à nous les cinq filles. Colère contre ce frère qui n'a pas hésité à me violer, à me terroriser (paix à son âme) dès mes neuf ans. Colère contre ma mère qui m'en a voulu de ne pas lui avoir parlé du viol et qui a prétexté que j'aimais cela sans faire aucun reproche à son fils préféré. Colère contre cet homme qui a été mon mari seize ans et que je n'ai jamais eu le courage de quitter car il était gentil, me laissait une certaine liberté et par peur du qu'en-dira-t-on. » Un jour, un besoin irrépressible de liberté s'est emparé d'elle et ne l'a plus jamais quittée. Mais, avant cela, elle a dû piétiner quelques-uns des sacro-saints principes de sa famille et de sa communauté. Car souvent, s'affranchir signifie lutter contre les siens.

L'histoire de Karima, une autre Belgo-Marocaine avec qui Malika crée une association pour venir en aide aux jeunes filles et jeunes femmes musulmanes victimes de mariages forcés et de violences familiales, est sensiblement la même. Karima a grandi à Verviers. Elle fut obligée de porter le voile à neuf ans, fut humiliée par l'imam de son quartier, persécutée, séquestrée plusieurs mois[48] et violentée par sa famille qui l'a mariée par procuration à un cousin vivant au Maroc. À 18 ans, la jeune femme fuit le domicile familial. Quatorze ans plus tard, elle publie un témoignage pour dire qu'elle veut vivre en femme libre. Il faut lire et méditer le livre *Insoumise et dévoilée*[49]. Ce n'est pas le cheminement d'une victime qu'elle raconte mais celui d'une combattante. C'est le cri d'une résistante et le souffle d'une femme debout qui transpercent chaque page du récit. « Ses parents réclament son interdiction ou du moins la suppression de certains passages, au nom de l'honneur bafoué et du respect de la vie privée. L'auteur et sa maison

48. À la demande des parents, une femme médecin belge a délivré des certificats médicaux de complaisance, pendant onze ans, sans même ausculter Karima qui est séquestrée à la maison et quitte l'école, à plusieurs reprises, pendant quelques mois.
49. Karima, *Insoumise et dévoilée*, Luc Pire, 2008.

d'édition invoquent eux la liberté d'expression[50]. » C'est encore une nouvelle bataille qui s'enclenche. Cette fois-ci, elle est juridique. Suivent les menaces de mort. Karima n'est pas du genre à reculer. Le livre paraît et connaît un immense succès.

Les deux jeunes femmes ne s'arrêtent pas là, avec l'aide des autorités belges, elles inaugurent un numéro d'appels de secours sans frais. Grâce au dévouement des bénévoles, quelques-unes sont sauvées. En apercevant les frêles silhouettes de Malika et de Karima, j'ai du mal à imaginer que tant de souffrances se sont greffées sur leurs corps si menus et qu'elles ont pu résister à la brutalité et à la violence pendant tant d'années. Où réside cette force qui a permis à l'une et à l'autre de se forger une existence ? Malheureusement, en Belgique, de nombreuses femmes ne s'en tirent pas aussi bien. C'est le cas de Sadia Sheikh[51], âgée de 20 ans et d'origine pakistanaise, sauvagement abattue par son frère le 22 octobre 2007. Ce dernier voulait la forcer à contracter un mariage arrangé au Pakistan. Nora Attaibi, une jeune Marocaine de 20 ans, s'est jetée, elle, du balcon de l'appartement de ses parents situé au second étage, le 28 juin 2008 à Liège, à quelques jours de son départ pour le Maroc où elle devait rencontrer son futur époux. Quant à Layla Achichi[52], une homosexuelle âgée de 18 ans d'origine marocaine, elle a été brûlée vive dans le domicile de ses parents à Anvers en octobre 2009 après avoir été exorcisée.

Je suis retournée en Belgique quelques semaines plus tard pour participer à un événement annuel organisé par une coalition d'associations féministes et laïques[53], placé cette fois sous le thème

50. ‹http://www.communique-de-presse-gratuit.com/livre-insoumise-et-devoilee-karima-menacee-pour-avoir-ecrit-son-autobiographie_3245.html›
51. ‹http://www.lesoir.be/actualite/belgique/2010-09-21/crime-d-honneur-la-mere-et-la-soeur-de-sadia-sheikh-inculpees-794371.php›
52. ‹http://www.rtlinfo.be/info/belgique/faits_divers/284139/les-parents-de-layla-musulmane-homosexuelle-retrouvee-morte-carbonisee-arretes›
53. Les associations suivantes ont pris part à l'initiative : Centre communautaire laïc juif (CCLJ), Comité belge Ni Putes ni Soumises, Réseau d'action pour la promotion d'un État laïque (RAPPEL), le Centre d'action laïque (CAL) et le Conseil des femmes francophones de Belgique (CFFB).

des nouveaux enjeux du féminisme et auquel prenaient part Wassyla Tamzali, auteure d'*Une femme en colère,* et Nina Sankari, présidente de l'Initiative féministe européenne en Pologne. Mon père était là quelque part dans la salle. Cette fois-ci, nous avions même eu le temps de flâner, un peu, dans les rues de Bruxelles, de déguster quelques chocolats et de visiter une exposition de peinture sur l'orientalisme aux Musées royaux des beaux-arts. Et nous n'avons pas manqué de revoir Malika.

Je dois admettre que j'appartiens à une minorité de femmes extrêmement privilégiées qui ont toujours bénéficié du soutien de leur père. Soutien ? Bien mieux, entre mon père et moi, il y a une immense tendresse et une complicité infinie qui prend racine dans notre engagement commun à l'égard d'un même idéal. Lorsqu'il m'accompagne à un événement, c'est lui qui veille sur… presque tout. Le débat se poursuit dans la voiture, le restaurant, le café, le corridor, la chambre d'hôtel. On dissèque les prises de parole des uns et des autres. On revient sur mes réponses. Mon père formule les siennes. On les confronte. Chacun défend sa position. On se surprend à rêver d'Oran. Une anecdote déboule et encore une autre. C'est le fou rire. On finit par s'endormir. C'est peu dire que mon père a, de tout temps, affiché un grand respect pour les femmes. En réalité, j'ai pu réaliser avec les années qu'il considère que l'émancipation des femmes est au cœur même de l'émancipation humaine. Mon frère n'est pas différent.

La contre-révolution, Sakineh et l'honneur du pays

La douleur de Sakineh retentit dans l'Europe tout entière et en Amérique. À l'été 2010, son nom fait le tour de la planète. Sous l'impulsion d'une très forte mobilisation internationale qui exige sa libération, des manifestations imposantes s'organisent çà et là. Les chancelleries occidentales haussent le ton. Le président Lula (Luiz Inácio da Silva) lui offre généreusement l'asile au Brésil. Des personnalités de tous les horizons demandent la clémence. L'histoire de la veuve azérie devient une affaire d'État. Acculées au pied du mur, les autorités iraniennes se rebiffent et reculent. Au comité international de soutien à Sakineh, on reste prudent. On réalise très vite que la peine n'est pas annulée, mais simplement « reconvertie » en pendaison. C'est ce qu'on appelle pudiquement une peine de substitution. La campagne de solidarité menée par ses deux enfants et ses avocats reprend du tonus et s'intensifie. Et voilà qu'un nouveau coup de théâtre vient alimenter l'affaire. Le 12 août 2010, à une heure de grande écoute, une chaîne iranienne diffuse en direct les aveux de Sakineh[54], le visage flouté. « La femme enveloppée dans un tchador noir qui ne laissait entrevoir que son nez et l'un de ses yeux, tenant une feuille de papier entre les doigts comme si elle récitait une leçon mal apprise, une voix off en farsi couvrant sa propre voix qui s'exprimait dans sa langue maternelle, l'azéri, confessait sa supposée "complicité" dans le meurtre de son mari[55]. » Le solide bouclier autour de la veuve commence à s'effriter : son avocat Mohammad Mostafaei est forcé de fuir le pays en raison d'un mandat d'arrêt gouvernemental. La femme de celui-ci, Fereshteh Halimi, est emprisonnée pendant une semaine puis relâchée. Le fils de Sakineh, Sajjad, affiche des signes d'épuisement. Son nouvel avocat, Javid Houtan Kian, n'a plus aucun contact avec sa cliente. Mais l'histoire ne s'arrête pas là.

À partir du mois de septembre, la télévision iranienne convie la veuve à faire plusieurs apparitions. Cette fois-ci, elle apparaît le visage à découvert. C'est donc « la vraie Sakineh », il n'y a aucun doute ! De nouveau, ses déclarations surprennent. Elle désavoue son avocat, Mohammad Mostafaei, qu'elle menace de poursuivre en justice, ainsi que Mina Ahadi, Iranienne exilée en Allemagne à la tête du Comité international anti-lapidation dont le siège se trouve à Cologne. Son fils, assis à ses côtés,

---

54. Saeed Kamali Dehghan, « Sakineh Mohammadi Ashtiani "confesses" to involvement in murder on Iran state TV », *The Guardian*, 12 août 2010.
55. Collectif d'auteurs, « Il faut empêcher la lapidation de Sakineh », *Libération*, 15 août 2010.

condamne la campagne de solidarité qu'il a lui-même lancée et sans laquelle sa mère aurait été lapidée depuis fort longtemps. S'ajoute à cela une « affaire d'espionnage » impliquant un journaliste et un photographe allemands venus faire avec elle une interview pour laquelle Sajjad et son avocat, chez qui se déroulait la rencontre, ont été écroués puis relâchés. Pour le régime, cette dernière affaire est du pain bénit qui lui permet de déployer une nouvelle stratégie et de brandir l'accusation fatale de la contre-révolution ! « J'ai dit à Sajjad [son fils] [...] de porter plainte contre ceux qui m'ont déshonorée, moi et le pays[56] », martèle Sakineh sur les ondes.

Ce message contraste avec les quelques mots envoyés du fond de sa cage de Tabriz au mois de juin : « Le jour où j'ai été fouettée devant mon fils Sajjad, j'ai été écrasée et ma dignité et mon cœur ont été brisés. Le jour où j'ai été condamnée à la lapidation, ce fut comme si je tombais dans un trou profond et j'ai perdu connaissance. De nombreuses nuits, avant de m'endormir, je me dis comment quelqu'un peut-il se préparer à jeter des pierres sur moi, à viser mon visage et mes mains ? Et pourquoi ? »

La femme comme champ de bataille

L'extraordinaire mobilisation du peuple iranien à la fin de l'année 1978, qui s'est concrétisée par la chute brutale de Mohammad Reza Pahlavi et son départ précipité vers l'Égypte, a été récupérée par un de ses opposants : l'ayatollah Ruhollah Khomeiny. Sous la pression de la rue, l'armée a lâché son poulain, arrivé au trône à l'aube de ses 22 ans et qui avait entraîné le pays dans un large mouvement de modernisation dans les années 1960 et 1970 sans jamais ouvrir pour autant le champ politique. Dès le retour de Khomeiny de son exil parisien, la nouvelle alliance impromptue a donné le ton et le bras de fer

56. ‹http://tempsreel.nouvelobs.com/actualite/monde/20110102.OBS5555/l-allemagne-sceptique-apres-les-declarations-de-sakineh.html›

engagé entre les manifestants et les tenants du nouveau régime a fini en bain de sang. « La Constitution, le Code civil et le Code judiciaire ne peuvent s'inspirer que des lois islamiques contenues dans le Coran et transcrites par le Prophète, et elles seules doivent être appliquées scrupuleusement. Le gouvernement islamique est le gouvernement de droit divin, et ses lois ne peuvent être ni changées, ni modifiées, ni contestées[57]. » Voilà en quelques mots les assises de l'État islamique telles qu'émises par le Guide suprême. Motivés par la volonté de doper le sentiment religieux, les mollahs ont alimenté les clivages en dressant les uns contre les autres les musulmans et les non-musulmans, les sunnites et les chiites, les « bons musulmans » et « les mauvais », les femmes et les hommes, les « femmes pures » et « les femmes impures », etc. Cette stratégie, qui a participé à la création de plusieurs catégories de citoyens en fonction de leur degré d'allégeance au nouvel homme fort du pays, a mené à une impitoyable répression.

Les conséquences ont été immédiates pour les dissidents politiques, les femmes, les minorités religieuses et sexuelles. Dans un pays riche d'une importante mosaïque religieuse et ethnique (musulmans chiites [89 %], sunnites [10 %], chrétiens, zoroastriens, juifs et baha'is[58], Persans [51 %], Azéris [24 %], Gilakis et Mazandéranais [8 %], Kurdes [7 %], Arabes [3 %], Lor [2 %], Baloutches [2 %], Turkmènes [2 %][59]), les clashs ont été sanglants. Le sort réservé, par exemple, aux baha'is a fait fuir du jour au lendemain un grand nombre d'entre eux à l'étranger, abandonnant leurs biens et leurs maisons. Chrétiens, juifs, sunnites et soufis ne sont pas en reste. Persécutions et discriminations les visent particulièrement. La condition des homosexuels est tout

57. Propos tenus par Khomeiny. ‹http://www.fnb.to/FNB/Article/Khomeyni/Khomeyni.htm›

58. L'article 13 de la Constitution reconnaît les droits des chrétiens, zoroastriens et juifs à vivre leur religion dans les limites de la loi islamique. Par ailleurs, l'existence des baha'is et des soufis n'est même pas reconnue. ‹http://www.fidh.org/IMG/pdf/IrandiscrimLDDHI545a.pdf›

59. ‹http://www.courrierinternational.com/fiche-pays/iran›

aussi terrifiante[60]. Le code pénal iranien[61], sur toile de fond islamique, disserte des positions copulatoires. Les articles 108 à 113 sont consacrés à la sodomie, punissable de la peine de mort, et ce, aussi bien pour « la personne active » que pour la « personne passive ». Les articles 114 à 126 concernent la façon de prouver la sodomie en cour. Alors que dans la société abbasside on ne se formalisait guère de la sulfureuse relation qu'entretenait l'emblématique poète arabo-persan Abou Nawas (747?-815), chantre du vin et de l'amour, avec le calife Haroun al-Rachid (766-809), les mollahs iraniens s'offusquent des plaisirs bachiques.

Khomeiny encourage le viol des fillettes. En ce sens qu'il a abaissé l'âge légal du mariage à neuf ans pour les femmes. De plus, le viol est utilisé par le régime comme une arme pour torturer les opposants politiques: hommes comme femmes. La remarque est encore plus vraie s'agissant des femmes vierges. Chahla Chafiq explique: « C'est [...] en référence à la loi islamique que le viol des filles vierges se pratique dans les prisons politiques [...]. Les geôliers concluent un contrat de mariage entre la femme qui va être exécutée et le geôlier violeur. Le viol s'effectue ainsi dans un cadre licite. [...] Si elle reste vierge, elle ira au paradis, alors que si elle perd sa virginité, elle ira en enfer[62]. » Bahareh Maghami, victime d'un viol en avril 2010, témoigne que « le viol ne se limite pas à un coup porté à une personne; il s'agit d'un coup porté à toute une famille. Une victime ne se relève jamais d'un viol avec le temps. À chaque regard de son père, les blessures s'ouvrent à nouveau[63]. » Ebrahim Sharifi, un étudiant de 24 ans de Téhéran, a été arrêté par des milices en civil en juin 2009. « Il a dit à Amnesty qu'il avait été attaché, les yeux bandés et battu avant d'être violé. Il a aussi enduré de

60. L'homosexualité féminine n'est pas réprimée aussi sévèrement que celle des hommes. La sentence pourrait aller jusqu'à 100 coups de fouet ou encore les juges peuvent accorder leur pardon en cas de repentir.
61. Code pénal: ‹http://mehr.org/Islamic_Penal_Code_of_Iran.pdf.›.
62. Chahla Chafiq, *Le nouvel homme islamiste*, *op. cit.*, p. 82.
63. ‹http://www.insideofiran.org/fr/droit-des-femmes/315-le-viol-dans-les-prisons-en-iran-la-torture-la-plus-cruelle.html›

violents tabassages et des simulacres d'exécutions[64]. » Le rapport de Human Rights Watch intitulé *We are a buried generation*[65] (Nous sommes une génération enterrée), basé sur les témoignages de plus de 100 Iraniens, fait état des terribles exactions dont ils sont toujours victimes.

Les femmes mal voilées peuvent recevoir jusqu'à 74 coups de fouet. Quant à celles coupables de relations sexuelles hors mariage, la sentence peut aller jusqu'à 99 coups. Là encore, plusieurs situations sont à considérer et le code pénal tient compte d'un éventail de données, à savoir le statut marital de chacun des « fornicateurs », leur confession, leur lien de parenté, leur condition de santé, le moment de l'exécution de la peine, etc. L'article 92, par exemple, précise que si la sentence prononcée à l'égard d'une femme enceinte ou allaitant un enfant met la vie de ce dernier en danger, l'exécution de la peine peut être reportée. L'article 93 spécifie qu'une femme menstruée ne peut être flagellée. Par contre, elle peut être lapidée.

Détruire le lien social et désintégrer le lien politique, telle était la volonté des mollahs afin d'asseoir leur hégémonie. La sphère politique totalement noyée par le discours religieux est dominée par le contrôle, sans précédent, de la sexualité des femmes, offert comme antidote aux problèmes de logement, d'emploi, de santé et d'éducation. Les femmes sont devenues le symbole des maux de cet État minimaliste et mercantiliste qu'est l'État islamique. Faute d'offrir une véritable alternative politique, il ne restait aux mollahs qu'un seul terrain à exploiter : celui de la morale. Pire encore, l'État incapable d'investir le champ politique a fait irruption dans l'intimité de l'individu pour formater le cerveau de l'*Homo islamicus*. Alors que la terreur sous le régime dictatorial du Shah épargnait ce qui ne relevait pas de la politique, avec l'arrivée de Khomeiny aucun domaine de la vie n'a échappé au rouleau compresseur de l'islam

64. *Ibid.*
65. 12 décembre 2010 : ‹http://www.hrw.org/en/reports/2010/12/15/we-are-buried-generation›.

politique. « Dans les faits, le clergé a profité de la chute du Shah pour prendre le pouvoir avec la volonté de maintenir les choses en l'état. Pas un seul moment, il n'a été question de construire le pays démocratique voulu par la majorité des Iraniens. La République islamique a saccagé l'économie en faisant main basse sur 70 % du secteur privé et pris le contrôle de la presse et des maisons d'édition. De nombreux manifestants opposés à ces méthodes ont trouvé la mort[66] », résume le journaliste et cinéaste en exil Djavad Dadsetan.

Les jeunes n'ont pas dit leur dernier mot

Pendant que les mollahs soumettent la société au droit divin, l'économie périclite, l'élite intellectuelle, lorsqu'elle n'est pas décapitée, prend le chemin de l'exil et le chômage bat des records. En 1980, le pays s'embarque dans une guerre contre l'Irak qui va durer huit longues années. Les hommes tombent comme des mouches. Parmi eux, les moins de 20 ans forment le gros des troupes. « Des volontaires d'à peine 10 à 12 ans, enrôlés dans la milice des bassidjis, servaient même à "nettoyer" les champs de mines[67]. » On parle de plus d'un million de victimes. Pourtant, en dix ans, la population va pratiquement doubler, passant de 34 à 62 millions d'habitants[68]. Au même moment, « le revenu par tête d'habitant est de moitié inférieur à ce qu'il était avant la Révolution. Entre 1979 et 1989, le PIB a baissé de 50 %, le rial, monnaie nationale, a perdu 1 800 % de sa valeur par rapport aux devises fortes, les investissements ont diminué de 35 % et le chômage a atteint 48 % de la population active, alors qu'il était beaucoup moins important sous la monarchie[69] ». La barbarie devient

66. ‹http://www.suite101.fr/content/iran-a5769›
67. Omid Memarian et Tara Nesvaderani, « Entre engagement politique et paradis artificiels », *Tehranbureau* dans *Courrier international*, 4 novembre 2010.
68. *Ibid.*
69. Mohamed Charfi, *op. cit.*, p. 46.

le moteur principal de la machine islamique, spécifiquement conçue pour broyer l'humain. En février 1985, le Conseil suprême de la justice iranien annonce la mise au point d'une innovation technologique : une redoutable machine électrique pour couper les mains des voleurs. « Ce "bijou technologique iranien" a été sans doute utilisé en avril de la même année pour l'amputation des mains de cinq voleurs au moment même où deux personnes accusées d'adultère ont été exécutées par lapidation et 160 autres flagellées pour divers actes illicites[70]. »

Les années qui ont suivi la guerre ont été tout aussi catastrophiques. La situation du pays ne s'est jamais véritablement redressée. De colmatages en égarements, l'Iran n'a fait que s'enfoncer dans le marasme. C'est dans ce détestable climat, le 14 février 1989, dix ans après la révolution, que Khomeiny a lancé sa fatwa contre Salman Rushdie, mettant à prix la tête de l'écrivain. Nouvelle décennie, nouvelle cause, nouvelle mobilisation. Rebelote ? Pas tout à fait, les jeunes revendiquent leur dû et exigent du changement. En 1997, ils votent massivement pour Mohammad Khatami. Son passage à la tête de l'État suscite quelques espoirs vite réduits en poussière après qu'il se fut montré incapable de réformer le système. L'inertie à laquelle il a été réduit durant ses deux mandats en dit long sur l'impuissance de ceux qu'on a appelés les « réformateurs » à insuffler des idées nouvelles et surtout à les traduire en termes politiques. En 2005, les jeunes boudent les urnes et le vieux fond islamiste refait surface avec Mahmoud Ahmadinejad. Après avoir mesuré l'extraordinaire force des jeunes, le régime relève l'âge du vote de 15 à 16 puis à 18 ans et Ahmadinejad se maintient au pouvoir en 2009 les mains entachées de sang.

Le régime n'est pas au bout de ses peines. Quarante pour cent des électeurs ont moins de 30 ans et le poids de ceux-ci devrait encore s'accroître dans les prochaines années. Pour l'instant, faute de meilleures perspectives, « de nombreux jeunes pratiquent par ailleurs la "rébellion sexuelle". "Dans l'impossibilité d'exprimer

70. *Ibid.*, p. 29.

leurs désaccords politiques, les jeunes participent à une révolution autoproclamée dans laquelle ils utilisent leur corps pour faire des déclarations sociales et politiques. Les relations sexuelles sont devenues à la fois une source de liberté et un acte de rébellion politique", écrit Pardis Mahdavi dans un livre publié en 2009 sous le titre *Passionate Uprisings: Iran's Sexual Revolution* [Émeutes passionnées: la révolution sexuelle de l'Iran]. [...] Cette rébellion sexuelle a malheureusement contribué à accroître les cas de sida, de MST, et à multiplier les avortements. En 2009, le président de l'Association iranienne de recherche sur le sida a annoncé qu'on relevait la plus forte prévalence du sida chez les 25 à 29 ans[71] ». Le gouvernement doit faire face d'autre part à un nombre accru de chômeurs: « Le chômage est un problème grave en Iran. Selon les chiffres officiels, plus de 3 millions de personnes seraient sans emploi; mais le chômage pourrait en réalité toucher 4 millions de personnes. De plus, chaque année, plus de 800 000 personnes arrivent sur le marché du travail. Si le nouveau gouvernement ne parvient pas à trouver des solutions à la stagnation économique actuelle, les chiffres du chômage devraient augmenter rapidement[72]. » Ce point est également souligné par Omid Memarian et Tara Nesvaderani: « La politique économique du gouvernement ne génère que quelque 300 000 emplois par an, alors qu'il en faudrait un million. Depuis 1990, le chômage a pratiquement doublé dans les rangs de la jeunesse. La tranche des 15-29 ans représente 35 % de la population mais 70 % des chômeurs: un homme sur quatre est sans emploi, de même qu'une femme diplômée sur deux. Même avec un diplôme universitaire, il faut environ trois ans pour trouver un emploi. Un grand nombre d'entre eux connaissent aussi le chômage chronique, ce qui laisse présager des perspectives d'avenir très sombres[73]. » L'Iran est devenu l'un des pays les plus jeunes du monde. Cette explosion démographique

71. Omid Memarian et Tara Nesvaderani, *op. cit.*

72. BBC Persian, « Chômage et crise financière, vraies menaces contre le gouvernement », *Courrier international*, 12 août 2009.

73. Omid Memarian et Tara Nesvaderani, *op. cit.*

peut considérablement changer la donne politique. Si les conditions de vie de la jeunesse continuent de se détériorer, il est fort probable qu'elle devienne l'une des plus grandes menaces au statu quo du régime islamique. Cette situation de blocage permanent engendre par ailleurs une série de maux « collatéraux ». Le plus grave étant la consommation de stupéfiants. « D'après le Rapport mondial sur les drogues pour 2010 de l'ONU, l'Iran a l'un des taux de consommation les plus élevés au monde. Quelque 20 % des Iraniens de 15 à 60 ans font usage de drogues illicites et 16 % pratiquent les injections d'héroïne. L'Iran consomme par ailleurs d'énormes quantités d'opium non raffiné : 42 % du total mondial. La proximité de l'Afghanistan favorise le trafic[74]. »

En 2009, lorsqu'éclate la crise politique, Mahmoud Ahmadinejad doit aussi gérer une situation budgétaire fragile. Les sanctions imposées par la communauté internationale ont des effets importants. Les usines tournent au ralenti. Leur équipement est désuet. Les petites entreprises ne se portent guère mieux. Les prix ont enflé, le nombre de policiers aussi. Le président menace de réduire les subventions qui permettent aux classes moyennes d'acheter les biens de consommation courante et l'énergie à bas prix. Ceci n'a rien pour rassurer une population vulnérable et de plus en plus pauvre. « Dans un pays isolé du monde depuis trois décennies, les subventions gouvernementales sont un moyen de survie indispensable pour la classe moyenne et la population pauvre. Selon une étude du Fonds monétaire international (FMI), une famille iranienne qui gagne environ 3 600 dollars [2 700 euros] par an reçoit annuellement 4 000 dollars [3 000 euros] d'allocations[75]. » De plus, bien que le pays détienne une manne gazière et pétrolière parmi les plus importantes au monde (4e producteur de pétrole et 6e producteur de gaz à l'échelle mondiale), et que pendant

---

74. *Ibid.*
75. Reza Aslan, « Serrage de ceinture en perspective », *The Daily Beast* dans *Courrier international*, 22 décembre 2010.

les quatre premières années de son mandat le prix du pétrole ait atteint son niveau le plus élevé dans l'histoire, le gouvernement d'Ahmadinejad est incapable de tirer profit de ces rentrées exceptionnelles pour relancer l'économie. D'ailleurs, sitôt que le prix du pétrole baisse, le gouvernement ne réussit plus à équilibrer son budget qui repose principalement sur ses exportations d'hydrocarbures.

La jeunesse a su se mobiliser à des moments clés de l'histoire du pays. En 1953, lors du renversement, avec l'aide de la CIA, du premier ministre Mohammed Mossadegh qui avait nationalisé l'industrie pétrolière, les étudiants ont massivement manifesté et ont été sauvagement réprimés. Le 7 décembre de cette même année, lors de la visite du vice-président américain Richard Nixon, trois étudiants ont trouvé la mort. Devenue Journée nationale de l'étudiant, cette date continue d'être commémorée. En 1979, les jeunes ont également joué un rôle clé dans la révolution. Dans les années 1980, les moins de 20 ans ont formé le gros des troupes dans la guerre contre l'Irak. En 1997, ils ont contribué à faire élire le président réformateur Mohammed Khatami. En 2009, ils se sont opposés à la reconduction au pouvoir d'Ahmadinejad. Ce dernier a beau écraser la contestation, il ne parvient pas à l'étouffer. Pugnaces et inventifs, les jeunes ont pris le pli de braver les interdits. Lors des manifestations estudiantines de début décembre 2009, des centaines de jeunes hommes se sont vêtus de foulards, de draps de lit et autres formes improvisées de tchador en signe de protestation contre le voile islamique[76]. Arriveront-ils à faire tomber les mollahs ? Une chose est sûre, il est impossible que leur courage ne soit pas récompensé un jour. Tout juste trentenaire, la République islamique d'essence totalitaire et théocratique survivra-t-elle à ses contradictions ? La jeunesse iranienne n'a pas dit son dernier mot.

76. ‹http://blog.lefigaro.fr/iran/2009/12/des-hommes-en-foulard-pied-de.html›

La lapidation 100 % halal, vraiment?

La question de la lapidation relève d'un cas unique en islam parce qu'elle n'est jamais mentionnée dans le Coran comme châtiment possible de l'adultère. Il n'y a aucun verset coranique qui préconise la lapidation, ni en cas d'adultère, ni pour quelque autre crime que ce soit. La sourate IV:15 suggère l'enfermement jusqu'à la mort et la présence de quatre témoins pour attester la véracité de l'acte: « Celles de vos femmes qui forniquent, faites témoigner à leur encontre quatre d'entre vous. S'ils témoignent, alors confinez ces femmes dans vos maisons jusqu'à ce que la mort les rappelle ou qu'Allah décrète un autre ordre à leur égard. » Bien que l'exigence des quatre témoins soit établie, le texte coranique n'indique ni comment ils seront entendus ni les critères qui rendent valide leur contribution. Les quatre principales écoles juridiques de l'islam sunnite précisent ces modalités. Elles requièrent, entre autres, que les témoins soient entendus séparément, et retiennent pour preuve de la véracité de l'acte sexuel qu'un fil passé entre les corps des protagonistes au moment de l'adultère présumé rencontre un obstacle. Les quatre témoins doivent donc voir le fil bloqué par un obstacle! L'inscription dans le temps de la révélation, qui s'est étendue sur vingt-trois années, a permis de développer ce qu'on appelle « la science de l'abrogation », à travers laquelle le châtiment de l'enfermement a été remplacé par celui de la flagellation. En témoigne la sourate XXIV:2 : « La fornicatrice et le fornicateur, fouettez-les chacun de cent coups de fouet. »

La lapidation est cependant pratiquée sur la base de certains *hadîths*, ou dits ou actes du prophète Mohamed (570-632) rapportés par la tradition et qui ensemble font autorité avec le Coran en matière de législation islamique, mais dont l'authenticité est cependant remise en cause par de nombreux exégètes musulmans. C'est pourquoi le hadîth, même s'il peut être une source de loi, reste d'une portée beaucoup moindre que le texte coranique. « Rappelons, insiste le philosophe Abdelwahab Meddeb, que jusque dans la mouvance islamiste, on attache moins d'importance au hadîth qu'au Coran pour ce qui est des sources du droit : le frère même du fondateur des Frères musulmans, Gamal El-Banna (certes libéral critique), a élaboré toute une œuvre prônant l'atténuation et la relativisation de la référence au hadîth, en raison de son authenticité et de sa fragilité virtuelle, du fait qu'il est de part en part fabriqué à partir d'une chaîne de transmission humaine qui ne peut échapper aux défaillances et à l'aléatoire[77]. » La sociologue Fatima Mernissi[78] abonde dans le même sens. Elle a consacré des années à traquer les « faux hadîths » en analysant méthodiquement une somme d'archives colossale. La chercheuse s'aventure dans le domaine encombré d'exégètes exclusivement masculins en se promettant d'offrir aux textes islamiques une cure de jouvence. Est-il farfelu de penser que certaines personnes avides de pouvoir ont pu pervertir la pensée prophétique ? Boukhari (808-870), l'un des fondateurs au IXe siècle de la science de l'*isnad* (la chaîne de transmission des hadîths), a interviewé 1 080 personnes qui ont reconnu comme authentiques seulement 3 275 hadîths sur les 600 000 qu'il a recueillis. Mieux encore, Ibn Hajjar, un disciple de Boukhari, réduira ce chiffre à 2 000. Selon Mernissi, un très grand nombre de hadîths ont été inventés de toutes pièces et les plus conservateurs s'en sont servis pour asseoir leur domination et écarter les femmes du pouvoir. Nous savons à quel point les rivalités étaient féroces après la mort de Mohamed et les affrontements sanglants. Il n'y a qu'à se référer, comme le fait la sociologue, à cette guerre fratricide qui a éclaté entre le quatrième calife Ali et Aïcha, l'épouse du Prophète opposée à sa succession. On sait combien cette vérité est difficile à admettre pour nombre de musulmans prisonniers d'une conception idyllique des temps héroïques de l'islam naissant.

Bien que la tradition rapporte que du vivant du Prophète la lapidation a été pratiquée, ce dernier n'en a pas fait grand usage et s'en est même éloigné. Ce n'est que sous le règne du deuxième

77. Abdelwahab Meddeb, *Sortir de la malédiction*, Seuil, 2008, p. 72.
78. *Le harem politique*, Albin Michel, 1987.

calife, l'intraitable Omar ibn al-Khattab (581-644), qu'elle a été largement adoptée. Celui-ci l'a réinstaurée en faisant allusion à « un verset sur la lapidation[79] » disparu aujourd'hui. Connu pour sa mentalité rigoriste et son extrême intransigeance envers les femmes, le deuxième calife a durci la doctrine musulmane en la faisant pencher davantage du côté de l'interdit que du côté du pardon. C'est cette lecture intégriste, inhumaine, incompatible avec notre époque qui parvient aux oreilles de ceux qui parmi les musulmans continuent, aujourd'hui encore, à justifier la lapidation et les châtiments corporels. Joseph Schacht, spécialiste de la dynastie safavide[80] convient « qu'il est impossible de faire remonter l'origine de la loi islamique en deçà d'un siècle après la mort du Prophète. La loi islamique ne provenait pas directement du Coran, mais s'était développée à partir des us et coutumes des Omeyyades[81] » et leurs « pratiques divergeaient souvent des intentions et même des termes explicites du Coran. Les normes véritablement inspirées du Coran ne furent introduites qu'a posteriori[82] ».

Nul doute, la tradition musulmane repose sur des coutumes préislamiques influencées par des pratiques païennes, juives et chrétiennes. La lapidation, par exemple, est citée dans l'Ancien Testament et dans le Talmud comme la peine requise en cas d'adultère — rejetée par le Christ qui est le premier à avoir contesté cette pratique. Lorsque les membres du Sanhédrin (les juges et juristes juifs) lui présentent une femme adultère en lui disant que, selon la loi de Moïse, elle doit être lapidée, il leur répond: « Que celui qui n'a jamais péché lui jette la première pierre. » Et « ils se retirèrent à commencer par les plus âgés »

79. « Le marié et la mariée, s'ils commettent l'adultère, lapidez-les jusqu'à la mort, c'est la vengeance de Dieu. » Mohamed Charfi, *op. cit.*, p. 91.
80. Dynastie qui a régné sur l'Iran de 1501 à 1736.
81. Dynastie arabe qui avait pour capitale Damas. Elle devint, de 661 à 750, le plus grand État musulman de l'histoire en s'étendant de l'Inde jusqu'à la péninsule ibérique.
82. Ibn Warraq, *Pourquoi je ne suis pas musulman*, L'Âge d'Homme, 1999, p. 104.

(Jean 8, 2-11). S'agissant des femmes, les archaïsmes du Coran ne sont pas pires que ceux de la Bible ou de la Torah ; ils sont taillés dans la même matière, se nourrissent de la même mentalité et prennent racine dans le patriarcat. « Ce qui emprisonne le Coran dans sa particularité négative, fait remarquer Abdelwahab Meddeb, ce n'est donc pas son sens, mais bien le statut qui le sanctifie en associant sa lettre à l'incarnation du verbe, en identifiant ses mots à la parole même de Dieu, incréée et éternelle[83] ». Dans cet état d'esprit, il convient de se poser la question : comment des concepts forgés à Médine au VIIe siècle peuvent-ils continuer de déterminer, et ce, quinze siècles plus tard, l'armature juridique de la loi islamique, la charia ? Regarder la vérité en face et oser affirmer que la mémoire humaine n'est pas infaillible et que la charia est incompatible avec les droits de la personne n'est qu'un pas vers les Lumières. Ce pas, la Tunisie l'a pleinement assumé il y a une cinquantaine d'années en adoptant le Code du statut personnel.

La Tunisie : une poussée vers la modernité

Dès la première année de l'indépendance, la Tunisie met en marche un train de réformes législatives qui accordent aux femmes des droits sans équivalent ailleurs dans le monde arabe. Promulgué le 13 août 1956, le Code du statut personnel abolit notamment la polygamie et la répudiation et exige, pour le mariage, le consentement mutuel des futurs époux. Il octroie aux femmes le droit de vote en 1957 et autorise l'avortement en 1973.

Deux théologiens tunisiens ont creusé le sillon de la voie vers la modernité en appelant à des réformes en profondeur. Ils ont réussi à laisser une empreinte considérable au sein de l'ensemble de la société. Abdelaziz Thaalbi, en 1905, a publié un livre intitulé *L'esprit libéral du Coran* et Tahar Haddad, en 1925, a

83. Abdelwahab Meddeb, *op. cit.*, p. 17.

produit son œuvre majeure, *Notre femme dans la charia et la société*. C'est la réprobation générale pour Haddad, l'exclusion de l'université religieuse al-Zaytouna et, peu de temps après, l'interdiction d'accéder à la fonction de juge émise par l'administration coloniale française. En 1922, le Destour, le parti libéral constitutionnel, réclame une Constitution et des réformes. En effet, comme le dit Jacques Berque, « la Tunisie peut revendiquer, dans l'histoire constitutionnelle du Sud méditerranéen et même par rapport à l'Égypte, la priorité[84] ». Bourguiba réhabilite la pensée de Haddad. Le programme de son parti, le Néo-Destour, comprend déjà des éléments d'ouverture pour les femmes. Il est établi, comme le souligne Mohamed Charfi, que le véritable penseur derrière le Code du statut personnel est sans conteste Tahar Haddad, sans pour autant nier le grand mérite de la jeune figure montante qu'était Habib Bourguiba. Le mouvement national a été dirigé par une élite[85] acquise aux valeurs de la modernité. C'est donc en se battant sur deux fronts, à la fois contre le colonisateur et contre une vision rétrograde de l'islam, que le mouvement national tunisien a pris forme et a élaboré une conception libérale de l'État-nation en misant sur un système éducatif rationnel et en encourageant la liberté des femmes. Samia Ramzi-Abadir constate d'ailleurs que « l'évolution féminine en Tunisie va de l'avant, grâce au soutien apporté par Bourguiba. Dans son discours du 13 août 1966, à l'occasion du dixième anniversaire du Code du statut personnel, il déclare : "Sans la promotion de la femme, le progrès de la nation est impensable[86]" ».

Dans ce domaine, la Tunisie fait figure d'exception, et dans bien d'autres aussi d'ailleurs. L'éducation, terrain de prédilection pour la construction de la citoyenneté, a été investie par l'État,

84. Jacques Berque, *Le Maghreb entre-deux-guerres*, Seuil, 1970, p. 87.
85. Parmi les dirigeants du mouvement national qui comptait 39 personnes, on dénombrait un seul membre diplômé de la Zaytouna. Mohamed Charfi, *op. cit.*, p. 40.
86. Sonia Ramzi-Abadir, *La femme arabe au Maghreb et au Machrek*, Entreprise nationale du livre, 1986, p. 44.

une démarche qui sera bonifiée en 1989 par l'ancien ministre de l'Éducation, de l'Enseignement supérieur et de la Recherche scientifique, Mohamed Charfi. Ce dernier, s'attelant à la réforme du système éducatif, a poussé l'audace jusqu'à interdire dans les écoles l'enseignement des versets du Coran qui prônent la violence. Cette initiative n'a été imitée nulle part ailleurs dans le monde arabe et musulman. Ce parcours passionnant, Charfi le raconte dans ses mémoires, *Mon combat pour les Lumières*[87], un livre préfacé par son ami Bertrand Delanoë, le maire de Paris.

87. Zellige, 2009.

IV.

Le Prophète et ses femmes

C'est l'histoire d'un coup de foudre pas tout à fait comme les autres qui se déroule dans l'Arabie tribale du VIIe siècle. Peu banal, en effet, car son impact continue de se faire sentir sur les musulmans, même quinze siècles après l'époustouflante rencontre entre le prophète Mohamed et Zeinab Bint Djahsh, la femme de son fils adoptif, un certain Zayd ibn Haritha qu'il avait pris sous son aile vingt-cinq années auparavant et dont il était très proche. Cette histoire, je l'ai entendue de la bouche de mes enseignants alors que je n'étais qu'une jeune écolière figée dans le silence des convenances, mais dont la tête grouillait déjà de multiples questionnements. Ressassée au collège puis au lycée, cette histoire a accentué ma soif de comprendre. Je l'ai lue et relue à différents moments de ma vie pour bien en saisir le sens, car à mes yeux cette mine de détails traduit bel et bien la prédilection du Prophète à user des Écritures pour justifier ses passions amoureuses et sexuelles. De cela, j'avais d'abord l'intuition, puis la certitude, et plus tard j'en ai eu la preuve. Qu'il me soit aujourd'hui permis d'en sourire!

Quel intérêt de réécrire cet épisode amoureux? C'est simple: on ne peut écrire au présent sans réécrire le passé. Dans le monde arabe et musulman, écrire est en soi un acte politique. Réécrire le passé est un acte de résistance et l'interroger un acte de dissidence. La preuve en est qu'il arrive qu'à l'écriture succède la mort. Lorsque les mots sont hantés par le chœur antique d'histoires célestes, la condamnation est double. Prendre la plume, c'est prendre le risque d'être attaqué par les vautours qui verrouillent à double tour la mémoire pour y puiser leur légitimité, en tirer une foule de privilèges et maintenir la société dans le sommeil des origines. Mais de quel passé s'agit-il ? Qui en parle ? Comment l'a-t-on reconstitué ? Qui l'a écrit ? Pourquoi le transmettre ou le revisiter ? Le grand blocage dans les pays musulmans se cristallise dans son articulation. Le grand défi consiste à pouvoir s'en libérer. Mais avant cela, il va falloir s'efforcer d'en parler. Atteindre ce but est d'autant plus crucial que le passé et le présent constituent les deux faces d'une même médaille. Nous saisissons alors l'extrême importance d'en finir avec les conspirations du silence. Dans des sociétés avides de liberté, la responsabilité première de l'écrivain est d'exercer pleinement la sienne afin de mettre en lumière les enjeux fondamentaux de son temps, à commencer par les rapports entre les femmes et les hommes. Y a-t-il une réalité sociale plus brûlante que la situation des femmes ? Comment prétendre à la liberté en réduisant les femmes à des ombres noires sans nom et sans visage ? Pourtant, ce sont elles que l'on veut enchaîner dans le passé. C'est par elles que le scandale arrive. C'est contre elles que se construisent tous les discours périmés. Ce sont elles qui rasent les murs, humbles et soumises, s'excusant presque d'être nées, marchant derrière leurs hommes qui jettent de temps en temps un regard en arrière pour s'assurer que leur propriété est toujours là.

Lorsque l'écriture se conjugue au féminin, elle dérange les tenants du passé et provoque en eux des réactions extrêmement violentes. Je me permets à ce sujet de puiser dans ma propre expérience à la sortie de mon livre *Ma vie à contre-Coran*. Que de remarques désobligeantes pour me faire trébucher ! Que d'accusations gratuites pour diminuer mon propos ! Que de menaces exécrables pour me faire taire ! Tout cela sans qu'on ait lu parfois ne serait-ce qu'une phrase de mon livre. Qu'importe ! Je l'ai écrit et je le réitère aujourd'hui : jamais plus la peur ne s'interposera entre la vie et moi ! Bien évidemment tout cela n'est rien comparé à la traque quotidienne que doivent subir des millions de musulmans dans le monde. Je me prends souvent à les évoquer. J'ai une pensée émue pour tous ceux et celles que nous avons perdus en cours de route en Algérie.

Si l'écrivain aspire à jouer pleinement son rôle d'éveilleur de conscience, il doit accepter de se mettre en danger pour explorer le passé dans ses moindres recoins. Si l'on veut que la liberté existe, il faut l'exercer. Car elle n'est pas une abstraction ; elle prend forme dans l'action. Pour moi, elle est une quête permanente. La liberté commence par l'appropriation de son propre corps. C'est dans le refus de cette appropriation que réside d'ailleurs la grande plaie des sociétés arabes et musulmanes, une plaie qui s'est formée à même le texte coranique. Tant et aussi longtemps que l'islam restera tenaillé par l'angoisse du sexe, il ne pourra se libérer de ses démons. Dès lors que le Coran s'est confondu avec le phallus, pourquoi s'étonner de l'engouement de quelques croyants à chercher dans les Écritures la justification de leurs privilèges de mâles ? Dès lors que le sacré a servi d'antichambre au désir du Prophète, comment désamorcer les jubilations malsaines de certains zélés contemporains ? La femme du Coran n'est-elle pas vue comme un objet ? N'est-elle pas subordonnée aux désirs de l'homme ? Ne doit-elle pas traverser l'histoire en silence, la tête baissée, les mains pures et porter sur ses épaules l'honneur de tous ? Son corps, objet de la *fitna* (sédition), n'est-il pas un obstacle à son émancipation ? N'est-ce pas en le camouflant qu'elle peut espérer gagner son petit coin de paradis ? On n'insistera jamais assez sur l'enjeu majeur qui sous-tend cette discrimination : les rapports hommes-femmes. Et c'est bien de cela qu'il s'agit. C'est pourquoi il est indispensable pour tous ceux et celles qui aspirent à l'égalité de réinventer de nouvelles formes d'organisation sociale.

Dans sa thèse de doctorat à la Sorbonne consacrée à la condition des femmes dans l'islam[1], Mansour Fahmy revient sur la légende de Zeinab et nous dit ceci : « La tradition concorde avec l'esprit du Coran sur les détails du récit ; mais il nous est difficile

1. *La condition de la femme dans l'islam* (1913), Allia, 2002.

de nous faire une idée exacte de ce qui dut se passer dans l'ombre. » Ce qui suit en est ma lecture personnelle.

Le Prophète et sa bru : il est avec le Ciel certains accommodements ?

Un jour, alors que le messager d'Allah s'apprêtait à rentrer dans la demeure de son fils, la tenture en poil de chameau qui tenait lieu de porte se souleva sous une brise légère et son regard se posa sur Zeinab. Sa fulgurante beauté, ses cheveux dévoilés et sa silhouette attrayante soufflèrent, instantanément, sur le brasier de sa libido. Mohamed resta sur le seuil de la porte et déroba son visage, mais sa bru n'eut pas le temps de se couvrir les cheveux, ni de se vêtir d'une tenue plus discrète. La maison était déserte et Zayd absent. Bouleversé par le feu du désir qui l'enflammait, le visiteur prit ses jambes à son cou. Zeinab était si belle qu'il ne put s'empêcher de s'exclamer : « Louange à Dieu le Très Grand ! Louange à Dieu qui change les cœurs ! » Rongé par les remords, Mohamed essaya de chasser de son esprit l'image de la splendide femme. Mais comment refouler cette onde de choc qui traversait sa chair tout entière ? Désirer secrètement la femme de son fils, celle-là même que la tradition bédouine, vieille de plusieurs siècles, lui interdisait, quel sacrilège ! Dans la société arabe de l'époque, nulle différence entre le fils naturel et le fils adoptif. Aux yeux de tous, les deux ont le même statut juridique. Même son de cloche du côté d'Allah. Sa loi comme celle des hommes est intraitable, la bru ne peut partager la couche de son beau-père. C'est *haram* (illicite) ! Impasse.

Mais si le fils « adoptif » n'est plus considéré comme « un vrai » fils ? Si l'on différencie le fils « adoptif » du fils « biologique », qu'advient-il alors de l'union illicite ? Allah n'était jamais très loin des pensées de son Messager. L'affaire de Zeinab était suffisamment sérieuse pour qu'il s'en mêle. Il était urgent de calmer les esprits de ceux qui, à Médine, colportaient des rumeurs et accusaient déjà l'apôtre de relation incestueuse. Pour renverser ce torrent de railleries, Allah réorganisa de fond en comble le corpus de la doctrine musulmane concernant l'adoption, l'héritage, puis le mariage, en mettant en scène un scénario en trois actes au moyen d'un arsenal de versets coraniques qui tombaient fort à propos…

Changement de cap, donc.

Des feux de l'amour à l'ordonnance d'Allah

D'abord, les versets XXXIII:4 et 5 interdisent l'adoption plénière et la transmission du nom à l'enfant adopté : « Il [Allah] n'a point fait de vos enfants adoptifs vos propres enfants. Ce sont des propos [qui sortent] de votre bouche. Mais Allah dit la vérité et c'est Lui qui met [l'homme] dans la bonne direction. Appelez-les du nom de leurs pères : c'est plus équitable devant Allah. Mais si vous ne connaissez pas leurs pères, alors considérez-les comme vos frères en religion ou vos alliés. Nul blâme sur vous pour ce que vous faites par erreur, mais [vous serez blâmés pour] ce que vos cœurs font délibérément. » C'est ainsi que Zayd ibn Muhammad est devenu Zayd ibn Haritha.

Puis, le verset XXXIII:6 déshérite l'enfant adoptif : « Le Prophète a plus de droit sur les croyants qu'ils n'en ont sur eux-mêmes ; et ses épouses sont leurs mères. Les liens de consanguinité ont [dans les successions] la priorité [sur les liens] unissant les croyants [de Médine] et les émigrés [de La Mecque] selon le livre d'Allah, à moins que vous ne fassiez un testament convenable en faveur de vos frères en religion. Et cela est inscrit dans le Livre. » Cette question du patrimoine n'était pas secondaire dans les sociétés arabes, au contraire. Chambarder les droits et les pouvoirs des enfants adoptifs avait une incidence considérable sur l'organisation sociétale.

Enfin, avec les versets XXXIII:36 et 37, l'ordre est venu d'épouser Zeinab qui avait, entre-temps, divorcé de Zayd. Introspection psychologique, réprimande et ordonnance : Allah reproche à son Messager de cacher ses sentiments, de ne point aller jusqu'au bout de ses passions et divulgue au grand jour ce qui est enfoui dans son cœur. Les confidences se transforment en ordonnance, Mohamed ne peut l'ignorer, non sans avoir essayé, comme le rapporte la tradition, de réconcilier Zeinab avec son mari[2] : « Il n'appartient pas à un croyant ou à une croyante, une fois qu'Allah et Son Messager ont décidé d'une chose, d'avoir encore le choix dans leur façon d'agir. Et quiconque désobéit à Allah et à Son Messager, s'est égaré certes, d'un égarement évident. Quand tu disais à celui qu'Allah avait comblé de bienfaits, tout comme toi-même l'avais comblé : "Garde pour toi ton épouse et crains Allah", et tu cachais en ton âme ce qu'Allah allait rendre public. Tu craignais les gens, et c'est Allah qui est plus digne de ta crainte. Puis quand Zayd eut cessé toute relation avec elle, Nous te la fîmes épouser, afin qu'il n'y ait aucun empêchement pour les croyants d'épouser les femmes de leurs fils adoptifs, quand ceux-ci cessent toute relation avec elles. Le commandement d'Allah doit être exécuté. »

Et pour conclure et valider l'ensemble de la démarche, les versets XXXIII:38, 39 et 40 confirment le statut exceptionnel du guide et lèvent l'ambiguïté quant à sa descendance[3] : « Nul grief à faire au Prophète en ce qu'Allah lui a imposé, conformément aux lois établies pour ceux qui vécurent antérieurement. Le commandement d'Allah est un décret inéluctable. Ceux qui communiquent les messages d'Allah Le craignaient et ne redoutaient nul autre qu'Allah. Et Allah suffit pour tenir le compte de tout. Muhammad n'a jamais été le père de l'un de vos hommes, mais le messager d'Allah et le dernier des prophètes. Allah est Omniscient. » Mohamed a tous les droits. Et le plus manifeste, le plus ostentatoire de ces droits, consiste à réviser les façons de faire qui régnaient autrefois. Ce droit n'a pas à être démontré. À plus forte raison, il ne saurait être discuté. Il est un commandement divin !

---

2. Zayd s'était rendu chez le Prophète pour se plaindre de sa femme et lui dire que son union battait de l'aile, ce à quoi Mohamed aurait rétorqué : « Garde ton épouse. »

3. Le Prophète a eu quatre fils qui sont tous morts en bas âge. Trois fils du premier lit avec Khadija ainsi qu'un quatrième fils né de Maria la copte.

Face à son nouveau prétendant, Zeinab ne manifesta aucune résistance. Elle ne pouvait tout de même se refuser à l'émir des croyants. Quand il voulait quelque chose, tous devaient se soumettre. Devenir l'une de ses femmes était un immense privilège puisque cette union lui conférait un statut fort enviable, non seulement ici-bas mais également dans l'au-delà. C'est ainsi que Zayd céda sa femme à son père adoptif, non sans que cela chamboule la coutume bédouine. « Le mariage se fit sans dot, sans témoins, et sans autorisation. Ce fut là un privilège unique, tout spécialement accordé par Dieu à Mahomet. Zeinab avait lieu d'être fière de son mariage, qui intéressait à ce point le ciel[4] ! » Le repas des noces fut gargantuesque. Le Prophète était impatient de retrouver sa nouvelle compagne. À Médine, son attirance pour le sexe n'était un secret pour personne[5]. Féru de belles femmes, il ne se gênait aucunement pour exprimer sa préférence à l'égard des plus invitantes et Zeinab appartenait à cette cohorte. Malheureusement, les convives s'éternisaient. La fête battait son plein… jusque dans les territoires réservés à l'épouse. Colère ! Le marié finit par quitter la fête. « Mahomet, dans son for intérieur, souhaitait vivement que ces invités dépourvus de tact se décidassent à prendre congé de lui. Il le leur manifesta même clairement en les quittant et en sortant de chez lui pour aller faire visite à ses autres femmes. Mais ils n'y firent aucune attention, et restèrent tranquillement installés dans la chambre de la nouvelle mariée[6]. » Devant le culot de ses hôtes, le Prophète ne décolère pas et la tension monte. Pourquoi ne pas pousser carrément dehors ces énergumènes encombrants qui font fi des bonnes manières ? Pourquoi ne pas leur crier à la figure *babe! babe!* (la porte !) ? Le soir même, le verset XXXIII:53 les rappelle à l'ordre : « Ô vous qui croyez ! N'entrez pas dans les demeures

4. Mansour Fahmy, *op. cit.* p. 39.
5. Dans Martine Gozlan, *op. cit.*, p. 49, elle cite Sabah Ghaddar qui dans sa thèse de doctorat, *Sexualité et faute en Islam*, rapporte le hadîth (citation du Prophète) suivant : « Je dors, je me lève, je mange, je jeûne et je prends les femmes. Celui qui renonce à ma Sunna [ma tradition] n'est pas des miens. »
6. Mansour Fahmy, *op. cit.*, p. 53.

du Prophète, à moins qu'invitation ne vous soit faite à un repas, sans être là à attendre sa cuisson. Mais lorsqu'on vous appelle, alors, entrez. Puis, quand vous aurez mangé, dispersez-vous, sans chercher à vous rendre familiers pour causer. Cela faisait de la peine au Prophète, mais il se gênait de vous [congédier], alors qu'Allah ne se gêne pas de la vérité. Et si vous leur demandez [à ses femmes] quelque objet, demandez-le-leur derrière un rideau : c'est plus pur pour vos cœurs et leurs cœurs ; vous ne devez pas faire de la peine au messager d'Allah, ni jamais vous marier avec ses épouses après lui ; ce serait, auprès d'Allah, un énorme péché. » Le message est plus que clair : la demeure du Prophète n'est pas une auberge espagnole et il revient à chacun de se tenir comme il faut !

L'étoile jaune « des femmes libres »

Pour les femmes, les conséquences de ce mariage ne s'arrêtaient pas là. À la même période, le verset XXXIII:59 énonce une prescription pour l'habillement de celles qui sortent de leurs foyers de façon à ce qu'on puisse les reconnaître : « Ô Prophète ! Dis à tes épouses, à tes filles, et aux femmes des croyants, de ramener sur elles leurs grands voiles : elles en seront plus vite reconnues et éviteront d'être offensées. Allah est Pardonneur et Miséricordieux. » Précisons tout de même que cette disposition était déjà une norme sociale dans divers milieux. En Occident, par exemple, jusqu'à la Renaissance, les femmes respectables étaient voilées — saint Paul prescrivait le voile aux chrétiennes (Corinthiens I, 11.2-16). Le regard sociologique de Mansour Fahmy atteste que cette orientation était destinée à une catégorie spécifique de femmes ; les esclaves et les femmes des classes inférieures sortaient sans rien mettre par-dessus leurs vêtements. D'ailleurs, Omar, le deuxième calife, avait interdit aux esclaves de s'habiller comme des femmes libres. Fahmy rappelle le contexte de cette époque, où la société bédouine, formée essentiellement de tribus polythéistes, musulmanes et juives, vivait sur un pied de guerre continuel. Or les femmes constituaient des butins de guerre que les hommes capturaient au cours de leurs razzias et qu'ils prenaient comme concubines ou esclaves. Veiller à l'intégrité physique des femmes était donc un souci permanent. Là se trouve sans doute la raison principale de leur réclusion. De plus, l'irruption de la masse des captives a totalement bouleversé l'équilibre social. La femme « libre » se définissant en réaction à la « femme esclave », le rôle social de chacune devait être bien circonscrit. La première était destinée à vivre dans la réclusion à l'intérieur de la maison pour se consacrer essentiellement à sa tâche reproductive alors que la seconde était vouée aux plaisirs et aux fantasmes des hommes ainsi qu'aux corvées à l'extérieur. Paradoxalement, les captives étaient « libres » de circuler à l'extérieur et en ce sens elles étaient de loin les plus cultivées et les plus convoitées.

Quant à l'interprétation à donner à ce verset, Fahmy nous dit : « Il est hors de doute que dans le premier quart du Ier siècle, le voile et la réclusion des femmes n'eurent d'autres motifs, ni d'autre but que celui [...] de la distinction des classes[7]. » Fahmy insiste : « Ce texte n'est pas un texte probant pour la prescription du voile, il l'est, par contre, en ce qui concerne la distinction des classes. En commandant aux femmes des croyants d'avoir une tenue spéciale, le Dieu du Coran voulait qu'elles fussent ainsi distinguées des femmes esclaves. Toutes les traditions sont d'accord sur ce point. Elles sont d'accord pour nous rapporter que les femmes du Prophète, s'étant trouvées obligées de sortir le soir pour satisfaire des besoins corporels, furent poursuivies par des hommes de mœurs dissolues dans un dessein malhonnête. Elles se plaignirent à Mahomet. Les coupables s'excusèrent de s'être mépris, et d'avoir pris des femmes libres pour des esclaves. En vue de prévenir pareille erreur, Mahomet prescrivit aux femmes libres de se distinguer des autres par leur tenue[8]. »

---

7. Mansour Fahmy, *op. cit.*, p. 56.
8. *Ibid.*, p. 55.

Cette analyse est reprise par la sociologue des religions Leïla Babès dans son ouvrage *Le voile démystifié*[9]. Elle ne voit pas dans cette prescription une motivation religieuse mais plutôt sexuelle. « En déduire comme l'ont fait les exégètes musulmans, affirme Babès, tout comme le font les musulmans aujourd'hui par la surenchère à laquelle ils se livrent, que la prescription a un caractère éternel et non circonstancié, c'est reconnaître que les hommes musulmans sont des hommes sans éducation, incapables de contrôler leurs instincts animaux. N'est-ce pas reconnaître par là même l'échec de l'islam ? »

Tohu-bohu dans la maisonnée du Messager

La nouvelle union de Mohamed avec Zeinab n'était pas pour plaire à Aïcha, la petite rousse, la plus aimée des femmes du Prophète qu'il avait épousée lorsque celle-ci n'avait que neuf ans[10], alors qu'il dépassait la cinquantaine. L'épisode poussa Aïcha à la réflexion suivante : « Ô envoyé d'Allah, je constate que Dieu est prompt à satisfaire ta passion. » Que pouvait-elle faire face à son étrange destin sinon que de s'effacer dans l'obéissance et la patience ? Il était dit que le Prophète pouvait en aimer plusieurs à la fois. Le décret divin l'attestait. C'était son privilège de mâle couplé à ses prérogatives de Messager. Une fois la nuit tombée, ne convenait-il pas de se délasser ? Les journées étaient si longues et les batailles exténuantes ! Les nuits torrides étaient grandement méritées. Celles passées en compagnie d'Aïcha, la femme poupée, étaient toujours des moments de grande effervescence. Mohamed avait eu un œil sur la belle enfant, fille de son meilleur ami Abou Bakr, dès les premières années de sa vie. Après le décès de sa première épouse Khadija, avec laquelle il avait partagé vingt-cinq ans de vie commune, il avait couru chercher sa petite Schéhérazade.

---

9. Leïla Babès, *Le voile démystifié*, Bayard, 2004.

10. La conclusion du mariage s'était faite dès ses sept ans. Mohammed ibn Jarir Al-Tabari, *Chronique de Tabari*, La Ruche, 2006, p. 450.

Avant cela, il avait pris pour femme une veuve disgracieuse dans la cinquantaine nommée Sawda, dont il avait pensé se débarrasser un peu plus tard. Seulement, il fallait bien quelqu'un pour tenir la maison, en faire un lieu accueillant pour Aïcha. Parmi les quatre filles du premier lit : Zaynab, Ruqayya, Oum Kalthoum et Fatima[11], aucune n'y songeait. Tenir et organiser le foyer, telles étaient les principales tâches de Sawda. Un marché fut conclu, par lequel Mohamed accepta de garder la vieille veuve en échange de ses services et à condition qu'elle cède ses nuits à la plus jeune[12].

Parmi les autres femmes qui ont marqué le harem, signalons la veuve d'une grande beauté, Oum Salamah, mère de quatre enfants en bas âge, dont le mari, un fidèle combattant, était mort des suites de ses blessures à la bataille d'Ohoud. Parti consoler la veuve trentenaire quatre mois plus tard, Mohamed lui témoigna un vif intérêt. Oum Salamah étant restée très attachée à son ancien compagnon, Mohamed dut se montrer insistant pour qu'elle consente à devenir son épouse. Poétesse, Oum Salamah lit, réfléchit et interroge le Prophète et lui demande pourquoi Allah ne s'adresse pas directement aux femmes. Un verset tombe à point et tient compte de la volonté de la belle. Oum Salamah va même jusqu'à l'accompagner dans ses sorties guerrières. Aïcha prit l'arrivée de la ravissante femme, instruite et à l'esprit vif, comme une terrible disgrâce. Le Prophète avait le droit unilatéral d'élargir son harem à sa convenance. Peu importe s'il ruinait l'équilibre de la maisonnée.

---

11. Des quatre filles du Prophète, seule Fatima, la mère des chiites, eut des enfants : al-Hasan et al-Husayn, ce dernier étant l'ancêtre de la dynastie hachémite qui a régné en Irak jusqu'en 1958 et qui règne en Jordanie.

12. Sawda s'adresse ainsi au Prophète : « Ô apôtre de Dieu, je suis une femme vieille, et en te priant de me reprendre pour femme, ce qui me fait agir n'est pas le désir d'obtenir ce que doivent rechercher dans un mari les autres femmes ; mais ce que je désire, c'est d'être comprise, au jour de la résurrection, dans le nombre de tes femmes, lorsqu'elles sont appelées de leurs tombes dans le paradis. Reprends-moi et les nuits que tu devrais passer avec moi quand mon tour viendrait, passe-les avec Aïcha, qui alors, tandis que les autres femmes n'auront qu'un seul tour, en aura deux. » Mohammed ibn Jarir Al-Tabari, *op. cit.*, p. 522.

Parmi les neuf épouses et les deux concubines qui composaient le ménage de l'apôtre, mentionnons également Maria la copte, qui lui fut offerte par le gouverneur de l'Égypte et lui donna un fils nommé Ibrahim, lequel mourut en bas âge, et Safia la juive, d'un charme fou, qui n'avait pas encore 18 ans, capturée à Khaybar et dont l'arrivée au harem créa des flammèches. D'autres unions ont été conclues pour des raisons stratégiques d'alliances et n'avaient aucun caractère sexuel. Précisons qu'à l'exception d'Aïcha toutes les épouses étaient des veuves qui avaient déjà contracté un ou plusieurs mariages.

Entre toutes ses femmes de conditions, d'origines, d'âges très différents, les disputes et les rivalités étaient quasi quotidiennes. La jalousie rythmait leurs humeurs et leurs alliances. Cette ambiance était exacerbée par Aïcha, la capricieuse, qui était la plus entreprenante de toutes et ne se gênait guère pour étaler ses atouts et attirer près d'elle l'époux tant convoité : « Je suis la seule que l'envoyé de Dieu ait eue vierge », cria-t-elle une fois à la face de ses rivales. Que lui restait-il lorsque Mohamed lui imposait une émule légale sinon que de s'employer à lui empoisonner la vie ? Étouffer ses sentiments les plus naturels était devenu une habitude bien ancrée. Toute amorce de protestation était réprimée par une voix qui lui rappelait que l'ordre établi était juste parce que divin. De toute façon, de quoi disposait-elle pour bluffer le *maktoub* (destin) ? Sa grande consolation était de se savoir la préférée. Un jour, les scènes de ménage étaient devenues particulièrement pesantes et Mohamed décida de prendre le large. Le verset XXXIII:51 justifie son absence : « Il n'y a pas de reproche à te faire si tu fais attendre celle d'entre elles que tu voudras et si tu recherches de nouveau quelques-unes de celles que tu avais écartées. Voilà ce qui est le plus propre à les réjouir, à leur ôter tout sujet de tristesse afin que toutes soient contentes de ce que tu leur accordes. Dieu connaît le contenu de vos cœurs. Dieu sait tout et il est plein de mansuétude. » La jalousie, c'était également le trait de caractère du Messager qui considérait ses femmes comme des possessions à préserver même après sa mort. L'interdiction de se remarier leur a été intimée, et cette volonté a été traduite dans le verset XXXIII:53. Là, son égoïsme avait atteint son apogée. Que signifiait cette obsession à cadenasser les cuisses de ses femmes ? Ne lui suffisait-il pas de régner en maître, de son vivant, à l'intérieur comme à l'extérieur ? N'était-il pas le chef absolu de toutes et tous ? Que cherchait-il à démontrer en régulant ainsi la vie de ses épouses ? Pourquoi ne pouvait-il pas envisager que ses femmes, dont certaines étaient bien plus jeunes que lui, puissent goûter au plaisir et à la tranquillité d'une autre vie ? Lorsque l'idée qu'Aïcha devienne la femme d'un autre homme lui effleure l'esprit, il se montre inflexible et sans cœur. La moindre insinuation dans ce sens le porte à sévir et le rend fou de colère.

Khadija, les *filles d'Allah* et les versets sataniques

Un fait important se dégage de tout ce qui précède, c'est l'évidence des articulations entre l'atmosphère de la maisonnée de Mohamed et la dynamique du texte coranique[13]. On est frappé de constater que les versets relatifs à la condition des femmes ont vu le jour à Médine, où la libido de Mohamed le polygame avait atteint son zénith. Cette époque a également coïncidé avec l'émergence de son pouvoir politique et de sa prospérité matérielle. L'attitude de Mohamed le polygame contraste avec celle de Mohamed le monogame, peu confiant et fragile, qui partageait sa vie, au début de la révélation, avec Khadija, son aînée de quinze ans, à La Mecque. Les versets comme ceux contenus dans les sourates intitulées « Les femmes » (IV), « Le divorce » (LXV) ou encore « Les coalisés » (XXXIII) — que nous avons déjà amplement mentionnés — et qui codifient les règles sociales, datent de Médine. On est ainsi amené à distinguer les versets mecquois, qui énoncent les grandes lois morales et les recommandations éthiques, des versets médinois plus agressifs et acrimonieux.

13. Le Coran contient 114 sourates et chaque sourate contient un certain nombre de versets, pour un total de 6 236. Une partie a été révélée à La Mecque et l'autre à Médine.

On ne sait que peu de chose sur le cheminement de Mohamed le monogame. Suffisamment, tout de même, pour faire tomber bien des mythes. L'obsession du fils, le culte de la virginité, la figure de l'homme détenteur de tous les pouvoirs et, par définition, pourvoyeur volent en éclat avec l'époustouflante Khadija, femme hors du commun, espèce de géante sacrée que la tradition préfère taire. Malgré toutes ses unions, Mohamed n'aura que très peu d'enfants, tous du premier lit. Les quatre filles ont survécu et les trois fils sont morts en bas âge. C'est Khadija qui fait le premier pas pour la demande en mariage en des termes dont peu de musulmans useraient aujourd'hui. Elle a 40 ans et lui 25. Elle est riche et lui pauvre. Elle a des enfants. Lui est encore célibataire. Bref, tout les sépare. Fait remarquable, sans doute imputable à sa personnalité, elle s'adresse à lui en lui avouant : « Tu sais que je suis une femme considérée et que je n'ai pas besoin d'un mari. J'ai refusé tous les hommes importants qui m'ont demandée. J'ai beaucoup de biens qui se perdent et j'ai besoin d'un surveillant. J'ai jeté les yeux sur toi, car je t'ai trouvé honnête et tu prendras soin de ma fortune. Va trouver ton oncle Abou-Talib et dis-lui qu'il me demande pour toi à mon père[14]. » Khadija est une femme prospère et distinguée qui possède des chameaux. À La Mecque, elle fait tourner bien des têtes. Elle a déjà eu un mari (certaines sources disent même deux). Elle confie à Mohamed ses caravanes. Séduite par sa droiture et son sens de l'engagement, elle veut plus. Mais elle sait pertinemment qu'il n'est pas de son rang. Lorsque son père, Khouwailid, rechigne à accepter sa proposition, elle n'est guère étonnée. Pour le patriarche, ce mariage est le plus grand des affronts, une insulte suprême ! Pas question de donner sa fille tant convoitée à un orphelin pauvre et sans avenir. Khadija prend les choses en main. Elle organise un festin bien arrosé auquel sont conviés les principaux personnages de La Mecque, le patriarche, Mohamed et son oncle Abou-Talib. Avant la soirée, elle explique à Mohamed : « Dis à Abou-Talib que, lorsque mon père sera ivre, il me demande en

14. Mohammed ibn Jarir Al-Tabari, *op. cit.*, p. 382.

mariage pour toi, et que si mon père donne son consentement, Abou-Talib lui demande de conclure le mariage dans cette réunion même sans tarder[15]. » Abou-Talib suit à la lettre les consignes de Khadija qui se charge de bien remplir la coupe de son père. Une fois que ce dernier est ivre, l'oncle se précipite pour demander la main de la riche héritière pour son neveu, ce à quoi Khouwailid consent. L'histoire rapporte que dès le lendemain, fou de rage, il voulut annuler l'union naissante. Trop tard, lui fit remarquer sa fille, le mariage avait bel et bien été conclu, La Mecque en était témoin. Mohamed élut domicile chez sa dulcinée. L'idylle dura pas loin de vingt-cinq ans. Fait étrange, la tradition reste très discrète sur cette relation extrêmement forte, surtout lorsque l'on sait que Khadija n'a pas seulement été la fidèle compagne de Mohamed mais aussi la première personne de la péninsule arabique à avoir cru en lui, en son message et à avoir embrassé l'islam. Lorsqu'au tout début de la prédication, en 610, Mohamed descend de la montagne tout effrayé après avoir aperçu l'ange Gabriel, c'est elle qui le rassure, le prend dans ses bras et lui donne la force de poursuivre ses visites à la grotte al-Hira où s'est accomplie la révélation. Khadija est morte à 65 ans, après avoir régné en diva suprême, sans avoir connu de rivale. Admirée de tous autrefois dans l'Arabie du VIIe siècle, elle est la figure oubliée des musulmans du XXIe siècle.

À La Mecque, au temps de Mohamed, l'attraction principale est le pèlerinage annuel rendu à trois déesses : Lat (déesse du soleil), Uzza (apparentée à Vénus/Aphrodite) et Manat (déesse du destin), appelées les « filles d'Allah[16] », qui font courir les foules et remplissent les poches des grandes familles de marchands. Les trois divinités règnent sur La Mecque, et ses

15. *Ibid.*
16. Selon l'historien médiéval al-Tabari (839-923), l'un des plus célèbres exégètes perses du Coran, Mohamed avait dans une première version recommandé qu'on leur rende un culte. Ces versets furent aussitôt abrogés et c'est à eux que s'applique l'expression de « versets sataniques », inventée par l'écrivain américain John Muir (1838-1914), qui a servi de titre au célèbre roman de Salman Rushdie.

habitants leur vouent une adoration infinie. La fécondité hante tous les esprits. Le féminin surplombe la terre et s'élève fièrement dans le ciel. Allah est une femme à trois têtes. Les déesses occupent une place exorbitante. Le Prophète les a en ligne de mire. Il prône un dieu unique. Les idoles lui font de l'ombre. Il fait tout pour les déboulonner. Il se trouve bien seul et multiplie les efforts pour attirer quelques fidèles. Il ajuste son message en conséquence : prêche l'unicité de Dieu, l'égalité et la fraternité entre les hommes, s'inscrit dans la continuité du christianisme et du judaïsme, s'adresse aux pauvres et aux exclus pour mettre fin au polythéisme comme idéologie du profit et de l'ignorance. Les grandes tribus mecquoises ne sont guère plus perméables à ce nouveau message. Elles redoutent que la destruction des idoles et l'avènement de l'islam ne sonnent le glas de la gigantesque foire commerciale qui coïncide avec le pèlerinage. Mohamed conclut quelques alliances qui rapidement tournent court. On l'accuse d'être un imposteur. On planifie son assassinat. Mohamed répond par des versets menaçants. Il évoque le jugement dernier. Il détaille le cauchemar qui s'abattra sur ses ennemis. Comme la menace devient de plus en plus grande, il décide, en 622, de s'exiler à Médine, ville distante de La Mecque de 500 km. C'est une nouvelle ère qui commence. Cette migration est considérée comme le point de départ de la chronologie musulmane, l'hégire. Khadija est morte depuis trois ans déjà. Avec elle fut enterrée la première vie de Mohamed. On assiste à la naissance d'une nouvelle personnalité : celle de Mohamed le guerrier qui appelle au djihad contre les Mecquois. Le Coran mêle alors la prédication morale à la colère contre l'ennemi. Les juifs, alliés d'hier, voire inspirateurs, sont dénoncés comme s'étant sans cesse moqués du Prophète et ayant fini par le trahir. Les chrétiens sont également désavoués. À Médine, le cercle des croyants s'élargit considérablement. Mohamed forme une armée. Les expéditions se multiplient. Les razzias renflouent les caisses. L'étau se resserre sur La Mecque jusqu'à sa chute finale en 630. Le prophète succombe à une brève maladie deux ans plus tard, dans les bras d'Aïcha, sa bien-aimée, sans même laisser de testament quant à la suite des choses. Les conflits éclatent entre ses propres partisans qui se disputent la direction de l'Oumma. Mais cela, c'est déjà une autre histoire.

DEUXIÈME PARTIE

La foudroyante percée internationale de l'islam politique

Tout ce que l'artiste peut espérer de mieux,
c'est d'engager ceux qui ont des yeux à regarder aussi.

GEORGE SAND

V.

Les mauvais calculs de l'Oncle Sam

Oussama Ben Laden est mort, d'une balle dans la tête, le 2 mai 2011 aux petites heures du matin (1 h 15 heure locale), dans sa villa ultra-sécurisée d'Abbottabad, au nord du Pakistan à la frontière avec le Cachemire. Le quotidien *The New York Times*[1] décrit les détails de l'assaut. Dans le ciel, quatre hélicoptères ; au sol, des membres des Navy Seals, l'unité d'élite de la marine américaine. L'opération coordonnée par la CIA, depuis le siège de l'organisation à Langley, en Virginie, a été suivie en temps réel par le président Barack Obama qui, dans une allocution à la télévision américaine, a annoncé le décès du chef d'al-Qaïda ainsi que celui de trois autres personnes, son fils, Hamza, et deux hommes, probablement des messagers[2]. Une femme a

1. Elisabeth Bumiller, Charlie Savage, Steven Lee Myers, Adam Ellick et Ismail Khan, « Behind the Hunt for Bin Laden », *The New York Times*, 2 mai 2011.
2. De peur d'être retrouvé, Ben Laden avait renoncé à utiliser tout moyen moderne de communication (Internet, téléphone cellulaire ou satellite). Il avait recours, comme au Moyen Âge, aux services de messagers humains. C'est d'ailleurs par l'un de ses messagers que l'armée américaine est remontée jusqu'à lui en interrogeant des prisonniers de Guantanamo. Il aura fallu quatre années pour déterminer le nom réel du messager et deux années de recherches supplémentaires au Pakistan pour situer la région d'où il opérait. En août 2011, il est finalement identifié dans la villa d'Abbottabad. Mark Mazetti et Helene Cooper, « Detective Work on Courier Led to Breakthrough on Bin Laden », *The New York Times*, 2 mai 2011.

été blessée à la jambe, et non pas tuée, comme ce fut d'abord annoncé. Le président a affirmé d'un ton grave : « Notre pays a tenu sa promesse. Justice a été faite ! Le monde est plus sûr ; c'est un lieu meilleur à cause de la mort de Ben Laden[3]. » Le président américain a ajouté, du même souffle, que le corps du chef d'al-Qaïda avait été balancé en pleine mer, coupant l'herbe sous le pied des nostalgiques qui rêvaient de recouvrir son cadavre de la dernière pelletée de terre. Ainsi s'achève la cavale d'une dizaine d'années de l'homme le plus recherché du monde et dont la photo avec la mention : *wanted dead or alive*, recherché mort ou vif, était devenue l'un des clichés les plus populaires. La gigantesque chasse à l'homme vient de prendre fin par un raid d'une quarantaine de minutes. Les hélicoptères quittent Abbottabad, lieu réputé de villégiature estivale pour les familles d'Islamabad, et regagnent leur base afghane. Les trois Black Hawk redécollent avec la dépouille et des caisses de documents, volent dans la nuit noire à très basse altitude, presque en rase-mottes, se faufilant au fond des vallées pour ne pas risquer une interception par la chasse pakistanaise. Au-dessous d'eux défilent les villages endormis des plaines du Pendjab. Mission accomplie. Pas une perte à déplorer. Les guerriers d'élite de la marine américaine ne touchent plus terre ! De nouveaux héros sont nés…

Que faire de la carcasse inanimée du wahhabite inflexible ? Débarrasser la scène du crime de sa pièce maîtresse dans les vingt-quatre heures suivant l'attaque dans le respect des pures traditions musulmanes[4]. Fou rire ! C'est en usant de cet argument bidon que le commando a balancé, dans la journée même, le cadavre à la mer. La symbolique est forte. Comme si les formalités de l'inhumation de Ben Laden allaient rendre son exécution plus justifiable ou moins condamnable aux yeux de ses fidèles. En Irak,

3. Jeff Baron, « M. Obama qualifie la mort de Ben Laden d'acte de justice », *IIP Digital*, 3 mai 2011.

4. La tradition musulmane exige que l'inhumation se fasse en terre, sans cercueil, dans la journée du décès. Elle veut aussi que le mort soit « lavé » par des musulmans, enveloppé d'un linceul blanc et inhumé au côté de personnes de la même religion.

les corps des deux fils du dictateur irakien, Uday et Qusay, ont traîné pendant onze jours dans les frigos de l'armée américaine sans que personne ne s'en scandalise. Étaient-ils moins musulmans que Ben Laden ? *Allah yaalam* (seul Allah le sait). Résumons : voilà un État qui viole la souveraineté nationale d'un autre État, en l'occurrence le Pakistan, y exécute un homme — fût-il la pire des crapules —, met de côté les principes les plus élémentaires du droit international, et son seul souci est de se conformer au rite musulman lors de l'inhumation dont les modalités sont prises « très au sérieux » aux dires d'un responsable américain, qui assure à un journaliste d'ABC[5] que tout a été fait dans les règles de l'art. Allez comprendre la logique. La cérémonie funéraire d'une cinquantaine de minutes se déroule, sous un ciel bleu à crever, sur le pont du porte-avions américain *Carl Vinson*, en mer d'Arabie. Un officier lit un texte religieux qu'un interprète traduit en arabe. Le corps est ensuite posé sur une planche à bascule pour le faire glisser dans l'océan. Cette mise en scène digne d'un film burlesque de mauvais goût est lourde de signification. Elle nous dit que là où il y a musulman — mort ou vif —, il y a territoire musulman. Et là où il y a territoire musulman, la loi musulmane (quelle loi !) s'applique... y compris sur le porte-avions américain. À voir les réactions en cascade de certains oulémas musulmans[6] on s'imagine que le bon Dieu est dans les détails !

---

5. ‹http://blogs.abcnews.com/thenote/2011/05/osama-bin-laden-body-headed-for-burial-at-sea-officials-say.html›

6. « Les spécialistes des rites musulmans sont toutefois sceptiques. "Les musulmans enterrent leurs morts dans la terre. La seule exception pour laquelle l'immersion en mer est autorisée, c'est quand on se trouve sur un bateau et qu'il est impossible de conserver le cadavre jusqu'à la prochaine escale", explique au Figaro.fr Sami Aldeeb, universitaire spécialiste du droit musulman. Un responsable d'al-Azhar, la plus haute institution de l'islam sunnite, a confirmé depuis Le Caire que "l'islam est totalement contre ce genre de comportement [jeter un corps à la mer, ndlr]". "Il faut respecter le corps d'un être humain, croyant ou non, musulman ou non." » Pauline Fréour, « Controverse sur l'immersion de Ben Laden », *Le Figaro*, 2 mai 2011.

Que couve cette obsession de faire disparaître jusqu'à la plus petite parcelle d'un homme, fût-il le pire des salopards? Remettre les compteurs à zéro, au plus vite. Est-ce à dire que les stratèges américains sont tétanisés par la réaction des partisans d'al-Qaïda, ces vautours assoiffés de sang? Et s'ils avaient l'idée d'ériger un mémorial à l'endroit de la tombe du milliardaire saoudien qui a infligé aux Américains, le 11 septembre 2001, la raclée la plus terrible de leur histoire, encore plus meurtrière que celle reçue de l'Empire japonais sur la base navale de Pearl Harbour le 7 décembre 1941 ? Mémorial qui serait devenu, selon les plus folles spéculations, un lieu de pèlerinage. L'heure est suffisamment grave pour ne rien laisser au hasard et surtout ne pas donner l'occasion à ces apprentis terroristes de célébrer un « martyr », eux qui trouvent dans le culte de la mort un acte de foi ultime. Il ne reste visiblement qu'une seule option qui s'impose comme une évidence: faire table rase du chef terroriste de « manière islamique ».

Polémiques autour de la mort de Ben Laden

Face à cette « opération d'épuration », il est nécessaire d'examiner chacun des gestes du commando. Dégager les limites et les conséquences de cette démarche dans un contexte géopolitique beaucoup plus large me semble essentiel pour répondre de façon sincère et lucide à cette lancinante interpellation : de quelle façon et dans quelles conditions la lutte contre le terrorisme peut-elle réussir? Nous ignorons plusieurs points importants relatifs à l'assaut lui-même, des zones d'ombres persistent qui ont d'ailleurs été alimentées par la cacophonie des déclarations à chaud, bourrées de contradictions, de plusieurs officiels américains chargés de chapeauter la mission. Aurions-nous pu nous attendre à ce que cette unité antiterroriste de 79 personnes, constituée de « l'élite de l'élite » d'un très haut niveau d'entraînement et bénéficiant du matériel le plus sophistiqué, soit en mesure de mettre le grappin sur Ben Laden vivant? Autrement dit, s'agissait-il d'une opération pour le capturer vivant ou pour le tuer ? Bien que le président Obama ait affirmé avoir « autorisé une opération destinée à capturer Oussama Ben Laden et à le présenter devant la justice », la réalité est tout autre, rapporte le quotidien français *Le Figaro* : « Selon différents responsables de la sécurité nationale américaine, l'opération prévoyait bel et bien la mort de Ben Laden s'il opposait une résistance. “Il s'agissait d'une opération pour tuer. Mais s'il avait sorti le drapeau blanc pour se rendre, il aurait été capturé vivant”, explique un officiel américain[7]. » Si la version de l'exécution se confirme, je ne pourrai m'empêcher de voir quelque chose de profondément détestable dans cette justice cavalière qui prend racine dans la plus pure tradition américaine du western, où le shérif est apprécié pour ses méthodes expéditives. Chroniqueur au magazine *Marianne*, Jack Dion écrit : « Jusqu'à preuve du contraire, la justice, c'est autre chose que l'attentat ciblé. La justice, c'est autre chose que l'exécution du méchant à n'importe quel prix et dans n'importe quelles conditions. Certes, personne ne regrettera que l'ancien ennemi public numéro 1 soit passé de vie à trépas, lui qui a tant de morts sur la conscience. Mais sauf à réhabiliter le lynchage et la vengeance, nul ne devrait considérer l'acte de guerre mené par les États-Unis pour tuer Ben Laden comme un modèle de justice applicable par tous, en toutes circonstances et en tous lieux[8]. »

Les Américains ont-ils jugé que, face à l'immensité des crimes perpétrés le 11 septembre 2001, Ben Laden méritait de mourir, là, tout de suite, sous leurs yeux ? D'ailleurs, la liste des attentats d'al-Qaïda est très longue et beaucoup sont antérieurs à 2001. Que l'on se rappelle ceux contre les deux ambassades américaines au Kenya et en Tanzanie, le 7 août 1998, qui firent 220 morts, ou l'attaque suicide menée, avec un hors-bord bourré d'explosifs,

7. Chloé Woitier, « Questions autour de la mort de Ben Laden », *Le Figaro*, 3 mai 2011.
8. ‹http://www.marianne2.fr/Ben-Laden-non-Philippe-Bilger-justice-n-est-pas-faite_a205782.html›

contre le destroyer *USS Cole* dans le port d'Aden au Yémen en octobre 2000 et qui coûta la vie à 17 marins américains et en blessa 37 autres. Et puis, il y a eu le 11 septembre avec son lot d'attentats abjects et de destructions morbides qui ne se réduisent pas seulement aux quelque 3000 victimes. En dépit du drame humain, l'éditorialiste Alexandre Adler insiste sur le choc économique et social : « Le bilan ne s'arrête pas au décompte des victimes. Les premiers jours, la richesse détruite s'élevait déjà à 1,4 trillion de dollars, c'est-à-dire à peu près le PNB de la France[9]. »

Certes, la disparition du chef d'al-Qaïda ouvre des perspectives très encourageantes pour la sécurité de la région et la stabilité du monde. Plus encore, sa mort, je l'avoue — pourquoi le nier ? pourquoi s'en cacher ? — est un soulagement et une délivrance. Toutefois, je me garde de crier victoire avec la meute des zélateurs enthousiastes qui à l'annonce de sa mort se sont lancés dans les bravos et les hourras. Le terrorisme est une affaire trop sérieuse — qui concerne TOUS les peuples — pour être réduit essentiellement à un facteur de politique intérieure américaine. Ou, pire encore, à un facteur déterminant la psyché collective étasunienne. En affirmant cela, il n'est guère question pour moi de juger et encore moins de condamner. Chacun est libre après tout de célébrer qui il veut quand il veut. Cependant, il m'incombe de marquer ma différence. Je m'en explique. Reconnaissons-le, cette mort n'est que symbolique. Ben Laden, quoi qu'on en dise, était anéanti depuis longtemps, et sa capacité de frappe réduite à une peau de chagrin. Par ailleurs, on sait pertinemment que, depuis 2001, al-Qaïda a fait sa mue, s'est autonomisé, délocalisé et que le monstre blessé est en mesure de se renouveler perpétuellement et d'attaquer sur terre, dans les airs et même en mer. Telle est la question, le cœur de la problématique. Et telles apparaissent également les limites de la politique américaine. Car la mort de Ben Laden ne signifie pas la fin du terrorisme.

9. Alexandre Adler, *J'ai vu finir le monde ancien*, Grasset, 2002, p. 36.

Naissance d'un monstre dans le giron saoudo-pakistanais

Au fond, Ben Laden doit son existence, sa formation politique et sa fortune essentiellement à deux pays : l'Arabie saoudite et le Pakistan, officiellement engagés auprès des États-Unis dans la guerre contre le terrorisme. En effet, n'était-ce de complicités à un très haut niveau dans ces deux contrées et de leur éternel double jeu pro-islamiste et pro-américain, le chef d'al-Qaïda serait tombé depuis longtemps. Sa cache à Abbottabad était loin de ressembler à un trou. L'immense complexe sécurisé de 3 000 m² avec sa muraille de cinq mètres de hauteur était bâti sur trois étages et situé à quelques pas d'une garnison abritant plusieurs régiments de l'académie militaire de Kakul, le Saint-Cyr pakistanais. Tout cela en dit long sur ses relations avec les notables locaux et les services secrets pakistanais, relations permettant de mieux comprendre l'histoire de sa traque, depuis 1998, qui se résume à une série de rendez-vous manqués.

En 2001, alors qu'on l'avait repéré, en Afghanistan, dans le massif montagneux de Tora Bora, non loin de la frontière pakistanaise, il s'est soudainement évanoui dans les montagnes des zones tribales. Renaud Girard, journaliste au *Figaro*, commente : « En décembre 2001, Oussama Ben Laden avait réussi à s'échapper de son repaire afghan de Tora Bora, à la faveur d'une énorme faute stratégique américaine. Plutôt que d'envoyer la 10e division de montagne — alors oisive en Ouzbékistan — encercler puis ratisser le massif montagneux de Tora Bora pour tuer ou capturer Oussama Ben Laden, le Pentagone avait choisi une option bancale : bombardement massif du repaire d'al-Qaïda par les B-52 de l'US Air Force (guidés au sol par une dizaine d'agents de la CIA et du MI6), mais sous-traitance de l'attaque au sol et du ratissage de la montagne à trois commandants locaux : Zaman, Azirat Ali et Sayaff. Les Afghans ont d'abord pris l'argent des Américains pour monter à l'attaque, puis celui d'Oussama Ben Laden pour le laisser filer vers la frontière pakistanaise[10]. » Selon Jean-Pierre

---

10. Renaud Girard, « Pakistan : Comment Oussama Ben Laden échappe à la CIA », *Le Figaro*, 14 septembre 2009.

Filiu, spécialiste français des réseaux islamistes, cette erreur stratégique majeure est attribuable à « l'aveuglement idéologique de la guerre globale contre la terreur[11] » menée par Donald Rumsfeld qui, convaincu que l'Irak représentait un péril imminent, a réorienté l'essentiel des énergies sur ce dernier terrain. Il fallait absolument s'appuyer sur un allié « sûr »: le Pakistan. Lorsqu'en février 2002, le président Pervez Musharraf se rend à Washington, il est reçu en grande pompe. Une partie de la dette est annulée (un milliard de dollars) et le reste est rééchelonné (1,8 milliard). Il revient avec quelques chèques pour financer un train de réformes et le président George W. Bush le gratifie de son amitié et déclare: « Le président Musharraf est un dirigeant doté d'un grand courage et qui voit loin [...]. Je suis fier de pouvoir dire qu'il est mon ami[12]. » Personne ne soulève la question de la démocratie au Pakistan. L'existence des madrassas et l'analphabétisme de la moitié de la population n'inquiètent pas l'administration américaine, qui depuis le 11 septembre 2001 a offert 600 millions de dollars d'aide d'urgence et un moratoire sur la dette. La production d'opium et le trafic d'héroïne n'étaient pas à l'ordre du jour[13].

Ce flottement stratégique bénéficie directement à Ben Laden qui, fort de ses soutiens, les consolide davantage. Il se déplace de village en village, au nez et à la barbe de l'armée pakistanaise, en distribuant de l'argent, officiellement pour entretenir les mosquées. Il gagne la sympathie des chefs de tribu pachtouns (le noyau des talibans) et devient leur protégé. Certaines sources disent même l'avoir aperçu dans la mosquée de la bourgade de Razmek (Waziristan) y faisant un prêche. Le milliardaire,

11. Jean-Pierre Filiu, « Al-Qaïda, c'est fini », *La Revue*, n° 6, octobre 2010.
12. Ahmed Rashid, *Le retour des talibans*, Éditions de Lavilla, 2009, p. 79.
13. « Entre 1980 et 1989, le Pakistan est devenu l'un des plus gros pays producteurs d'opium, avec 800 tonnes par an; soit 70 % de la production mondiale d'héroïne. Un gigantesque trafic de stupéfiants s'était développé à l'ombre des canaux d'approvisionnement clandestins des moudjahidines mis en place par la CIA et l'ISI, bénéficiant par là même d'un vernis de légitimité. » Ahmed Rashid, *L'ombre des talibans*, Autrement, coll. « Frontières », 2001, p. 158.

camouflé dans un habit de berger, harangue les foules contre « l'occupation américaine ». Les populations locales sont conquises par son message. Les tièdes finissent décapités et leurs corps jetés sur le bord des chemins. Les redoutables services pakistanais s'activent sur tous les fronts. Puis prétendent avoir perdu sa trace. Mystère... Pour les Américains, c'est déjà un autre front qui s'ouvre avec l'Irak en 2003. Éparpillés, ils sont de moins en moins efficaces. Pour sécuriser le front afghan, ils augmentent leur aide financière au Pakistan, qui l'injecte dans son armement militaire. Tant et aussi longtemps que Ben Laden erre, l'aide grossit. Des milliards de dollars continuent de pleuvoir sur le pays. Les militaires s'en remplissent les poches[14].

Les liens qu'entretient Ben Laden dans de nombreux milieux pakistanais remontent à très loin. En 1979, à peine âgé de 22 ans, fraîchement diplômé en administration, il est à la tête d'une colossale fortune familiale acquise, par son père, dans la construction et la rénovation des mosquées de La Mecque et de Médine. Il est le dix-septième d'une fratrie de 57 enfants. Sa mère est l'une des nombreuses épouses saoudiennes de son père Mohamed Ben Laden, d'origine yéménite, un intime de l'ancien roi Fayçal. Lorsqu'il est approché par le prince Turki al-Fayçal[15], alors chef des services secrets de l'Arabie saoudite (de 1977 à 2001), pour superviser l'organisation de volontaires pour l'Afghanistan à la

14. « L'année dernière [2010], elle [l'armée] a exigé et obtenu deux augmentations de son budget. Soit la bagatelle de 2,5 milliards d'euros, alors que le Pakistan, dont le déficit budgétaire dépasse 6 %, supplie le FMI de débloquer l'avant-dernière tranche d'un prêt de 11,3 milliards de dollars. Les militaires pakistanais vivent comme des nababs au milieu d'une population de 175 millions d'habitants, dont 40 % se situe sous le seuil de la pauvreté. Pour s'en rendre compte, il faut pénétrer dans le quartier général ultrasécurisé de la Pakistan Air Force, l'armée de l'air, à Islamabad. » Emmanuel Derville, « Pakistan, l'été de tous les dangers », *Le Point*, 12 mai 2011.

15. Fils de l'ancien roi saoudien Fayçal ben Abdel Aziz al-Saoud (de 1964 à 1975) et frère du ministre des Affaires étrangères Saoud al-Fayçal. Il est limogé quelques jours avant les attentats du 11 septembre 2001 et se reconvertit dans la diplomatie. Turki fut ambassadeur d'Arabie saoudite à Londres (2003-2005) et aux États-Unis (2005-2006).

frontière pakistanaise, Ben Laden est un jeune homme sans histoire et sans ambitions particulières, à la personnalité plutôt banale. À l'université, tout le monde le reconnaît à sa grande taille. En effet, il mesure 1,95 m. Pieux, il poursuit des études en sciences islamiques. Les familles Saoud et Ben Laden se connaissent très bien. Turki et Oussama ont tété, très tôt, les mamelles du wahhabisme et sont totalement acquis à l'idéologie salafiste. Ce sont des durs de durs. Turki sait qu'il peut compter sur Ben Laden et vice versa.

L'ambition des wahhabites :
un balayage islamiste du Maroc à l'Indonésie

L'URSS va envahir l'Afghanistan le 24 décembre 1979. Khomeiny vient de jeter les bases de sa révolution. L'islam politique a le vent en poupe. L'Arabie saoudite se voit jouer un rôle de pivot. Son ambition : substituer au nationalisme arabe le wahhabisme et réussir un balayage islamiste de l'Indonésie au Maroc. Objectif qui passe d'abord par un renversement des régimes arabes « laïques » et « impies », c'est-à-dire « socialistes ». La Syrie, l'Irak, l'Égypte et l'Algérie sont clairement en ligne de mire. D'autres pays comme la Jordanie le sont aussi mais pour d'autres raisons. Le Pakistan, lui, mettait ses énergies dans l'Asie centrale de façon à cimenter l'unité islamique et à en devenir le garant dans la région. Dans le Maghreb et au Moyen-Orient, l'approche est différente. Pour déstabiliser les régimes arabes « mécréants », le Royaume fonde ses espoirs dans des organisations islamistes locales (financées avec les pétrodollars) qui, le moment venu, vont créer des zones d'insurrection. À court terme, leurs actions visent principalement à encercler le plus possible les États pour les pousser sur le terrain glissant des « compromis ». Pour ce faire, les islamistes se fixent comme objectif immédiat de se débarrasser des éléments les plus gênants, constitués essentiellement de démocrates laïques libéraux de gauche et d'éléments appartenant aux minorités linguistiques et religieuses, telles que les Kabyles en Algérie et les coptes en Égypte.

Cette stratégie fonctionne merveilleusement en Algérie. On voit apparaître en 1982 un mouvement armé créé par le prédicateur Mustapha Bouyali (1940-1987), qui s'engage dans le terrorisme urbain. Les affrontements avec les services de police sont violents. On compte une dizaine de morts. Le climat dans les universités est terrible. Entre islamistes et progressistes, les échanges finissent souvent dans un bain de sang. La tête de Kamel Amzal, un jeune étudiant kabyle, féru de poésie et de littérature, roule à Alger dans la cité universitaire de Ben Aknoun, le 2 novembre 1982. Terrorisé, le président Chadli Benjedid (1978-1991) cède aux demandes des islamistes et fait le lit douillet de la barbarie des années 1990, en récupérant à son compte des thématiques qui leur sont chères. L'éducation et la condition des femmes sont les premiers terrains sur lesquels se font les concessions. Le Code de la famille qui régit l'organisation juridique de la famille est adopté en juin 1984. Un mois auparavant, il relâche 92 prisonniers qui constitueront, dans les années qui suivent, les têtes d'affiche du mouvement islamiste. L'État se lance dans la construction de mosquées à l'échelle nationale, généralise l'enseignement de l'islam à tous les niveaux d'éducation, crée des sections islamiques dans les lycées et les universités et intensifie l'apparition de prédicateurs égyptiens sur la chaîne de télévision publique (et unique). Bien entendu, ces « faveurs » encore naissantes paraissent relativement superflues et quelque peu inoffensives. Mais les féministes et les « mal-pensants » y voient déjà les germes d'un mouvement violent et hostile à la modernité. Chez les jeunes, c'est le désarroi. Leurs horizons sont bouchés. Les têtes sont vides. L'école ne mène plus nulle part si ce n'est au maquis. Ce sont les mêmes qui grossissent les files d'attente au guichet des visas, qui s'entassent dans les mosquées le vendredi et qui flirtent dans les cages d'escalier sombres et insalubres les jours de semaine. À l'âge où tout est permis ailleurs, tout leur est interdit ou presque. Face à un État qui a totalement abdiqué ses responsabilités, les islamistes ont fait du social leur terrain de prédilection. Avec eux, on passe du domaine de la contestation à celui de l'action et de la solidarité. Pourtant, théoriquement, s'il y avait une région dans le monde arabe où la question de la modernité semblait sur les rails, c'était bien en Algérie. Car, en très peu de temps, ce pays a produit des élites cosmopolites et progressistes et a réussi une certaine redistribution de la richesse qui a bénéficié aux couches populaires. Dans la réalité, les choses se sont présentées différemment. Le monstre a grandi, il ne tardera pas à se révéler dans toute sa laideur.

Les Américains, le guêpier afghan et « leurs frères alliés »

Toute cette agitation du début des années 1980 n'est pas pour déplaire aux Américains qui y voient une formidable occasion d'infliger aux Russes leur Vietnam en les entraînant dans le bourbier afghan… L'opération Cyclone[16], déclenchée par le président Jimmy Carter, développe la stratégie à déployer. Les mercenaires islamistes qui affluent du monde entier sortent tout frais des camps d'entraînement des services secrets pakistanais, l'Inter-Services Intelligence (l'ISI), supervisés par des vétérans de la CIA. Pour parfaire leur formation idéologique, ils passent par les madrassas pakistanaises et avalent les sourates (versets) une à une. Bourrage de crâne assuré et formation militaire accélérée, les soldats, armés jusqu'aux dents, sont programmés pour casser du Soviet. Avec du matériel américain flambant neuf, ils vont réduire en miettes les blindés de l'Armée rouge ! D'autant que leur engagement est une « obligation » faite à tout « bon musulman ». Ben Laden a corroboré ces faits : « Pour contrer ces Russes athées, les Saoudiens m'ont choisi comme leur représentant en Afghanistan. […] Je me suis établi au Pakistan, dans la zone

16. Opération secrète de la CIA, lancée sous le président Jimmy Carter le 3 juillet 1979 et qui prit fin le 1er janvier 1992 sous l'administration de George Bush.

frontalière. J'y recevais les volontaires venus du royaume saoudien et de tous les pays arabes musulmans. J'ai créé mon premier camp où ces volontaires étaient formés par les officiers pakistanais et américains. Les armes étaient fournies par les Américains, l'argent par les Saoudiens[17]. » Mais que disent les Américains au sujet de cette alliance ? L'ancien conseiller de Carter pour la sécurité nationale, Zbigniew Brzezinski[18], ne s'en cachait pas ; dans une célèbre entrevue donnée au *Nouvel Observateur*, publiée le 15 janvier 1998, il confirmait que, six mois avant l'entrée des Russes en Afghanistan, les Américains s'étaient alliés aux groupes islamistes pour déstabiliser le régime prosoviétique alors en place à Kaboul. Le journaliste lui demande : « Vous ne regrettez pas non plus d'avoir favorisé l'intégrisme islamiste, d'avoir donné des armes, des conseils à de futurs terroristes ? » Ce à quoi Brzezinski répond : « Qu'est-ce qui est le plus important au regard de l'histoire du monde ? Les talibans, ou la chute de l'empire soviétique ? Quelques excités islamistes ou la libération de l'Europe centrale et la fin de la guerre froide ? » Le journaliste insiste : « Quelques excités ? Mais on le dit et on le répète : le fondamentalisme islamique représente aujourd'hui une menace mondiale. » Brzezinski rétorque : « Sottises ! Il faudrait, dit-on, que l'Occident ait une politique globale à l'égard de l'islamisme. C'est stupide : il n'y a pas d'islamisme global. »

Certainement, Brzezinski ne tiendrait plus de tels propos aujourd'hui. Il n'empêche, on a encore ses déclarations en tête. Cette analyse est un curieux condensé de la politique étrangère des États-Unis qui traduit l'écart considérable qui sépare ce pays de la France, par exemple, dans la lutte antiterroriste. Contrairement aux Américains, les Français gardent en mémoire la série

17. Ahmed Rashid, *L'ombre des talibans*, *op. cit.*, p. 172.

18. Brzezinski fut le conseiller pour la sécurité nationale du président Jimmy Carter de 1977 à 1981. À ce poste, il a lancé les bases d'une politique de soutien aux islamistes en lutte contre les communistes. Politique qui prit, avec Reagan et son directeur de la CIA Bill Casey, des proportions considérables, avec la guerre en Afghanistan, accentuant l'effet initial voulu par Brzezinski et l'administration Carter.

d'attentats terroristes perpétrés sur leur sol au milieu des années 1990 et comprennent la nécessité d'arrêter la propagation du virus islamiste. Des magistrats tels que le juge Bruguière, spécialisé dans la lutte antiterroriste, sillonnent la planète pour remonter les filières islamistes. Des procès impliquant plusieurs réseaux terroristes s'ouvrent et retiennent l'attention des médias. L'expertise des services de sécurité français s'affine. Sans doute, leur réveil brutal après l'attentat de Saint-Michel orchestré par le Groupe islamique armé (GIA)[19] en juillet 1995 leur a permis de prendre quelques longueurs d'avance sur tous leurs alliés occidentaux. Les Américains n'en sont pas là. Pas plus que les Européens.

Pendant toutes ces années, le Pakistan sert de base arrière aux groupes islamistes et en contrepartie l'Arabie saoudite renfloue ses caisses. Islamabad s'aligne totalement sur Riyad. Entre les deux alliés, les liens sont de plus en plus étroits. Fin décembre 1979, Ben Laden s'installe à Peshawar, circule entre ses deux points d'ancrage, rend régulièrement compte au prince Turki, consulte les Pakistanais et se montre tout dévoué aux Américains. Sur place, il est pris en charge par Abdallah Azzam (1941-1989), un islamiste palestinien ayant grandi en Jordanie et vécu en Arabie saoudite, qui s'occupe du recrutement de volontaires et de la collecte de fonds aux quatre coins du monde, mais essentiellement aux États-Unis, en Europe, au Pakistan, dans les pays du Golfe et en Égypte. Sa parole est écoutée, ses prêches sont trempés dans le vitriol, il est une pièce maîtresse de la guerre en Afghanistan. Souvent même, il déborde largement du cadre afghan… Un jour, dans une mosquée du Kansas, il déclare : « L'humanité aujourd'hui est dirigée par les juifs et les chrétiens. Les Américains, les Britanniques et d'autres les soutiennent. Cela, à l'aide de la fortune, des femmes et des médias du judaïsme mondial. Les Israéliens ont une pièce de monnaie sur laquelle il est écrit : "Nous ne laisserons jamais

19. Organisation paramilitaire, soutenue et financée par al-Qaïda, associée au Front islamique du salut (FIS) et qui était chargée de commettre, en Algérie, des attentats terroristes et de les exporter d'abord en France puis, par la suite, en Europe.

l'islam s'installer dans le monde[20]." » Subjugué par le charisme de son maître, Ben Laden ouvre bien grand ses oreilles et ne pipe mot. Il s'active pour obtenir des fonds de l'ISI, ainsi que de donateurs privés du golfe Persique, qui sont directement versés à son organisation, sans transiter par l'ISI ou les services de renseignement saoudiens. La manne financière ainsi obtenue est gérée en toute indépendance par Ben Laden qui gagne en autonomie. Le djihad va bon train. Les Russes durcissent leur stratégie et assènent des coups aux Afghans. Mais la guerre prend un tournant inattendu. Les Soviétiques perdent la maîtrise du ciel. « En 1986, le chef de la CIA, William Cassey, avait persuadé le Congrès de fournir aux moudjahidines des missiles Stinger pour abattre les avions soviétiques et d'envoyer des conseillers américains pour former les guérilleros[21]. » L'image de l'Union soviétique s'en trouve considérablement ternie. Elle traîne cette guerre comme un véritable boulet. Le 8 février 1988, Mikhaïl Gorbatchev, à la tête du pays depuis trois ans, décide le retrait de ses troupes d'Afghanistan, non sans avoir essayé de convaincre les Américains d'agir contre le danger commun : l'islam radical. Mais ces derniers font la sourde oreille. Azzam est assassiné avec ses deux fils à Peshawar en novembre de la même année dans des conditions obscures. Cependant, en dépit du retrait de l'Armée rouge, les combats se poursuivent. D'autant que le régime prosoviétique de Najibullah (1947-1996)[22], contrairement à toutes les prédictions, arrive à se maintenir au pouvoir.

---

20. Propos rapportés par Charles Anderlin, *Le grand aveuglement*, Albin Michel, 2009, p. 138.
21. Ahmed Rashid, *L'ombre des talibans*, *op. cit.*, p. 169.
22. Le gouvernement de Najibullah survit encore deux années grâce à l'aide financière de l'URSS. Par la suite, les divisions dans ses propres rangs et la disparition de l'URSS l'affaiblissent. Au cours du mois d'avril 1992, le régime s'effondre et tombe entre les mains des factions tadjiks dirigées par Ahmad Shah Massoud. Pour les Pachtounes, dont la branche Dourrani avait fondé le pays trois cents ans plus tôt, l'affront était inacceptable. La guerre civile éclate. L'ancien président se réfugie dans les bureaux des Nations unies à Kaboul jusqu'en 1996, où il est torturé puis exécuté par les talibans.

L'expansion du djihad planétaire

Les combattants victorieux n'ont aucune envie de mettre un point final à leur engagement. Ils ont pris goût à la vie de Robins des bois islamiques. Ils ne peuvent se résoudre à se disperser dans la nature. À leur grand soulagement, plusieurs conflits éclatent au début des années 1990, dont un en Tchétchénie, un autre dans les Balkans (au Kosovo et en Bosnie-Herzégovine) et encore un autre en Algérie. Certains vétérans, surnommés les Afghans, « se recyclent » dans ces trois guerres. D'autres restent et constitueront le noyau dur d'al-Qaïda. En Algérie, leur irruption est foudroyante. Lorsqu'ils prennent la tête des maquis, ils sont de loin les plus redoutables et les plus féroces. Rien ni personne n'échappe à leur folie. Formés contre les Soviétiques, ils se retournent contre leurs concitoyens accusés de tous les maux. L'Algérie devient une véritable boucherie! Paris qui est à deux heures d'avion d'Alger commence à redouter le pire après l'irruption sur son sol d'actes terroristes. Quant au milliardaire saoudien, il éprouve un terrible sentiment d'abandon. Les Américains ont retiré leurs billes et ont déjà plié bagage. Les Saoudiens ne sont plus dans les parages — du moins plus officiellement, car leur spectre n'est jamais très loin. Les alliances d'hier se sont brusquement brisées. L'Afghanistan est déchiré par des conflits internes qui opposent plusieurs factions rivales. Ben Laden n'a qu'une idée en tête: rebondir. Entre-temps, il prend son mal en patience et rentre dans son pays chercher consolation auprès des siens, où il est accueilli par la population en véritable héros.

Lorsque la guerre du Golfe éclate le 2 août 1990, il y voit l'occasion de refaire surface et propose au roi Fahd de mettre ses hommes au service du Royaume contre une éventuelle invasion des troupes irakiennes. Le roi refuse et se tourne vers George Bush. L'annexion du Koweït par l'Irak entraîne dans la région un vaste déploiement de la coalition mise sur pied sous mandat de l'ONU. Scandalisé, Ben Laden accuse le roi de permettre aux « infidèles » de souiller « la terre sacrée » de l'islam… Pour ce « héros de la guerre en Afghanistan », son pays de naissance est devenu une colonie de l'empire américain. Pas question de voir débarquer les 540 000 soldats américains[23] en se croisant les bras, il exige le retrait des troupes étrangères. Le roi fait la sourde oreille. C'est le divorce ! Le milliardaire s'installe à Khartoum au Soudan et continue d'entretenir des relations privilégiées avec certains membres de la famille royale, fortement divisée. Le Soudan l'accueille à bras ouverts. Le 30 juin 1989, le président Omar el-Béchir est porté au pouvoir par un coup d'État militaire. L'amputation et la lapidation font officiellement leur entrée dans le code pénal[24]. Ben Laden s'en réjouit. Aux côtés du pape de l'islamisme soudanais, Hasan Tourabi, il prépare son retour sur la scène internationale. Grâce à sa fortune et aux moyens de son entreprise, il intervient directement dans l'économie locale comme il l'a déjà fait en Afghanistan et bâtit de nouvelles entreprises : au moins une dizaine au Soudan et une vingtaine au Yémen. Ceci lui permet de financer les projets terroristes de son organisation. Mais voilà que le 7 avril 1994, il est déchu de sa nationalité saoudienne. Ses relations avec la monarchie wahhabite s'enveniment et atteignent un point de non-retour. Une impitoyable guerre ouverte l'oppose, désormais, à la famille Saoud.

Des Frères musulmans égyptiens au service d'al-Qaïda

L'histoire de l'Égypte, berceau idéologique de la confrérie des Frères musulmans, a été ponctuée par des cycles d'attentats dès le début des années 1940. L'effervescence des groupes islamistes sur son territoire ne s'est jamais tarie. De peur de voir s'installer une fièvre démocratique dans le pays et d'assister à son expansion dans le reste du monde arabe, les Frères musulmans ont

23. Ahmed Rashid, *L'ombre des talibans*, *op. cit.*, p. 173.
24. Bien que les États du Sud non musulmans soient officiellement exemptés de ces dispositions, la loi permet une possible application future de la charia dans le Sud.

donné naissance à deux organisations paramilitaires : la Gamaa islamiya et le Djihad islamique, qui ont tour à tour ensanglanté l'Égypte, allant même jusqu'à assassiner, le 6 octobre 1981, le président Anwar al-Sadate (1918-1981) lors d'une parade militaire au Caire. Deux années auparavant, le président avait été déclaré hérétique pour avoir signé, en avril 1979, un traité de paix avec Israël — ce qui lui valut de recevoir le prix Nobel de la paix avec Menahem Begin, le premier ministre israélien. Une fatwa approuvant son assassinat avait été émise par Omar Abdel-Rahman. Ce chef de la Gamaa islamiya, un prédicateur aveugle, croupit depuis 1995 dans une prison américaine, après qu'il eut été reconnu coupable de l'attaque à la bombe du World Trade Center le 26 février 1993[25] qui avait fait six morts et un millier de blessés. Les islamistes ne s'arrêtent pas là. Ils récidivent à plusieurs reprises en ciblant le successeur de Sadate, Hosni Moubarak, et sont à deux doigts d'avoir sa peau le 26 juin 1995, alors qu'il se trouve à Addis-Abeba, la capitale éthiopienne, pour assister au sommet de l'Organisation de l'Unité africaine. Le Caire pointe du doigt Khartoum, là où Ben Laden a élu domicile depuis quelques années. Acculé, le Soudan finit par expulser son hôte qui atterrit, en 1996, en Afghanistan chez son ami le mollah Omar, qui est à la tête du régime des talibans[26] et grandement heureux de le recevoir. Ben Laden vit avec ses trois femmes et ses 13 enfants sous la protection des talibans, qui contrôlent pratiquement 80 % du pays.

D'aucuns attribuent l'idée de descendre Moubarak à Ayman al-Zawahiri, le numéro 2 d'al-Qaïda, celui qu'on surnomme « le cerveau » de l'organisation. Ben Laden et Zawahiri se connaissent depuis la guerre en Afghanistan et s'apprécient mutuellement. Ils ont pratiquement le même âge, sont issus de milieux aisés et ont fait des études supérieures. Aux dires de plusieurs spécialistes des agences de renseignement, ils forment un tandem

25. L'un des premiers attentats financés et commandités par Ben Laden.
26. Officiellement reconnu par trois pays : le Pakistan, l'Arabie saoudite et les Émirats arabes unis.

idéal. Le Saoudien apporte son charisme et son indispensable manne financière et l'Égyptien fournit au mouvement ses assises intellectuelles et idéologiques. Dans les méandres de l'islam politique, Ayman al-Zawahiri est un vieux routier. Il adhère à la confrérie des Frères musulmans alors qu'il n'est qu'un jeune adolescent aux convictions fortes qui aspire à devenir chirurgien. Né dans une famille conservatrice aisée de la bourgeoisie cairote le 19 juin 1951, il a pour mentor Sayyid Qutb, le théoricien de l'islamisme radical des Frères musulmans. Ses compagnons de classe se rappelleront de lui comme d'un élève surdoué, studieux et terriblement austère. Alors que les jeunes de son âge affectionnent la musique et la danse, lui considère « ces manifestations » comme de graves dépravations. À son mariage, il impose le silence et interdit à ses hôtes de prendre des photos[27]. Ce n'est pas une ambiance d'enterrement mais presque. À la faculté de médecine du Caire où il poursuit ses études, l'activisme islamique bat son plein. Il se fait remarquer par son éloquence et son sens de l'initiative. Il crée la première cellule clandestine de son mouvement, le Djihad islamique, à l'université. Il est emprisonné dans la foulée des arrestations qui ont suivi l'assassinat de Sadate. Innocenté, il est libéré en 1984 à l'âge de 33 ans. Sa maturité intellectuelle est incontestable. L'épreuve de la prison a renforcé son ardeur militante. Déterminé à en découdre avec le régime de Moubarak, il quitte son pays pour l'Arabie saoudite, puis se rend au Pakistan et en Afghanistan afin de soigner les réfugiés afghans. C'est l'époque où Oussama Ben Laden a établi son quartier général dans la région. Les deux hommes se rencontrent et ne se lâchent plus. Ben Laden veut s'attaquer à la monarchie des Saoud ; Zawahiri, qui a une dent contre Moubarak, le convainc d'élargir le djihad contre tous « les régimes apostats du monde musulman ». Les fondations d'al-Qaïda sont posées. D'autres tentatives d'assassinat contre Moubarak (on avance le chiffre de six attentats) et contre le souverain wahhabite Abdallah

---

27. Marc Epstein, « Ayman Al-Zawahiri, le cerveau d'Al-Qaïda », *L'Express*, 2 mai 2011.

échouent. Très vite, une nouvelle stratégie s'impose. Le djihad planétaire est réorienté. Au printemps 1998, la guerre « aux juifs et aux croisés » est publiquement déclarée.

Quelque chose de pourri dans le royaume wahhabite

On ne le dira jamais assez, al-Qaïda n'est que le bras armé d'une certaine vision de l'islam véhiculée par le wahhabisme. Tout comme la Gestapo trouvait le sens de son action dans l'idéologie nazie, al-Qaïda trouve le sien dans l'islam politique. Cette relation n'est pas un détail superflu ou cosmétique ; en tenir compte et l'intégrer dans l'analyse permet de poser les assises d'une stratégie cohérente de lutte contre le terrorisme. Thomas L. Friedman, dans le *New York Times*[28], fait remarquer à juste titre que Ben Laden est un pur produit du wahhabisme, idéologie officielle du royaume des Saoud. Il insiste sur la complicité de l'Arabie saoudite et du Pakistan dans la création et le financement de cette nébuleuse internationale. « Pourquoi s'en préoccuper ? Parce que c'est le cœur du problème. » S'il se réjouit de l'élimination de Ben Laden, il doute de l'efficacité de la lutte antiterroriste car l'idéologie wahhabite est malheureusement toujours bien en selle. « Les wahhabites bénissent le régime saoudien qui se passe de toute élection, et le régime les bénit avec de l'argent tout en leur laissant le champ libre en matière de religion. Le seul défaut de ce système, c'est qu'il fabrique des jeunes Saoudiens qui n'ont rien d'autre qu'une éducation religieuse, et qui sont ensuite recrutés pour devenir des terroristes style 11-Septembre ou des spécialistes des attentats suicides », explique Friedman. L'analyse du chroniqueur américain va dans le même sens que celle de Mai Yamani, Saoudienne, fille d'un ancien ministre du pétrole établie en Europe, auteure du livre *The Cradle of Islam* (« Le berceau de l'islam ») qui prédit que tant et

28. Thomas L. Friedman, « Bad Bargains », *The New York Times*, 10 mai 2011.

aussi longtemps que l'usine à fabriquer le terrorisme — le wahhabisme — restera intacte, on ne pourra prétendre l'éradiquer. « Le wahhabisme tel un cancer a ses métastases, [...] maintenant que Ben Laden a été éradiqué, il ne faut plus retarder la suite de la thérapie [...]. Pendant les années 1980, l'Arabie saoudite a dépensé quelque 75 milliards pour la propagation du wahhabisme, le financement d'écoles, de mosquées et d'organismes de bienfaisance partout dans le monde islamique, au Pakistan, en Afghanistan, au Yémen, en Algérie et ailleurs. Les Saoudiens ont continué ces programmes après les attaques terroristes du 11 septembre 2001 [...], les pirates de l'air du 11-Septembre étaient aussi issus de l'idéologie exportée par l'Arabie wahhabite (15 des 19 hommes qui ont mené ces attaques terroristes ont été choisis par Ben Laden parce qu'ils partageaient la même origine et la même éducation que lui), et l'usine d'idées wahhabites fanatiques reste intacte[29]. » Yamani considère que si l'on ne combat pas cette idéologie, Ben Laden continuera, même mort, à faire des émules. Il faut comprendre que si la guerre contre le terrorisme n'est pas menée de pair avec une lutte contre l'idéologie et les réseaux financiers qui le soutiennent, elle ne fait que renforcer l'islamisme et servir les intérêts immédiats du complexe militaro-industriel américain. Le quotidien libanais *L'Orient Le Jour* rapporte qu'« [e]n décembre 2010, WikiLeaks révélait la teneur d'un rapport émanant de l'ambassadeur américain à Riyad, James B. Smith, rédigé à la veille de la visite de l'émissaire spécial de la Maison-Blanche Richard Holbrooke, évoquant les "sérieuses préoccupations" causées par le flot d'argent saoudien dans les caisses d'organisations extrémistes sunnites comme les talibans, le Hamas et le groupe pakistanais Lashkar e-Tayyiba, responsable des attentats de Mumbai en 2008[30]. » Le journal cite aussi la ministre des Affaires étrangères des États-Unis à propos de l'Arabie saoudite : « Un an auparavant, la secrétaire d'État

29. Mai Yamani, « Extremist ideology can only revive bin Laden's ghost », *The Daily Star*, 5 mai 2011.
30. *L'Orient Le Jour*, « Boiteuses alliances », 12 mai 2011.

Hillary Clinton notait, elle, combien “il est difficile de convaincre nos interlocuteurs d'accorder une priorité stratégique au dossier du financement du terrorisme” et croyait savoir que “le gros des donateurs dans le monde est constitué de Saoudiens[31]”. » Thomas L. Friedman préconise une thérapie de choc non seulement pour le Pakistan et l'Arabie saoudite, mais également pour son pays, les États-Unis. Les milliards d'aide militaire au Pakistan devraient être redirigés vers des programmes d'éducation, estime le chroniqueur, car les ennemis communs des Américains et des Pakistanais sont l'ignorance, l'analphabétisme, la corruption des élites et les intégristes religieux. Mais il faudrait envisager, en conséquence, une révision draconienne des politiques énergétiques des États-Unis et une reconfiguration de leurs relations internationales. Est-ce trop tard ?

Repartir sur de nouvelles bases

Tout est encore possible pour autant que les Américains s'éloignent de ce principe vieux comme le monde qui veut que les ennemis de mes ennemis soient mes amis, en fonction duquel ils ont conclu des alliances exécrables. L'un des moments phares de cette politique à courte vue a été la rencontre du président Roosevelt et du roi Saoud à bord du croiseur *Quincy*, au large de l'Égypte, le 14 février 1945. C'est à cette occasion que fut signé le pacte du Quincy qui allait assurer aux États-Unis un accès privilégié au pétrole du Royaume en échange d'une protection militaire en cas de besoin. Outre les conséquences très importantes qu'il a eues dans les champs économique, commercial et financier[32], le Pacte réaffirmait le

31. *Ibid.*
32. Les États-Unis fournissent à l'Arabie saoudite son équipement militaire, dont ils assurent l'entretien. Cela comprend aussi bien du matériel de guerre que de l'équipement civil, tels que des avions d'entraînement et de chasse, des appareils électroniques de navigation et de télécommunication, et la modernisation du réseau téléphonique ou de la flotte aérienne saoudienne.

principe de la non-ingérence américaine dans les questions de politique intérieure saoudienne. Sous différentes formes, cette forte alliance scellera la configuration contemporaine du monde et marquera très certainement une rupture décisive dans l'histoire des relations internationales de l'après-guerre. Cet ignoble marchandage obligera, par exemple, une démocratie de type libéral comme les États-Unis à soutenir une monarchie réactionnaire de droit divin comme l'Arabie saoudite, où les femmes n'ont aucune possibilité de choisir leur propre destinée, pas même le droit de conduire une voiture. Il y a encore quelques années, les Saoudiennes ne pouvaient même pas ouvrir un compte bancaire et encore moins bénéficier d'une carte d'identité. L'existence des femmes était enregistrée dans un livret de famille, seul document officiel, détenu par leur mari. Malgré quelques avancées très modestes, les femmes sont toujours condamnées à vivre sous la tutelle permanente d'un homme. L'autorisation de leur tuteur est presque toujours indispensable, dans toutes les sphères de la vie, et ce, même lorsqu'il est question de subir une opération chirurgicale. Lorsque des droits aussi élémentaires relèvent du seul mari, on peut difficilement imaginer une quelconque forme d'épanouissement pour les femmes.

À l'échelle du monde arabe et musulman, les retombées de l'alliance américano-saoudienne ont été terribles : les mouvements démocratiques laïques n'ont jamais réussi à se consolider. L'affaiblissement, voire l'anéantissement de ces derniers mine, aujourd'hui encore, les perspectives de changement. Bâtir des sociétés démocratiques est une nécessité, plus encore, une exigence historique. Oui, mais avec qui, comment et sur quelles bases ? Ce n'est tout de même pas avec les islamistes et encore moins avec « les restes des anciens systèmes » que de nouveaux horizons vont s'ouvrir. Le besoin pressant de liberté et de justice se fait sentir partout et à tous les niveaux de la société. Pourtant, en Égypte comme ailleurs, les tyrannies d'hier sont prêtes à rétablir l'increvable mouvement des Frères musulmans pour étouffer le printemps arabe naissant[33]. L'armée tient le pouvoir et la révolution patine. Les Frères musulmans s'agitent et se positionnent sagement en attendant leur tour. Leurs chefs ont raccourci leurs barbes, lissé leurs propos et troqué leurs galabiyés pour des costumes sobres et raffinés. Résultat : de tous les partis politiques confondus, ils ont été les seuls à avoir un représentant officiel au comité chargé de proposer des changements constitutionnels. Sobhi Saleh, avocat et ex-député des Frères musulmans, a gagné une place parmi les huit experts du comité qui ne comptait aucune femme. Lorsque les démocrates comprennent que le processus leur échappe, il est déjà trop tard. Le 20 mars 2011, les changements constitutionnels sont adoptés avec une confortable majorité de plus de 77 %. Les principales modifications concernent les mandats présidentiels, de quatre ans chacun et limités à deux maximum, ainsi que l'assouplissement des conditions de candidature à la magistrature suprême. Toutes les dispositions discriminatoires à l'égard des femmes et des minorités religieuses sont maintenues. L'islam demeure la source principale du droit. Les Frères ont fait campagne avec le slogan « Voter oui, c'est voter pour Allah ». Dans les campagnes, leur succès est assuré ! Prochaine échéance : les élections législatives prévues pour septembre 2011 où les Frères visent la majorité des sièges. Le 30 avril, ils ont tenu leur première réunion non clandestine depuis 1995 pour lancer officiellement leur parti, le Parti de la liberté et de la justice (PLJ). Deux mots accolés l'un à l'autre pour donner un nouveau visage aux Frères qui se sont déjà mis au diapason du changement… du moins en apparence.

En Tunisie, Nadia El Fani, 51 ans, qui ne s'est jamais tue à l'époque de Ben Ali, devient la cible des islamistes avec son film

33. « Cinq jours avant le départ du président Hosni Moubarak, le 11 février, le vice-président Omar Souleiman a invité la vieille garde des Frères musulmans à une réunion solennelle dans le cabinet en bois de rose du palais présidentiel du raïs. L'objectif de cette réunion était de discuter d'un éventuel accord susceptible de mettre fin au soulèvement national. » Paul Amar, « Les Frères musulmans ne font plus recette », dans *Courrier international*, 24 février 2011.

Ni Allah ni Maître consacré à la laïcité, l'un des premiers sujets débattus après la chute du régime. Elle y affirme ouvertement son athéisme, donne la parole à quelques Tunisiens rencontrés dans la rue qui s'expriment sur la place de l'islam. Les échanges sont vifs et musclés. Puis la caméra s'invite dans l'intimité des « résistants au ramadan », c'est-à-dire tous ceux qui mangent pendant la journée ou boivent de l'alcool en cachette. *Rue 89* rapporte : « Elle dénonce "l'hypocrisie sociale" qui règne en Tunisie, où "une majorité des gens ne font pas ramadan mais se cachent". Elle voudrait que la religion soit une affaire privée, et déplore que l'article 1 de la constitution de son pays dise "la religion est l'islam[34]". » Le film est projeté à Tunis en mai 2011. La salle est archicomble et l'accueil chaleureux. Mais sa liberté de ton déplaît fortement aux islamistes. La suite est classique mais loin d'être banale. Les islamistes se déchaînent contre elle, la menacent de mort et présentent sa calvitie comme un signe de possession diabolique. La réalisatrice se remet en effet d'une chimiothérapie. Va-t-elle se taire ? Surtout pas. Plutôt mourir. Elle apparaît tête chauve à la télévision et défend ses idées. Bref, elle crève l'écran ! Nadia El Fani n'est pas un cas isolé. Intellectuels, artistes et féministes sentent la nécessité de monter au créneau chaque fois qu'il est question des libertés individuelles, de laïcité et des droits des femmes. À Tunis et au Caire, les adversaires d'aujourd'hui sont les mêmes que ceux d'hier.

Miser sur la culture, l'éducation et les droits des femmes

Je sais bien qu'en dépit de tout cela, certains Occidentaux nous disent : « C'est en intégrant les islamistes dans le processus démocratique qu'ils finiront par apprendre et comprendre les règles du jeu. » Pourquoi les Arabes seraient-ils tenus de réussir là où les Européens ont totalement échoué, c'est-à-dire

34. ‹http://www.rue89.com/2011/05/09/nadia-el-fani-realisatrice-tunisienne-menacee-de-mort-parce-quathee-203068›

à transformer des fascistes en démocrates ? Si cette possibilité en était réellement une, il aurait fallu la mettre en application lorsque Hitler, Mussolini et Franco se sont lancés dans leur course folle. Il aurait fallu « contenir » leurs ambitions et à terme, les rediriger vers le processus électoral. Rien de cela n'a même été envisagé. Comment ne comprend-on pas, à la lumière de l'expérience européenne, l'impossibilité d'associer des fascistes à l'organisation et à la gestion des affaires de la Cité ? Comment ne voit-on pas dans cette reconduction des fossoyeurs d'hier une insulte aux jeunes de la place Tahrir du Caire et une offense au sacrifice suprême du jeune vendeur ambulant tunisien Mohamed Bouazizi ? Comment accepter de réinjecter du Moyen Âge dans des sociétés déjà trop entravées par la chape de plomb du religieux ? Qu'est-ce qu'il y a de si difficile à conjuguer liberté et arabité ? Ni le refoulement, ni l'amnésie ne permettent de tirer des leçons de l'Histoire. Seule la mémoire alimente le présent et pave la voie à un avenir garant de changement. Vous l'aurez deviné, je parle ici de l'histoire européenne. Le vrai problème pour les Occidentaux n'est pas tant de relever les défis que pose la modernité à l'islam, mais de ne pas oublier leur propre histoire. Des épisodes historiques fondateurs semblent se perdre dans les dédales de notre temps incertain et trop frileux. Qui, en Occident, se souvient encore de la terrible violence du combat contre le primat du religieux et de la fabuleuse révolution des Lumières ? Comment ne pas penser que l'islam devra subir aussi cette épreuve décisive et essentielle ? Si nul ne peut prédire l'avenir, il faut au moins se souvenir de son passé.

Après avoir entendu tous ces arguments, certains persistent dans leur aveuglement et insistent encore : « Pourquoi ne pas réessayer, encore une fois, de dialoguer avec les islamistes et de les intégrer dans la joute démocratique ? » Peu importe la justesse de mon argumentation, les vertus « du dialogue » seront toujours mises en avant comme si « le dialogue » était une fin en soi, une forme de moralité dont la transgression serait rédhibitoire. Le dialogue n'est rien là où la dignité n'est pas. Le dialogue alimente l'esprit de ceux qui y adhèrent sans a priori alors que, pour les islamistes, il n'est qu'une tactique temporaire pour asseoir leur hégémonie. Pour les spectateurs un peu bobos qui prônent fièrement le « laisser-vivre », le « laisser-faire », le « laisser-s'habiller », le dialogue n'est qu'une grande hypocrisie pour se donner bonne conscience. Bien sûr, ils verseront quelques larmes de crocodile lorsqu'ils se rendront compte que le « laisser-aller » peut aussi déboucher sur le « laisser-tuer ». Et fatalement, les démocrates sortiront encore plus amochés qu'ils ne l'étaient de cette confrontation inégale avec les islamistes. Car il est bien là le problème, dans la répartition du fardeau de l'effort et des concessions. Dans le monde arabe et musulman, les femmes sont toujours appelées à en faire davantage. Elles portent sur leurs dos le fardeau politique des compromis perpétuels. Lorsqu'on tiendra davantage compte des aspirations des femmes, des laïcs, des minorités linguistiques, religieuses et sexuelles, le dialogue deviendra effectif. Je reste convaincue que le progrès social implique nécessairement des ruptures significatives. On devrait toujours se souvenir que le féminisme a été, plus que toute autre chose, la grande cause du XXe siècle, y compris, naturellement, dans le monde arabe et musulman. Dans cette région, le féminisme a encore un long chemin à faire. Nous travaillons sans relâche à son aboutissement, convaincus que le féminisme porte en lui le germe de l'épanouissement de toute la société. « Les démocrates du monde entier doivent aussi changer de regard, laisser de côté tout relativisme culturel et comprendre que l'égalité des sexes est le passage obligé de tout projet social véritablement démocratique. L'effort mental requis par un tel changement de paradigme est énorme. Mais cet effort est indispensable car de même que la démocratie n'est en rien naturelle et semble pourtant le régime préféré des humains, de même l'égalité des sexes est la première des promesses d'égalité entre humains[35]. »

Avec le temps, j'ai fini par comprendre d'où venait l'entêtement de ces quelques élites occidentales. J'ai réalisé que leur

---

35. Béatrice Toulon et Isabelle Germain, « Printemps arabe : pas de démocratie sans les femmes », *Le Monde*, 30 mars 2011.

prisme déformant leur renvoyait une réalité totalement faussée du monde arabe. Mettre les sociétés arabes et musulmanes sous la tutelle d'Allah ou de pharaons constitue, peut-être, une politique rassurante, mais elle ne permet nullement de traduire la richesse, la complexité et les espoirs des peuples. Cette double posture a montré sa limite : l'incapacité à penser le monde arabe et musulman en dehors des schèmes archaïques, c'est-à-dire des systèmes en place et des institutions religieuses. Rêver d'un autre monde, c'est changer de regard et laisser de côté tout essentialisme et tout relativisme culturel. Mais je me rends compte que pour ces essentialistes, changer de catégorie de pensée est incontestablement difficile, lorsque les « préjugés » ont été érigés en « vérités ». Pourtant le bouillonnement des rues arabes prouve qu'il y a plus de possibles qu'on croyait et montre bien qu'une troisième voie est en gestation. Ce qui me vient immédiatement à l'esprit dans ce contexte est la critique qu'a formulée le philosophe syrien Sadik Jalal Al-Azm à l'endroit de la thèse de Samuel Huntington sur le choc des civilisations. « Pour Huntington, la civilisation semble se réduire à la culture, et la culture à la religion, et la religion à une constante archétypale qui, dans le cas de l'islam est tenue de produire le phénomène de l'*Homo islamicus* ; propulsé en pleine collision avec, disons, l'*Homo economicus* de l'Occident et son libéralisme instinctif tout comme avec l'*Homo hierarchicus* de l'Inde et son polythéisme naturel[36]. » Dans cette réflexion profonde et intelligente l'essentiel est dit. Pour Huntington, les sociétés constituent des blocs homogènes figés qui évoluent en dehors de l'histoire et s'opposent les uns aux autres à travers des systèmes de valeurs antagoniques. Il n'en demeure pas moins que les islamistes ont en commun avec Huntington le même paradigme théorique et pratique. Cela, ils ne l'avoueront jamais. En guerre contre l'Occident, ils prétendent qu'ils sortiront gagnants de cette confrontation. Idée que Huntington récuse et à laquelle il oppose le triomphe de l'Occident.

---

36. Sadik Jalal Al-Azm, *Ces interdits qui nous hantent*, Parenthèses, 2008, p. 95.

Cette façon de réduire la culture au cultuel dès lors qu'il s'agit d'un pays arabe et musulman est une caractéristique très répandue chez plusieurs dirigeants occidentaux, qui ouvre la porte à toutes les dérives. Comme chez le président Barack Obama dans son discours du Caire[37], lorsqu'il a souligné l'apport d'al-Azhar au progrès de l'humanité. Loin de nourrir l'échange et le foisonnement des idées, al-Azhar est surtout un haut lieu de la censure d'œuvres d'art et de productions intellectuelles, jugées insultantes et « contraires à l'orthodoxie islamique ». Al-Azhar a été et demeure encore une machine à produire des fatwas contre des penseurs jugés « blasphématoires », « hérétiques », « impies » et « apostats », fatwas dont les groupes terroristes se sont servis pour légitimer leurs assassinats. À travers ses déclarations haineuses, al-Azhar n'a fait que nourrir la violence et le ressentiment à l'égard des créateurs et des penseurs. Dans le monde arabo-musulman, la censure, même si elle revêt souvent un caractère religieux, est d'abord et avant tout politique. La défense de l'islam est l'alibi parfait de régimes autoritaires et oppressifs. Les autorités religieuses d'al-Azhar ont longtemps été un instrument entre les mains du régime de Moubarak pour bâillonner les démocrates. Même si la vocation de l'institution n'est que de fournir des recommandations, ces dernières prennent toujours force de loi, en vertu d'une fusion abominable entre le politique et le religieux.

Sur quelles forces locales s'appuyer, qui agiraient comme leviers démocratiques ? Voilà la question fondamentale qui devrait retenir l'attention. Tous les agents de changement, aussi modestes soient-ils, qui sont en mesure de contribuer à rafraîchir le nouvel échiquier politique doivent être encouragés. Je ne peux m'empêcher de penser à cette fabuleuse jeunesse qui, fatiguée de vivre dans une société bloquée et révoltée par la corruption généralisée, a ébranlé des systèmes qu'on disait autrefois immuables et provoqué la chute de deux dictateurs féroces. Ce ne sont pas

---

37. ‹http://www.lexpress.fr/actualite/monde/le-discours-du-caire-d-obama_765920.html?p=2›

des ventres creux qui ont engendré la colère des manifestants, mais un présent sans lendemain. Lorsque la confiscation de la liberté a coïncidé avec la privation d'humanité, la révolte a grondé. Les jeunes exigent des « opportunités » leur permettant de se réaliser et de vivre dans la dignité. « Le paradoxe, remarque Saad Hagras, éditorialiste au quotidien économique cairote *Al-Alam Al-Youm*, est que la révolution égyptienne n'a pas été menée par les pauvres. C'est l'*upper middle class* qui a chassé Moubarak du pouvoir[38]. » « "Il n'y a pas eu de révolte de la faim, comme on aurait pu s'y attendre. Mais si elle se produit un jour, elle sera infiniment plus dangereuse que les événements que nous venons de traverser", avertit l'homme d'affaires Azer Farag[39]. »

Finalement, à bord du *Quincy*, le président des États-Unis et le roi d'Arabie saoudite n'ont pas seulement conclu une « excellente affaire ». Ils ont aussi noué une indéfectible alliance qui les amènera, l'un et l'autre, ainsi que leurs successeurs, à devenir les vrais parrains de l'islamisme radical qui s'est retourné contre eux. Comment se résigner à voir cette alliance perdurer dans son état actuel alors qu'elle annonce un désastre universel ? Les Américains oseront-ils un jour lâcher leurs alliés wahhabites ? Les Saoudiens nous surprendront-ils en réformant de fond en comble leur système ? Faire un procès à Ben Laden aurait été un excellent indicateur de changement. Mais dans la « vraie vie », ce procès n'aurait pas pu avoir lieu dans les circonstances actuelles. Parce qu'inévitablement, il aurait ouvert la porte à d'autres procès, dont celui des États-Unis pour leur rôle lorsque l'Amérique et Ben Laden filaient le parfait amour. À cet égard, Ahmed Rashid, journaliste pakistanais qui a couvert la guerre en Afghanistan, écrit qu'en 1998, alors que Ben Laden vivait sous la protection des talibans — régime qui continuait d'être financé par les Saoudiens : « Les Saoudiens préféraient laisser Ben Laden seul en Afghanistan parce que son arrestation et son procès par les

38. Florence Beaugé, « L'économie égyptienne est dans un état critique », *Le Monde*, 26 mai 2011.
39. *Ibid.*

Américains risquaient de dévoiler les relations étroites qu'il entretenait avec des membres de la famille royale et certains membres des services secrets saoudiens ; ce qui aurait pu s'avérer très embarrassant. Les Saoudiens voulaient Ben Laden soit mort, soit captif des talibans, mais pas capturé par les Américains[40]. » Il semble bien que les Américains avaient la même opinion. Je reste convaincue qu'avec le procès de Ben Laden, l'Oncle Sam aurait pu espérer regagner une certaine crédibilité à l'échelle internationale et donner à la justice un sens véritable. L'année même où l'on commémore le soixante-cinquième anniversaire du procès de Nuremberg, n'aurait-on pas pu imaginer pareil procès pour les chefs d'al-Qaïda ?

---

40. Ahmed Rashid, *L'ombre des talibans*, *op. cit.*, p. 179.

VI.

Maudites alliances inattendues !

À l'été 2004, le maire de Londres (2000-2008), Ken Livingstone, surnommé Ken le rouge (*Red Ken*) en raison de son passé trotskiste, a officiellement invité Youssef al-Qaradawi, la caution religieuse de la chaîne satellitaire du Qatar al-Jazira en arabe, à séjourner dans sa ville pour participer à une série d'activités. Ce maire à la sensibilité travailliste venait d'offrir une tribune privilégiée à cet intégriste millionnaire et polygame qui soutient ouvertement les attentats suicides. On ne connaît pas aux deux hommes d'affinités personnelles particulières, si ce n'est quelques connaissances communes, et surtout un ami commun : Tariq Ramadan. Cela a suffi à rapprocher les deux hommes. Chez les travaillistes, Tariq Ramadan est très bien vu. Il a gravité à la périphérie du New Labour des années durant et a fini par aboutir au centre de son pouvoir, en qualité de conseiller du premier ministre, Tony Blair. Le prédicateur genevois a offert ses services au gouvernement anglais peu après les attentats de Londres du 7 juillet 2005, qui ont fait 56 morts[1], et sa mission consistait à trouver des pistes de solution pour enrayer l'extrémisme musulman (sic !). Pour les trotskistes du Socialist Workers Party (SWP) (Parti socialiste des travailleurs), le plus important parti d'extrême gauche en Grande-Bretagne, Ramadan est un « ami » qui

1. Cinquante-deux usagers des transports en commun et quatre kamikazes musulmans nés et élevés en Grande-Bretagne.

a ouvertement fait campagne pour Livingstone, dont l'administration subventionnait grassement plusieurs fondations islamiques. Le SWP prône une alliance entre altermondialistes et islamistes au nom de la lutte contre l'impérialisme étasunien. Ce qui convient parfaitement à Ramadan et à ses sbires. Seulement, le 3 mai 2008, Boris Johnson a fait basculer la mairie de Londres dans le camp des conservateurs et ce dernier a coupé les vivres aux islamistes. Battu, Ken Livingstone est devenu conseiller du gouvernement vénézuélien de Hugo Chavez, avec pour mandat de donner un nouveau visage à la capitale du pays, Caracas. Mais avant cela, al-Qaradawi a eu l'occasion d'aller faire plusieurs tours à Londres, dont un très remarqué en juillet de l'année 2004. Adulée, la star égyptienne d'al-Jazira est reçue par des fanfares et des tonnerres d'applaudissements.

Londres, la Mecque des islamistes

De l'autre côté de la Manche, le climat politique est chaud. La France est sur le qui-vive. La rentrée scolaire approche, on s'apprête à faire passer un test à la République ! Quelques mois auparavant, le 10 février, l'Assemblée nationale française avait voté à une large majorité (494 contre 36) la Loi sur les signes religieux dans les écoles publiques qui dit ceci : « Dans les écoles, les collèges et les lycées publics, le port de signes ou tenues par lesquels les élèves manifestent ostensiblement une appartenance religieuse est interdit. Le règlement intérieur rappelle que la mise en œuvre d'une procédure disciplinaire est précédée d'un dialogue avec l'élève. » La loi va faire son entrée dans les établissements publics. Les implications sont considérables. L'écrasante majorité des Français est unie derrière son gouvernement et reconnaît la nécessité d'une telle loi. Mais quel lien existe-t-il entre la loi française, al-Qaradawi, Ken Livingstone et Tariq Ramadan ? J'avoue qu'à première vue la relation n'est pas évidente, mais à considérer les prises de position de chacun des trois hommes, elle devient limpide. Ces derniers sont les principaux soutiens d'un front international appelé « pro-hidjab », dirigé depuis Londres, pour s'opposer vigoureusement à la loi française qualifiée de « réactionnaire ».

Le 12 juillet, au London City Hall, s'ouvre l'Assemblée de la campagne « pro-hidjab ». Ken Livingstone, qui en est le maître de cérémonie, est accompagné d'al-Qaradawi et de Ramadan. L'arrivée du cheikh égyptien et de ses gardes du corps galvanise les troupes. Son entrée est saluée par une ovation debout. Les slogans islamiques fusent. Entouré de quelque 250 délégués provenant de 14 pays, le trio défend le port du voile islamique en Europe et leurs déclarations s'enchaînent. « Lors de son discours, al-Qaradawi a vanté les valeurs de pluralisme et de diversité, et dénoncé la loi française comme rétrograde et contraire à la liberté individuelle et religieuse, avant de s'interroger : "Si une femme peut porter des minijupes ou des habits sans manches, pourquoi ne pourrait-elle pas porter une écharpe ?" Et Ken Livingstone lui a emboîté le pas, déclarant que "ce texte de loi est le plus réactionnaire qu'un Parlement en Europe ait eu à considérer depuis la Seconde Guerre mondiale." Avant d'ajouter, selon *The Guardian* : "Je suis déterminé à protéger les musulmans de Londres contre de telles restrictions, qui sont un pas vers une forme d'intolérance religieuse que l'Europe, témoin de l'Holocauste, avait juré de ne pas répéter." Plus mesuré, le philosophe suisse Tariq Ramadan a tenu à rassurer l'assistance : "Les Français ne sont pas racistes, mais plutôt effrayés par la nouvelle visibilité des musulmans. C'est une question de perception négative, de rejet psychologique[2]." » « Il [Livingstone] avait tenu ces mots historiques : "La loi laïque française est la pire attaque démocratique perpétuée dans un pays européen depuis la Libération. Les Français auraient-ils oublié ce qui advint en 1940, quand on commença à stigmatiser les Juifs[3] ?" » Avec cette caution politique et intellectuelle, l'inauguration de cette campagne

2. « Voile islamique – Le maire de Londres vilipende la loi française », *Courrier international,* 13 juillet 2004.
3. ‹http://www.wluml.org/fr/node/1683›

se fait en grande pompe. L'argent coule à flots, celui des pétrodollars, ce qui va de soi, auquel s'ajoute, dans les circonstances, celui des contribuables anglais. Le message est clair : balayer l'universalisme laïque et républicain par le système multiculturaliste anglo-saxon qui lui est « moralement supérieur ». Au temps du blairisme triomphant, la « différence culturelle » est élevée en principe intouchable, preuve irréfutable de la grande tolérance britannique.

Le sexe fait-il partie du mariage ?

Cette image idyllique et attendrissante qui cachait des réalités peu enviables a volé en éclats avec les attentats du 7 juillet 2005. Il a fallu que le conservateur David Cameron prenne la tête du gouvernement pour revoir à la baisse les principes du multiculturalisme et décréter son échec. « Le premier ministre a déclaré "l'échec" des "politiques passées" : "Avec la doctrine du multiculturalisme d'État, nous avons encouragé différentes cultures à vivre séparément, coupées les unes des autres. Nous avons échoué à fournir une vision de la société à laquelle elles aient envie d'appartenir. Nous avons même toléré que ces communautés vivant en ségrégation agissent de façon complètement contraire à nos valeurs [...]. Nous avons permis l'affaiblissement de notre identité collective[4]." » Ce patchwork communautariste n'a guère favorisé les échanges entre les individus nés à l'étranger et leur société d'accueil. Les communautés musulmanes vivent en autarcie. Dans certains quartiers de Londres, l'anglais n'est ni la langue d'usage ni la langue de travail. Les policières patrouillent en hidjab. Les écoles islamiques où l'on enseigne les rudiments du wahhabisme ont pignon sur rue. Les crimes d'honneur et les violences faites aux femmes connaissent une recrudescence.

4. Christian Roudaut, « La Mecque du multiculturalisme se réveille », *Marianne*, 14 mai 2011.

Ce n'est guère un hasard si c'est dans ce bastion du communautarisme que les premiers tribunaux islamiques en Occident ont vu le jour en 2007, chapeautés par le Muslim Arbitration Tribunal (MAT), dirigés par Faisal Aqtab Siddiqi, un juriste d'origine somalienne. L'organisme dont les décisions ont force de loi s'appuie sur un réseau de mosquées et d'imams solidement implantés à Londres, Birmingham, Manchester, Rotherham et Bradford. Bien que le mandat du MAT soit exclusivement limité à la résolution de conflits familiaux et de quelques litiges commerciaux et financiers, ses prérogatives ont très vite été étendues aux causes criminelles, et ce, en violation de la loi sur l'arbitrage religieux. « Le MAT outrepasse déjà les limites imposées par la loi. Il a notamment traité plusieurs causes criminelles, comme des cas de violence conjugale. [...] Siddiqui assure que cela a permis de régler les problèmes de violence tout en sauvant les mariages en question. “Si une femme décide de poursuivre son mari, de témoigner et de l'envoyer derrière les barreaux, cela signifie la fin du mariage”, déplore le religieux de 31 ans [...][5]. » Dans un reportage intitulé *Tribunaux islamiques en Grande Bretagne*[6], diffusé sur la chaîne de télévision franco-allemande Arte le 11 mars 2009, une femme témoigne de sa réalité à visage découvert et raconte : « J'ai demandé plusieurs fois le divorce à la mosquée et ils m'ont dit de rester à la maison et d'écouter mon mari quoi qu'il dise. »

C'est précisément ce type de violence et de discrimination que dénonce le mouvement One Law For All dans un rapport étoffé publié en juin 2010[7]. Dirigé par Maryam Namazie[8], une ancienne réfugiée politique iranienne installée en Grande-Bretagne depuis 1980, le mouvement mène une campagne pour

5. Yves Schaëffner, « Des tribunaux islamiques voient le jour », *La Presse*, 4 octobre 2008.
6. ‹http://www.arte.tv/fr/La-charia/2510086.html›
7. ‹http://www.onelawforall.org.uk/new-report-sharia-law-in-britain-a-threat-to-one-law-for-all-and-equal-rights›
8. Maryam Namazie est la fondatrice du Conseil des ex-musulmans de Grande-Bretagne.

l'abolition de la charia. Entre les partisans des lois civiques et les potentats de la charia, les points de divergence ne font que s'accumuler. Le viol est un autre sujet de discorde. En effet, Maulana Abu Sayeed, président du Conseil islamique de la charia en Grande-Bretagne, a déclaré au quotidien *The Independent*[9] que les maris qui violaient leurs femmes ne devraient pas être poursuivis en justice parce que « le sexe fait partie du mariage », qualifiant celles qui portent plainte de menteuses[10]. Toutes ces dérives ne font que miner les nouvelles dispositions de la loi britannique, modifiée en 1991 de manière à reconnaître le viol au sein du mariage comme un acte répréhensible. De cela, jusqu'à tout récemment, il ne fallait souffler mot. « "La bien-pensance néotravailliste interdisait alors de dénoncer les dangers du communautarisme et la cécité des pouvoirs publics. C'était frustrant. J'étais alors une voix isolée", se souvient Ann Cryer, ancienne députée travailliste de Keighley, une circonscription du West Yorkshire, dans le nord de l'Angleterre, où 20 % de la population est musulmane[11]. » L'ancienne députée, qui dénonçait les mariages forcés lorsque personne n'y prêtait attention, explique que la rectitude politique a imposé une forme d'omerta qui permettait aux hommes des communautés musulmanes de se soustraire aux lois. « S'ils avaient été blancs, leur comportement aurait été jugé inacceptable. [...] Et puis le New Labour ne voyait pas l'intérêt de se mettre à dos un électorat traditionnellement acquis à la cause travailliste. »

Tariq Ramadan, rock star des altermondialistes

Entendons-nous bien, il n'y a pas que la gauche anglaise qui a un faible pour Tariq Ramadan. La gauche française, ou du

9. Mark Hughes et Jerome Taylor, « Rape "impossible" in marriage, says Muslim cleric », *The Independent,* 14 octobre 2010.
10. Tim Ross, « Rape within marriage is "impossible", claims Muslim cleric », *The Telegraph,* 15 octobre 2010.
11. Christian Roudaut, *loc. cit.*

moins une partie[12], lui trouve de nombreuses qualités au point de le convier au 2e Forum social européen (FSE) organisé à Saint-Denis, en France, en novembre 2003. Considérant Ramadan comme le représentant « légitime » des « banlieues » et fermant totalement les yeux sur les aspects réactionnaires de son discours, on élève l'orateur au rang de conférencier superstar. Il débarque de Genève et parade, flanqué de son service d'ordre composé de balèzes gaillards barbus. Une journaliste de *Marianne* l'a suivi et rapporte : « Sa voix est posée, son œil khôlé, sa posture élégante et sa gestuelle déliée. Mais une cinquantaine de jeunes barbus, le regard nerveux, sont répartis aux quatre coins de la salle. "Ça rappelle le service d'ordre de Le Pen, sauf que ceux-là sont basanés", note une institutrice de Montreuil. Ils ne le quittent pas pendant ces deux jours[13]. » Toutes les tribunes

12. Les trois courants du Parti socialiste, représentés par Manuel Valls, Vincent Peillon et Jean-Luc Mélenchon, avaient été unanimes pour affirmer que Tariq Ramadan « ne peut pas être » du mouvement altermondialiste, car il « s'est inscrit dans la tradition classique de l'extrême droite ». « Tariq Ramadan n'a pas sa place au FSE », avait renchéri le porte-parole Julien Dray. Le MRC de Jean-Pierre Chevènement avait les mêmes positions. Mais ni les verts, ni le PCF, ni les refondateurs communistes, ni la LCR n'ont épousé la position du PS. ‹http://www.ladepeche.fr/article/2003/10/28/134039-Tariq-Ramadan-une-presence-qui-attise-la-polemique.html›. Le mouvement Attac a confirmé ses liens avec Tariq Ramadan dans un communiqué de presse. « Sur le plan bilatéral, une délégation du Bureau d'Attac a reçu au printemps dernier, et à leur demande, Tariq Ramadan et plusieurs membres des associations qui se reconnaissent dans sa démarche. Une délégation de la commission "Genre et mondialisation" d'Attac s'est également entretenue avec eux. Les échanges ont été "francs", pour utiliser le vocabulaire diplomatique, les membres d'Attac réaffirmant le caractère non négociable de la laïcité et de l'égalité hommes-femmes et, pour plusieurs d'entre eux, s'interrogeant sérieusement sur la nature et la portée de l'engagement de Tariq Ramadan et de ses amis, en tant que musulmans (et non pas en tant que citoyens) dans le mouvement altermondialiste. Attac a affirmé à ses interlocuteurs que c'est leur présence concrète dans les luttes contre les politiques néolibérales et pour des alternatives émancipatrices (y compris au service des combats des femmes) qui constituera son principal critère d'appréciation pour d'éventuelles actions conjointes. » ‹http://www.france.attac.org/archives/spip.php?article2236›

13. Anna Bitton, « Comment Tariq Ramadan a parasité le Forum Social Européen », *Marianne*, 24 novembre 2003.

lui sont offertes pour légitimer l'islam politique comme une alternative « anti-impérialiste » et « anticolonialiste ». À l'applaudimètre, Ramadan l'emporte largement sur tous les autres invités. Le public est varié : enseignants, militants laïques, antiracistes et féministes de la première heure, beaucoup de jeunes « nés Français », jeunes filles tête nue, d'autres avec le voile et bien entendu des militants islamistes. Dans le même article, la journaliste note : « À l'instar des 1 500 autres intervenants du forum, le théologien a martelé sa volonté de "changer le monde". Mais, si l'"autre monde" promu par les altermondialistes a tout du gentil fourre-tout, celui de Ramadan, lui, est bien moins brouillon : il repose sur l'avènement d'une "citoyenneté musulmane", selon ses mots. Explications sur tariq-ramadan.org : "La seule résistance organisée à cet Occident sécularisé, marchand, inculte provient de l'islam, qui est, d'une certaine façon, inassimilable." Le forum s'achève en beauté avec cette fameuse accolade du maître à penser des alters, José Bové, et du prédicateur vedette qui ne s'est guère gêné pour palabrer autant que possible sur le social. Personne ne sait aussi habilement que lui exploiter les sentiments de frustration des jeunes de banlieues. "Ça suffit de 'stigmatiser' les musulmans", aime à répéter Ramadan en poursuivant : "Ce qu'on a fait aux juifs, on est en train de le reproduire sur les musulmans." » Mais ce n'est pas aux musulmans qu'il s'adresse. Le message est destiné aux dirigeants français. « En vrai politique, le "frère" Ramadan, lui, souligne adroitement que "la République est laïque et sociale et ne doit pas, comme aujourd'hui, se braquer sur la laïcité sans régler le problème social" », rapporte encore le même article. Encore une fois, on est loin de la prétendue « quête d'authenticité religieuse ». Le discours de Ramadan n'a qu'une seule connotation : politique.

À Londres, l'année suivante, au 3e FSE, l'ascendant de Ramadan sur le mouvement altermondialiste se confirme. Dans *Charlie Hebdo*, Fiammetta Venner écrit : « À suivre également un débat intitulé "Hidjab et islamophobie : qu'avons-nous à dire ?". Christine Delphy, fondatrice et rédactrice de *Nouvelles Questions Féministes* — revue désormais célèbre pour ses appels à construire un “féminisme avec l’islam” en compagnie des réseaux islamistes ramadiens d’Une école pour tous —, y participera, avant de diriger personnellement un autre débat sur “le féminisme et les discriminations racistes”. De leur côté, Agir contre la guerre et le Collectif des musulmans de France, une association regroupant plusieurs sbires de Tariq Ramadan, animeront une réunion autour des “Conséquences de la guerre sans limite : politiques sécuritaires, islamophobie[14]...” » Enfin, on l’aura compris, l’antiracisme est détourné au profit des islamistes qui, sous couvert de lutte contre l’islamophobie, font la chasse aux laïcs. La journaliste de *Charlie Hebdo* poursuit : « Ce n’est pas tout. Deux tables rondes — l’une intitulée “L’interdiction du voile : une attaque contre la femme musulmane” et l’autre “Montée de l’islamophobie en Europe” — seront animées par Massoud Shajerey, alias Massoud Shaterjee. En août 2001, cet ardent militant s’était beaucoup dépensé pour transformer la conférence de Durban en foire antisémite. »

En 2006, au 4e FSE, Ramadan fait, encore une fois, une apparition. Sur place, son auditoire a considérablement fondu. À Athènes, il ne peut bénéficier du même réseau de soutien qu’à Paris et à Londres. D’autant qu’il est de plus en plus dénoncé par des militants de gauche qui clairement ne souhaitent pas le voir participer aux débats. Une tribune, organisée par les réseaux gauchistes pro-islamistes anglais, s’improvise à la toute dernière minute autour de la thématique : « Contre l’islamophobie et le choc des civilisations : le cas des dessins danois », où l’on soutient la thèse suivante : « Accréditer l’idée qu’il existe un danger islamiste ou terroriste est un fantasme uniquement destiné à faire monter l’“islamophobie[15]”. » À l’initiative de Femmes solidaires[16], l’une des plus importantes coordinations féministes de

14. Fiammetta Venner, « Forum Social Européen : Ben Laden décline l’invitation », *Charlie Hebdo*, 29 septembre 2004.

15. Caroline Fourest, « Tariq Ramadan au FSE d’Athènes : le bide du conseiller islamiste de Blair », *Prochoix*, 8 mai 2006.

16. Mouvement d’éducation populaire, l’association Femmes solidaires regroupe 25 000 adhérentes réparties à travers 185 associations locales. Héritier

l'altermondialisme, un front de contestation anti-Ramadan se constitue. Sa présidente, Sabine Salmon, fait savoir que son organisation se retire du FSE d'Athènes en raison de la présence « d'organisations et de personnalités intégristes » et que ce geste vise à dénoncer des « séminaires qui vont servir de tribune à des organisations ou des intervenants porteurs de valeurs contraires à la Charte de Porto Alègre et aux droits des femmes. » Elle ajoute : « Nous sommes présentes au FSE d'Athènes pour y proposer des alternatives démocratiques, donc laïques, pour la construction d'une autre Europe [...], si le FSE ne soutient pas ces valeurs fondamentales, nous n'y avons plus notre place[17]. » Confronté aux islamistes dans les quartiers populaires, le réseau de Femmes solidaires sait pertinemment les dégâts que les intégristes provoquent dans la vie des femmes. Avec d'autres groupes féministes, dont Initiative féministe européenne (IFE), le réseau Ruptures (France) et l'antenne belge de la Marche mondiale des femmes, leur délégation chahute les assemblées de Ramadan et dénonce son double discours[18]. Face à ce mouvement, les féministes québécoises de la Marche mondiale des femmes restent bien discrètes. Elles brillent par leur silence.

À l'évidence, le style new-look de Tariq Ramadan, tout comme celui du nouveau prêcheur « branché » Amr Khalid, la grande vedette du Moyen-Orient qui rappelle à plusieurs égards les télévangélistes américains, est en rupture avec le style vieillot des prédicateurs « classiques » enturbannés. Cette façon innovatrice de communiquer a laissé croire à certains naïfs de gauche qu'une nouvelle forme d'islamisme alliant droits humains, justice sociale et islam émergeait. Seulement, il faut bien voir que, derrière ce

---

de l'Union des femmes françaises créée le 17 juin 1945, le mouvement a changé de nom en 1998. L'organisme qui bénéficie d'un statut consultatif auprès des Nations unies publie le magazine Clara (‹http://www.clara-magazine.fr/›) dont la rédactrice en chef et éditrice Carine Delahaie est élue municipale et adjointe au maire d'Arcueil.

17. Caroline Fourest, « Femmes Solidaires se retire du forum pour protester contre la présence d'intégristes », *Prochoix*, 8 mai 2006.

18. T. L., « Des féministes contre la présence de Ramadan », *L'Humanité*, 9 mai 2006.

vernis, rien n'a vraiment changé. Les « classiques » et les « branchés » font la guerre à la mixité, en appellent à la mise à mort (à quelques nuances près) des femmes adultères, des homosexuels et des apostats et s'entendent sur le port du voile islamique. Quant à leur phobie des juifs, n'en parlons même pas ! Ces styles de communication, malgré leurs différences, se rejoignent dans leurs discours basés exactement sur les mêmes fondements idéologiques, essentiels et constants, et non susceptibles de débat ou de dialogue. Opposer le discours des « classiques » à celui des « branchés » laisse à penser que les seconds sont en désaccord avec les premiers et apparaissent donc comme une alternative envisageable. Or, les « branchés » ne sont qu'une excroissance qui a germé sur le terreau de la pensée des « classiques ». C'est tout. Les « classiques » et les « branchés » ne s'adressent pas au même public. Les premiers rassurent les couches les plus conservatrices ; quant aux seconds, ils convoitent les jeunes. Ramadan vise la jeunesse européenne et Amr Khalid se consacre à la même cible mais au Moyen-Orient. Farcir le crâne de la jeunesse — par des moyens de propagande nombreux, diversifiés et ultra-sophistiqués — est devenu un enjeu significatif qui marque la mondialisation de l'islamisme. Les « branchés » ne contestent ni les fast-foods (d'ailleurs devenus hallal), ni la mode, ni les voitures de sport, ni l'usage des langues étrangères, ni la généralisation de termes anglais ou français dans la langue populaire, ni l'utilisation des médias sociaux, ni les boutiques pour femmes voilées. Les nouveaux habits de l'islamisme politique veulent afficher une identité renouvelée et parfaitement intégrée qui a séduit de nombreuses couches sociales, y compris et surtout dans la bourgeoisie.

L'avenir de la Palestine à travers les lunettes du Hamas

La Palestine est un autre axe de la stratégie de Tariq Ramadan dont il ne peut envisager l'avenir qu'à travers le prisme du Hamas. Cette approche, développée par Hassan al-Banna, a servi à fouetter les troupes des Frères dès la formation du mouvement, rappellent Martin Cüppers et Klaus-Michael Mallmann. « Le moteur de son ascension à la [Confrérie] fut la mobilisation pour la révolte arabe en Palestine, qui consista notamment à relier les passages du Coran hostiles aux juifs avec les luttes antisémites du IIIe Reich et à donner à la haine des juifs la forme du djihad. Les conséquences furent des campagnes de boycott et de violentes manifestations au slogan "Juifs hors d'Égypte et de Palestine". Et lors d'une conférence parlementaire islamique qui eut lieu au Caire en 1938 pour la "défense de la Palestine", on distribua des opuscules antisémites, dont quelques versions arabes de *Mein Kampf* et des *Protocoles des Sages de Sion*[19]. » Malheureusement, cette perspective a été réactualisée par Tariq Ramadan et endossée par une partie de la gauche. D'ailleurs, on peut mesurer l'intensité de ces nouvelles noces islamo-gauchistes lors de manifestations de soutien à la Palestine, totalement infiltrées par le Hamas et le Hezbollah, où des dirigeants syndicaux et politiques de gauche ne se gênent plus pour parader aux côtés de militants islamistes arborant le drapeau jaune ou vert, calqué sur celui de l'Arabie saoudite, répudiant ainsi l'emblème légitime du peuple palestinien depuis 1948. Dans ces marches sinistres où flottent une mer de drapeaux jaunes et verts et quelques étendards québécois, belges ou français, nul ne se demande où est passé le drapeau palestinien. Qui l'a liquidé et pourquoi ? Les islamistes ont compris qu'il était dans leur intérêt de faire glisser le conflit territorial et politique vers un conflit exclusivement religieux. Car de plus en plus religieux, le conflit se révèle de moins en moins résoluble. La religion est l'un des principaux facteurs faisant obstruction au processus de paix. D'autant qu'en Israël le mouvement messianique prend de plus en plus d'ampleur et que Netanyahou insiste pour que les Palestiniens reconnaissent Israël comme un État juif, ce qu'aucun pays n'a fait jusqu'ici. L'hypothèse d'un accord de paix, un jour, entre un État hébreu phagocyté par le fondamentalisme juif et le Hamas est

19. Martin Cüppers et Klaus-Michael Mallmann, *Croissant fertile et croix gammée*, Verdier, 2009, p. 54.

totalement irréaliste. Des deux côtés, les fondamentalistes agissent dans le même sens et leurs actions minent les assises de la démocratie. À Bruxelles, en janvier 2009, les choses se corsent lors de plusieurs manifestations de solidarité avec la Palestine. Leila Chahid, déléguée générale de l'Autorité palestinienne en Belgique, est chahutée, injuriée et traitée d'occidentalisée par un groupe de militants islamistes venus noyauter le rassemblement. Elle le quitte, sans avoir pu prendre la parole, la mine déconfite[20]. La voix lumineuse du poète d'*Awraq Al-zaytun* (« Feuilles d'olivier »), Mahmoud Darwich[21], s'est éteinte et seuls des cris de guerre retentissent à intervalles réguliers, au son de *Allah Akbar* (Allah est grand), qui appellent à la destruction de l'État d'Israël. Mais rien de tout ce brouhaha djihadiste ne semble déranger les participants. On se quitte en se donnant rendez-vous à la prochaine parade. *Inch' Allah* !

Dans des mosquées montréalaises, il n'est pas rare que des appels au meurtre soient lancés. En pleine crise du Liban, à l'été 2006, la télévision de Radio-Canada a réalisé un reportage sur l'islam radical à Montréal. On y apprenait que le vendredi 21 juillet 2006, l'imam de la mosquée Assuna, Omar Soufyane, avait évoqué la crise au Proche-Orient et « terminé son discours en priant Dieu de tuer tous les ennemis de l'islam jusqu'au dernier[22] ». Trois semaines plus tard, selon le même reportage, le ton n'était guère différent, il était toujours question de djihad.

---

20. Claude Demelenne et Alain Destexhe, *Lettre aux progressistes qui flirtent avec l'islam réac*, Cerisiers, 2009.
21. Né en 1941 dans un village aujourd'hui disparu de Palestine, Mahmoud Darwich a publié son premier recueil, *Oiseaux sans ailes*, à 19 ans, et en 1964, il écrit le texte qui fera de lui le poète de la résistance : « Inscris, je suis Arabe / Carte d'identité numéro cinquante mille / J'ai huit enfants / Le neuvième viendra après l'été / Cela ne te rend-il pas furieux ?... » Plusieurs de ses poèmes ont été mis en musique par Marcel Khalife, dont l'un des plus célèbres est dédié à la mère : « Je me languis du pain de ma mère / du café de ma mère / des caresses de ma mère / jour après jour / l'enfance grandit en moi / j'aime ma vie / car si je meurs / j'aurai honte des larmes de ma mère... »
22. ‹http://www.radio-canada.ca/nouvelles/national/2006/09/08/004-zl_islam_mosquees.shtml›

Pendant que les bombes continuent de pleuvoir sur Gaza et que les tirs des uns et des autres se croisent, la population est prise en otage et la mal-vie s'installe. Le 28 décembre 2010, un collectif de jeunes artistes et militants associatifs de la bande de Gaza a publié un manifeste qui en dit long sur leur souffrance et leur ras-le-bol. On y lit, entre autres : « Merde au Hamas. Merde à Israël. Merde au Fatah. Merde à l'ONU et à l'UNRWA. Merde à l'Amérique ! Nous, les jeunes de Gaza, on en a marre d'Israël, du Hamas, de l'occupation, des violations permanentes des droits de l'homme et de l'indifférence de la communauté internationale[23]. » Bien entendu, dans cette guerre infâme qui oppose Palestiniens et Israéliens, je ne suis pas neutre. Les exactions commises par l'armée israélienne contre des populations civiles palestiniennes me sont insupportables. Les méthodes du Hamas et du Hezbollah me dégoûtent tout autant. Le blocage politique de cette crise est la pire des menaces pour la stabilité de la région et l'avenir des deux peuples qui méritent, l'un et l'autre, de vivre dans la dignité, la paix et la sécurité.

De cet infernal statu quo, à qui la faute ? Charles Enderlin, correspondant permanent de France 2 à Jérusalem, a consacré à la question un livre très bien documenté intitulé *Le grand aveuglement. Israël et l'irrésistible ascension de l'islam radical.* S'appuyant sur des documents confidentiels et des témoignages d'anciens responsables israéliens, aussi bien civils que militaires, en Cisjordanie et à Gaza, le journaliste apporte un éclairage des plus intéressants. Il raconte de quelle façon Gaza a basculé dans l'islamisme. Le 7 septembre 1973, à l'inauguration de l'immeuble[24] des Frères musulmans à Gaza (qui deviendront plus tard le Hamas), aux côtés de cheikh Ahmed Yassine (1936-2004), paraplégique charismatique, se trouve un invité de marque, le général gouverneur militaire de Tsahal en personne. À cette époque-là, le chef intégriste, cloué dans sa chaise roulante, n'inquiétait

23. « Le manifeste de la jeunesse de Gaza », *Libération*, 28 décembre 2010.
24. L'immeuble comporte des lieux de prière et des écoles coraniques, des centres sociaux et de santé ainsi que des salles de sports et de jardins d'enfants.

nullement les autorités israéliennes, leurs regards se portaient ailleurs. « La priorité, l'urgence, c'était de lutter contre les attentats commis par les organisations de l'OLP et, sur ce point, Yassine expliquait qu'il combattait la gauche palestinienne… notre ennemi. Certains disaient qu'il était l'antidote à l'OLP. Notre erreur a été de le laisser faire[25] », explique à Enderlin un officier responsable des renseignements militaires. Pendant que des coups fatals sont portés à l'Autorité palestinienne, le cheikh, dont l'influence et la popularité montent en flèche à partir des années 1980, transforme tranquillement les mosquées en fabriques de soldats, incendie des cafés et brûle des cinémas. Alors que le cheikh a une vision à long terme, l'urgence d'agir et de réagir au coup par coup rétrécit celle des Israéliens. L'heure est au démantèlement de l'OLP et de ses cellules. À Gaza, les islamistes talonnent l'Autorité palestinienne. Sordide répétition de l'histoire dans ce théâtre de la confrontation entre islamistes et nationalistes. Les Israéliens se placent ainsi sur un terrain glissant, miné par l'urgence, sans appréhender le phénomène global de l'islam politique. Tout comme les Américains et leurs alliés occidentaux, leur analyse est brouillée. Cependant, dans leurs rangs, quelques voix ont saisi avec justesse la menace que constituait cette montée du fondamentalisme musulman, et ce, dès ses premiers balbutiements. Avner Cohen, originaire de Tunisie, responsable des Affaires religieuses à Gaza pendant vingt ans, arabisant et diplômé d'une grande université israélienne, a mis en garde ses supérieurs contre leur aveuglement mais en vain : « Dans toute décision concernant la société arabe, il faut absolument tenir compte de l'élément religieux. Les gouvernements des pays arabes accordent à cet effet d'importantes ressources ainsi que des administrations d'États. La société arabe de Gaza n'est pas isolée et reste attentive aux développements religieux dans les pays arabes[26]. » Ces avertissements n'ont pas été pris au sérieux, pas plus que

---

25. Charles Enderlin, *Le grand aveuglement. Israël et l'irrésistible ascension de l'islam radical*, Albin Michel, 2009, p. 7.
26. *Ibid.*, p. 52.

ceux du général Yitzhak Segev qui, lui, avait compris que la stratégie d'islamisation de Gaza mènerait au chaos. Cet universitaire spécialiste de l'histoire du Proche-Orient et arabophone, lorsqu'il est muté à Gaza en 1980, rompt avec les méthodes répressives de son prédécesseur, fait tout pour relancer l'économie de Gaza et isoler les Frères musulmans. Son mandat ne sera, cependant, que de courte durée. Certains officiers l'accusent d'être « trop bon avec les Arabes ». Il quittera ses fonctions en septembre 1981, chassé par une campagne de calomnies l'accusant d'avoir volé des antiquités. Gaza a été aspiré par le tourbillon infernal de l'islam politique.

Tariq Ramadan – Qaradawi, la parfaite symbiose

Qui est cet Égyptien septuagénaire qui se croit autorisé à donner des leçons de savoir-vivre et de respect de la tolérance à la France ? Pour celui qui est né dans un petit village du delta du Nil en 1926, a été séduit par les prêches de Banna dès l'âge de 16 ans, le destin est tout tracé. C'est bien simple, entre al-Qaradawi et Tariq Ramadan il y a plus qu'une parenté de pensée, il y a une affection profonde qui soude le destin de deux chefs au service d'un même idéal : planter l'islam « des Frères » au cœur de l'Occident. L'axe Ramadan-Qaradawi y travaille activement et prépare une constitution commune à tous les musulmans européens. La première étape du projet s'est déjà concrétisée en 1997 avec la mise sur pied du Conseil européen pour la fatwa et la recherche dirigé par nul autre que Qaradawi. Le Conseil constitué exclusivement d'hommes émet des fatwas en arabe, disponibles sur son site Internet[27], qui embrassent tous les aspects de la vie et traitent de questions aussi variées que le port du voile islamique, le mariage d'une musulmane avec un non-musulman, la fréquentation des salons de coiffure, l'avortement, les sorties du domicile familial (pour les femmes), l'utilisation du vélo

27. ‹http://www.e-cfr.org/ar/›

(pour les femmes), etc. Lorsqu'on sait que le psychopathe en kamis appelle ouvertement à exterminer les juifs, légitime les attentats suicides, recommande de tuer les homosexuels et de battre les femmes, on imagine un peu la teneur des fatwas du Conseil, qui ont été colligées dans un recueil préfacé par Tariq Ramadan. Son livre *Le licite et l'illicite en Islam*, à la somptueuse couverture rigide rappelant celle des éditions de la Pléiade, est un véritable appel à la violence et au meurtre. Vendu en toute liberté à Paris et à Londres (et pas seulement dans des librairies islamistes), cet ouvrage, qui résume l'essentiel de la pensée des Frères musulmans, est le nouveau catéchisme destiné au musulman européen.

- *L'homosexualité.* La qualifiant « d'acte vicieux et de perversion de la nature, une plongée dans le cloaque de la saleté, une dépravation de la virilité et un crime contre les droits de la féminité[28] », Qaradawi précise que les savants ne sont pas d'accord quant au châtiment à infliger aux homosexuels : « Par quel moyen les tuer ? est-ce avec un sabre ou le feu, ou en les jetant du haut d'un mur ? Cette sévérité qui semblerait inhumaine n'est qu'un moyen pour épurer la société islamique de ces êtres nocifs qui ne conduisent qu'à la perte de l'humanité[29]. »

- *La masturbation.* Après avoir bien pris soin de définir dans les détails la masturbation masculine, le cheikh en délimite le cadre « licite ». Elle est permise dans certaines circonstances exceptionnelles à condition qu'elle ne devienne pas une habitude. Ainsi, cette clause s'applique « au cas d'un jeune qui poursuit ses études ou qui travaille dans un pays étranger où les objets de tentation abondent et où il craint de s'imposer une obligation au-dessus de ses forces[30] ». Et la masturbation féminine ? Pas un mot.

28. Youssef Qaradawi, *Le licite et l'illicite en islam*, Al-Qalam, 2005, p. 174.
29. *Ibid.*, p. 175.
30. *Ibid.*, p. 176.

- *Les femmes.* Dans un chapitre consacré aux droits qui résultent de la vie conjugale, Qaradawi préconise de corriger les femmes qui se montrent « fières et rebelles » sans pour autant les frapper durement et tout en épargnant leur « visage et les endroits vitaux[31] ».

- *Le chant et la musique.* Qaradawi n'y est pas totalement hostile dans la mesure où « le sujet de la chanson ne s'oppose pas à la morale de l'islam et de ses directives. [...] Il se peut que le thème ne s'oppose pas aux directives de l'islam, mais la façon de réciter du chanteur fait passer le chant du domaine licite à celui de l'illicite. C'est lorsque la façon de chanter comporte une certaine attirance et coquetterie excitant les instincts et réveillant les tentations et les passions[32]. » Car, précise-t-il, « souvent le chant et la musique vont de pair avec le luxe, les cercles de vin et les veillées interdites. C'est ce qui amena bon nombre de savants à les interdire[33]. »

À un de ses rendez-vous télévisuels, il avait été bien bavard en répondant à la question d'un téléspectateur au sujet de la fellation. « En islam, tout ce qui n'est pas explicitement défendu est permis. Seule la sodomie est défendue. Donc le sexe oral est autorisé, sous réserve du consentement des deux époux. » Cet avis lui avait valu d'être surnommé par le magazine égyptien libéral *Rose Al-Youssef* « le mufti du sexe ». Et Qaradawi a beau être un cheikh (un sage) enturbanné, il est d'abord un homme, qui, apprend-on dans le très sérieux journal français *Le Monde*[34], a succombé à la tentation de la chair avec une jeune étudiante algérienne de quarante ans sa cadette, avec laquelle il s'est marié une première fois, en 1996 au Liban, en cachette de sa première épouse. L'idylle avec la jeune femme n'a pas duré très longtemps.

31. *Ibid.*, p. 206.
32. *Ibid.*, p. 302.
33. *Ibid.*, p. 301.
34. Gilles Paris, « Le cheikh cathodique est un époux indélicat », *Le Monde*, 16 décembre 2010.

Qaradawi l'a répudiée en 1997. Puis, en 1998, nouveau mariage avec la belle Algérienne, nouvelle vie clandestine et, encore une fois, nouveau divorce. Il est vrai que le prédicateur d'al-Jazira aime à répéter que « [l]e Prophète a dit que Dieu est beau et aime la beauté ». Pourquoi se priver alors de la beauté qui se déverse sur la terre? Dans la tête de Qaradawi tout comme dans celles des bataillons de « martyrs du djihad », le sexe n'est jamais très loin. Cette obsession confirme une pathologie chronique, chez les islamistes, à propos du corps des femmes, dont la moindre parcelle dénudée les rend hystériques.

« Les femmes du paradis t'attendent »

La veille des attentats du 11 septembre 2001, dans sa chambre d'hôtel, Mohammed Atta, l'un des pirates de l'air, scandait: « Les femmes du paradis t'attendent, elles t'appellent vêtues de leurs plus beaux atours: viens ici, ami de Dieu[35]! » Si le profil du « Frère » et de la « Sœur » ont considérablement changé, celui que nous nous faisions du « djihadiste » est carrément en voie de disparition. L'indissociable tandem paupérisation-islamisation mis en avant pour décortiquer l'ascension islamiste ne convainc plus, car la thèse centrale qui structure ce schéma d'analyse est sociologiquement et culturellement fausse. La plupart des chefs islamistes dans tous les pays musulmans sont issus des couches sociales moyennes ou supérieures et leurs motivations sont d'abord politiques, à savoir la prise du pouvoir. En effet, les promoteurs de l'islam politique sont autant en bas qu'en haut de l'échelle sociale, dans l'État et en dehors de l'État, des deux côtés de la barrière des sexes, à l'université et en dehors de l'université. De plus, le profil du marginal isolé, pauvre et pratiquement analphabète qui se transforme en bombe humaine a été pulvérisé par les attentats de New York, Londres, Madrid et Stockholm. En Europe, les candidats aux attentats suicides n'ont rien

---

35. Martine Gozlan, *Le sexe d'Allah*, Grasset, 2004, p. 9.

de misérables bougres démunis et laissés pour compte. Célibataires ou mariés et bons pères de famille qui ont pour la plupart fait des études supérieures avant de passer à l'acte, ils intellectualisent les préceptes des « Frères », ne manifestent aucun comportement anormal et continuent de vaquer tranquillement à leurs occupations quotidiennes. Pour eux, la mort est un cadeau d'Allah qui les délivre du monde d'ici-bas pour leur ouvrir les portes de l'au-delà.

Mohammed Atta est diplômé en architecture et a grandi dans une famille bourgeoise du Caire. Il passe six ans en Allemagne où il prépare une thèse en planification urbaine à l'Université de Hambourg et se démarque à la fois par sa grande intelligence et l'extrême rigidité de sa pratique religieuse. Abdulaziz al-Omari, son compagnon saoudien du vol n° 11 d'American Airlines qui percute l'une des tours du World Trade Center, occupe avec son épouse et ses quatre enfants un confortable pavillon à Vero Beach, en Floride. Serhane ben Abdelmajid Fakhet, responsable de la cellule djihadiste de Madrid qui est à l'origine des attentats du 11 mars 2004, est issu d'une famille de la classe moyenne tunisienne. Il émigre en Espagne en 1994 pour étudier l'économie avec une bourse espagnole de 29 500 € en poche. D'origine indienne ou moyen-orientale, les suspects arrêtés après les tentatives d'attentats de Glasgow et de Londres les 29 et 30 juin 2007 étaient médecins. Le serment d'Hippocrate ne les a pas empêchés de s'essayer au terrorisme. Umar Farouk Abdulmutallab, le Nigérian de 23 ans qui a tenté, le 25 décembre 2009, de faire exploser un avion qui assurait la liaison entre Amsterdam et Detroit, était le dernier des 16 enfants d'une riche famille dont le père était à la tête de la First Bank of Nigeria. Après avoir fréquenté des écoles privées en Afrique, en 2005, Abdulmutallab met le cap sur Londres et son prestigieux University College of London. Le double attentat à l'explosif qui a secoué Stockholm le 11 décembre 2010 a été commis par un homme de 28 ans père de deux jeunes enfants, ayant étudié la thérapie sportive à l'Université du Bedfordshire à Luton, à une cinquantaine de kilomètres au nord de Londres. Arrivé en Suède à l'âge de 10 ans, Taymour Abdel

Wahab était un jeune homme sympathique, jovial et parfaitement intégré avant de sombrer dans le radicalisme absolu pendant ses études en Grande-Bretagne. Dans son testament, le jeune homme qui aurait eu 29 ans le lendemain de son explosion déclare avoir rempli la promesse de « l'État islamique d'Irak », la branche irakienne d'al-Qaïda, celle de venger l'islam et les siens. Loin d'être fortuite, cette explosion de violence en Europe correspond bel et bien à un projet réfléchi et structuré qui nous mène directement aux Frères musulmans.

La pieuvre des Frères en Europe

Quelques semaines après les attentats du 11 septembre 2001, la police effectue une perquisition à Campione, en Italie, aux domiciles de deux hommes. L'un est syrien, âgé de 63 ans, et se nomme Ali Ghaleb Himmat; l'autre, Youssef Nada, est un septuagénaire égyptien « qui porte à merveille le nœud papillon et le costume à rayures[36] » et qui a tout l'air d'un gentleman. Les deux hommes sont les argentiers de la banque al-Taqwa dont les bureaux sont situés à quelques centaines de kilomètres, à Lugano, en Suisse. Ils sont millionnaires, l'un et l'autre, cultivent leurs relations en recevant, dans leurs immenses domaines ultra-sécurisés, la bonne société locale. Avec vue imprenable sur les Alpes et sur le lac, le quartier huppé est enfoui dans la végétation. Le site est enchanteur et surtout loin des regards indiscrets. Les deux domiciles fourmillent de documents se rapportant aux activités de la banque, parmi lesquels figure un manuscrit de 14 pages qui porte le nom de « Projet ». Ce dernier, dont le contenu est divulgué dans l'ouvrage de Sylvain Besson intitulé *La conquête de l'Occident. Le projet secret des islamistes*, est un condensé de la stratégie d'infiltration mondiale des Frères musulmans. « Le Projet fait partie de la charte de l'organisation

36. Sylvain Besson, *La conquête de l'Occident. Le projet secret des islamistes*, Seuil, 2005, p. 37.

internationale des Frères musulmans, qui a été établie officiellement le 29 juillet 1982. Il reflète un vaste plan qui remonte aux années 1960, avec l'immigration d'intellectuels Frères, principalement des Syriens et des Égyptiens, en Europe. Avant l'été 1982, ils avaient déjà réussi à établir un réseau de "centres culturels" à Genève, Munich, Londres, Vienne... L'idée de l'organisation internationale vient notamment de Saïd Ramadan, qui voulait déplacer le centre de gravité des Frères musulmans vers l'Europe et l'Amérique du Nord[37]. » Le 7 novembre 2001, de graves accusations sont portées contre la banque al-Taqwa, l'empire financier des Frères musulmans. « La Maison Blanche déclare que la société a prodigué "des conseils financiers et des services de transfert de fonds" à al-Qaïda et d'autres groupes islamistes radicaux. Peu après, une lettre adressée à la Suisse par le département américain du Trésor affirme qu'Al-Taqwa, fondée en 1988 "avec un appui significatif des Frères musulmans égyptiens", a financé le Hamas palestinien, le Front islamique du salut algérien et les GIA en Algérie, ainsi que le mouvement islamiste tunisien Ennahda[38]. » Les carnets d'adresse des deux argentiers comprennent des noms bien connus du gratin islamiste, dont celui de Qaradawi, un actionnaire de la banque. Les enquêteurs mettent la main sur de nombreuses photos sur lesquelles on reconnaît Saïd Ramadan, qui a joué un rôle magistral dans la genèse du Projet, raconte le journaliste suisse Besson. Le premier refuge de Saïd Ramadan est une maison à Genève offerte par l'émir du Qatar, son protecteur, qu'il transformera en Centre islamique. Ce dernier servira de modèle à l'implantation d'autres centres en Europe et en Amérique. En effet, dès les années 1960, les Frères vont intensifier leurs activités en Occident. Créé en 1962, le Centre islamique de Genève est dirigé par le prédicateur Hani Ramadan qui en a hérité la charge après la mort de son père en 1995. Trente ans plus tard, les Frères savourent le fruit de leur labeur en devenant les représentants officiels des musulmans.

---

37. *Ibid.*
38. *Ibid.*, p. 20.

La situation en France est particulièrement parlante. L'Union des organisations islamiques de France (UOIF) siège au sein du Conseil français du culte musulman[39] (CFCM), mis en place par l'État français en 1993. En mettant la main sur des centaines de mosquées et d'associations islamiques à travers le territoire, l'UOIF est devenue le principal interlocuteur du gouvernement. C'est d'ailleurs la première tribune dont a bénéficié Tariq Ramadan en France, au tout début des années 1990. En Italie, c'est sa sœur jumelle, la Unione delle Comunità ed Organizzazioni Islamiche in Italia (Union des communautés et organisations islamiques en Italie) qui est le premier partenaire du gouvernement dans le dialogue concernant les questions relatives aux communautés musulmanes. En Allemagne, c'est à travers la plus puissante organisation turque d'Europe, la Communauté islamique Milli Gorüp[40] (MG) (« Voie nationale religieuse », en turc), que les islamistes font entendre leur voix au sein du Conseil islamique, l'une des organisations de tutelle des musulmans dans ce pays. La présence du MG au Conseil constitue un enjeu considérable. Si le Conseil est reconnu en tant que collectivité de droit public, il obtiendra ainsi le même statut que l'Église catholique ou les confessions protestantes. Contrôler le Conseil islamique, c'est faire partie de l'establishment de l'État allemand. Dans la tête du Milli Gorüp, la charia n'est jamais très loin… et ses militants prônent son application à tous les musulmans d'Allemagne. « Une enquête du ministère de l'Intérieur de Düsseldorf, publiée au début du mois de janvier dernier, cite un bulletin interne de Milli Gorüp: "La Communauté est un moyen au service du but — le but étant d'islamiser la société." La société dont il est question ici n'est autre que la société allemande. » À la tête du regroupement, il y a Mehmet Erbakan, jeune médecin

39. Comme la représentativité au sein de ce Conseil est calculée selon les mètres carrés de mosquée — chaque lieu de culte dépendant par ailleurs étroitement pour son développement d'un mécénat étranger, saoudien ou maghrébin —, on saisit les aberrations du système!
40. Pascal Bruckner, « Milli Gorüp, l'islamisme loin du Bosphore », *Courrier international*, 24 janvier 2002.

talentueux, qui porte des complets et prend toujours soin de tailler minutieusement sa barbe. Neveu de l'ancien premier ministre islamiste turc (1996-1997) Necmettin Erbakan[41], le jeune politicien met les bouchées doubles pour mériter le titre de digne héritier de la tradition politique familiale. Disons qu'il est en très bonne voie. En Suisse, la Ligue des musulmans de Suisse (LMS) accueille régulièrement des poids lourds de l'islamisme. En 2007, lors de leur congrès au lac Noir, une invitation est lancée au cheikh saoudien Salman Fahd al-Awda, qui ne cache pas son admiration pour Ben Laden, défend la guerre sainte en Irak et légitime les attentats suicides. Cette gigantesque toile européenne est représentée par l'Union des organisations islamiques en Europe, qui se réfère au Conseil européen pour la fatwa et la recherche. En juin 1996, des organisations de jeunesse de Suède, de France et d'Angleterre ont fédéré leurs forces pour lancer l'Assemblée mondiale de la Jeunesse musulmane. « Trois mois plus tard, 35 délégués de 11 pays se sont rencontrés à Leicester et ont lancé formellement le Forum de la jeunesse musulmane européenne et des organisations étudiantes (Forum of European Muslim Youth and Student Organisations, FEMYSO en anglais) dont le siège se trouve à Bruxelles. Selon ses publications officielles, le FEMYSO est un "réseau de 42 organisations nationales et internationales rassemblant des jeunes de 26 pays différents". Le FEMYSO a déclaré fièrement en 2003 que, durant les quatre années précédentes, il était devenu : "La voix de facto de la jeunesse musulmane en Europe. Il est régulièrement consulté sur des questions concernant les Musulmans en Europe. Il a aussi développé des liens utiles avec : le Parlement Européen, le conseil de l'Europe, les Nations unies, le Forum Européen de la Jeunesse, et de nombreuses ONG importantes au niveau européen[42]." »

41. Fondateur du Refah Partisi (ou RP, Parti de la prospérité) interdit en 1997.
42. ‹http://www.meforum.org/757/la-conquete-de-leurope-par-les-freres-musulmans›

L'ONU à portée de main

Si les retombées de la montée des islamistes sont tangibles à l'échelle des États pris individuellement, au niveau international, les conséquences sont encore plus désastreuses. En vingt ans, l'islam politique a changé de visage et s'est imposé dans les institutions onusiennes, grâce notamment au dynamisme d'un acteur extrêmement influent en l'occurrence, l'Organisation de la conférence islamique (OCI). C'est la seule organisation internationale au monde qui regroupe des États sur la base de leur caractère religieux.

Bien que créée en 1969, c'est avec l'affaire Salman Rushdie que l'organisation, qui réunit 57 États, franchit le Rubicon, lorsqu'elle exige l'interdiction du livre, déclare son auteur « comme hérétique » et recommande l'adoption « de législation nécessaire à la protection des idées religieuses d'autrui ». Depuis, l'idée a fait son chemin. L'affaire des caricatures de Mahomet de 2005 en est une autre excellente illustration. La lutte contre « la diffamation des religions » a trouvé par où se faufiler pour être promue par l'ONU au rang de droit de l'homme.

Qu'à cela ne tienne, l'OCI, par la voix du Pakistan, a obtenu qu'une résolution soit adoptée le 26 mars 2009 par le Conseil des droits de l'homme de l'ONU[43]. Arguant du fait que « l'islam est à tort fréquemment associé à des violations des droits de l'homme et au terrorisme », le texte affirme : « la diffamation des religions constitue une grave atteinte à la dignité humaine menant à des restrictions de la liberté religieuse de ses adeptes et une incitation à la haine religieuse et à la violence[44] ». Le bras de

---

43. Vingt-trois pour — les pays musulmans, la Chine, la Russie, Cuba, l'Afrique du Sud, la Bolivie et le Nicaragua —, 11 contre — les pays de l'Union européenne, la Suisse, le Canada et le Chili — et 13 abstentions — dont l'Inde, le Japon, la Corée et l'Argentine.

44. Kareem Amer, pseudonyme d'un blogueur égyptien, a été condamné à trois ans pour insulte à l'islam et incitation à la sédition, et à un an pour insulte au président Moubarak. Au Pakistan, insulter l'islam ou ses prophètes est passible de la peine de mort.

fer entre pays occidentaux et musulmans sur la notion de « diffamation des religions » s'est donc soldé par une victoire de ces derniers. Présentement, la diabolisation d'Israël, la haine des juifs, la criminalisation du blasphème, le recul des droits des femmes et la stigmatisation des homosexuels constituent les principaux volets d'action des diplomaties des États musulmans au sein des instances onusiennes. « Le 28 avril, une semaine après la déclaration de l'imam Kazem Sedighi affirmant que les tremblements de terre seraient provoqués par les tenues vestimentaires "indécentes" des femmes, l'Iran a rejoint la Commission de la condition de la femme des Nations unies[45]. Une première pour la République islamique, au grand dam des militants des droits des femmes. Sur le site Iranian.com, on qualifie cette nomination de "blague tragique[46]". » On aurait pu s'en tenir à une blague mais décidément, la Commission de la condition de la femme des Nations unies cultive les farces puisque l'un de ses pays donateurs n'est nul autre que l'Arabie saoudite !

45. « ONU Femmes est administré par un Conseil d'administration qui supervise les activités opérationnelles de l'organisation sur la base des orientations politiques établies par l'Assemblée générale des Nations Unies, l'ECOSOC et la Commission de la condition de la femme. Le Conseil est chargé, avec les conseils d'administration des autres agences de développement des Nations Unies, de coordonner les travaux sur l'égalité des sexes dans l'ensemble du système des Nations Unies. » ‹http://www.unwomen.org/fr/about-us/governance/executive-board/›

46. « Téhéran, défenseur des droits des femmes ? », *Courrier international*, 7 mai 2010.

TROISIÈME PARTIE

Le mauvais exemple du Québec

T'en souviens-tu, Godin,
qu'il faut rêver aujourd'hui
pour savoir ce qu'on fera demain ?

GÉRALD GODIN
Les botterlots, L'Hexagone, 1993.

VII.

Le doigt dans l'engrenage

Dans la semaine du 11 mai 2009, le Québec tout entier est plongé à nouveau dans une âpre empoignade sur le voile islamique mettant en évidence deux conceptions de la neutralité de l'État[1], de la laïcité[2], des droits des femmes[3] et de l'intégration[4].

1. L'exigence de la neutralité de l'État implique-t-elle la neutralité des fonctionnaires ? En d'autres mots, les fonctionnaires peuvent-ils, tout en arborant des signes religieux, respecter la neutralité de l'État ?
2. Ces deux conceptions sont la laïcité dite « ouverte » par opposition à la laïcité tout court. Au Québec, la laïcité découle implicitement des garanties prévues dans les chartes des droits de la personne canadienne et québécoise et ne découle pas d'un énoncé constitutionnel ou législatif. Bien que le gouvernement québécois s'y réfère, son contenu n'a jamais encore été inscrit dans un texte législatif, on fonctionne en l'absence de règles, d'où la nécessité d'adopter une charte de la laïcité pour en définir les contours.
3. Deux conceptions des droits des femmes s'affrontent, celle de la Fédération des femmes du Québec (FFQ) qui prône un laisser-faire concernant le port des signes religieux dans la fonction publique, et celle du Conseil du statut de la femme (CSF) qui est au contraire favorable à son interdiction. Dans un avis rendu public en septembre 2007, intitulé *Droit à l'égalité entre les femmes et les hommes et liberté religieuse*, le CSF, un organisme indépendant de consultation et d'étude sur les questions liées aux droits des femmes mis sur pied en 1973, demandait au gouvernement du Québec de restreindre la liberté religieuse lorsqu'elle contrevenait à l'égalité entre les femmes et les hommes. L'avis stipulait que « [l]e droit à l'égalité entre les femmes et les hommes doit être respecté en toutes circonstances et l'on ne doit pas y porter atteinte au nom de la liberté de religion ».
4. Conception multiculturaliste de l'intégration versus une conception républicaine.

C'était peut-être un signe des temps : une flammèche dans un climat électrisant a suffi à mettre le feu aux poudres et à rouvrir un débat qui était loin d'être clos. Et la tempête a éclaté de nouveau ! Gigantesques clapotis sur les parois poreuses de notre réflexion collective. Cette fois-ci, les vagues n'avaient rien d'une ondulation passagère, elles soulevaient, encore une fois, des questionnements profonds qui continuent de ronger et de torpiller notre société.

Mario Roy, éditorialiste à *La Presse*, fait l'analyse suivante : « De cela, on peut tirer une première conclusion : le problème du statut sociopolitique des divers dieux n'est pas résolu au Québec. La commission Bouchard-Taylor n'a rien réglé, le gouvernement Charest non plus. On peut même plaider que la première n'a fait que véhiculer les positions de la classe intellectuelle dominante, par définition titulaire des positions correctes, tout en évitant soigneusement les questions de fond[5]. » Avec, cette fois-ci, une particularité toute nouvelle : la présence d'acteurs inattendus propulsés au cœur d'une assemblée féministe et curieusement épaulés par des forces progressistes. Du coup, des femmes qui n'ont a priori strictement rien à voir entre elles, que tout parfois sépare, les unes campant résolument à la droite du bon Dieu, les autres se situant à la gauche de la gauche, se sont retrouvées ensemble pour adopter une résolution sur le port des signes religieux dans la fonction publique chapeautée par la Fédération des femmes du Québec (FFQ), un organisme national voué à la défense des droits des femmes depuis 1966[6].

5. Mario Roy, « Laïcité : le dur chemin de croix... », *La Presse*, 22 mai 2009.
6. Le mouvement des femmes au Québec a connu plusieurs étapes dans son évolution. Les premières revendications concernaient le droit de vote (obtenu en 1918 aux élections fédérales et en 1940 aux élections provinciales). La fondation de la Fédération des femmes du Québec coïncidait, d'ailleurs, avec le vingt-cinquième anniversaire de l'octroi du droit de vote aux femmes. Le féminisme des années 1960 se caractérise par des revendications d'ordre juridique, social et économique. En 1964, un important gain a été fait par les femmes lorsque Claire Kirkland-Casgrain, première députée et ministre féminin de l'histoire du Québec, fait adopter une loi pour mettre fin à l'incapacité juridique des femmes mariées. Dans les années 1970, le mouvement féministe vise à transformer les rapports sociaux de la société patriarcale.

Étrange assemblée, en effet, qui vit des féministes confisquer la parole à d'autres féministes pour l'offrir à des antiféministes, des inquisiteurs mettre en fuite des résistants, des « pro-choix » s'allier à des « pro-vie », des lesbiennes s'acoquiner avec des homophobes, tout ceci se déroulant dans un brouillard sémantique absolu, une incroyable confusion des alliances, un obscurcissement total des faits et un détournement quasi surréaliste des droits des femmes. La symbolique était tout aussi provocante. Il y avait là, incontestablement, une logique qui fédérait trois forces : des féministes, des altermondialistes et des islamistes. En Europe, ces connivences ont créé des fractures sérieuses au sein de la gauche au point de faire éclater le mouvement féministe. Ce tumulte n'était pas neutre. J'ai senti ces premières fermentations à la lecture des documents préparatoires de l'assemblée générale. Ça m'a pris là, au creux du ventre, quand j'ai réalisé que quelque chose se préparait que je craignais fortement : la légitimation du voile. Mais je voulais aller plus loin, mesurer la portée de ce qui se passait et, pour ce faire, il était indispensable que je saisisse la dynamique de ce consensus pro-voile. Pour bien le comprendre, j'ai entrepris une réflexion qui m'a renvoyée plusieurs années en arrière.

À vrai dire, quelques jours à peine avant cette rencontre à laquelle j'ai pris part en qualité d'observatrice, je pensais qu'il était encore possible d'engager un véritable débat sur le voile qui tienne compte d'une approche progressiste. À cet égard, j'avais même amorcé des démarches auprès de quelques femmes qui avaient participé aux prises de position de la FFQ au cours des dix dernières années. Je ne savais pas encore que le processus d'étouffement était enclenché depuis longtemps et que l'orientation du vote avait été orchestrée avant même la tenue de cette assemblée. J'étais à mille lieues d'imaginer le basculement de la FFQ, son extrême vulnérabilité face à des forces islamistes bien organisées et structurées, j'étais à mille lieues de soupçonner son déclin programmé ainsi que son instrumentalisation par Québec solidaire (QS).

Car la dérive communautariste de la FFQ, c'est aussi celle de QS. Je ne peux considérer leurs prises de position comme des accidents de parcours malheureux puisqu'elles sont devenues récurrentes, définissant par la force des choses une ligne politique qui est loin d'être rassurante. Aussi bien la FFQ que QS ont décrété qu'il n'y avait « aucune autre alternative » que celle de la laïcité « ouverte », naturellement dans leur esprit supérieure moralement à la laïcité tout court parce que flanquée d'un adjectif. Ma participation à cette assemblée m'a ainsi permis de mesurer les dégâts occasionnés dans le corpus idéologique du féminisme, en particulier en prenant connaissance des analyses de certaines intellectuelles rongées par le relativisme culturel, telles Micheline Milot[7] et Christine Delphy[8]. Il n'est guère surprenant dans ce contexte de constater qu'au fil du temps quelques féministes de renom[9] se sont rapprochées de Présence musulmane, le lobby islamiste international au service de Tariq Ramadan, pour faire mousser les thèses du prédicateur.

Pour m'expliquer l'origine de cette dérive et en éclaircir les enjeux, je me suis entretenue avec de nombreuses personnes qui ont été impliquées, d'une façon ou d'une autre, au sein de la FFQ

7. Professeure de sociologie à l'Université du Québec à Montréal, elle a coécrit avec Jean Baubérot *Laïcité sans frontières* (Seuil, 2011).

8. Fondatrice des revues *Questions féministes* et *Nouvelles Questions Féministes* avec Simone de Beauvoir, elle fait partie de la minorité de féministes qui s'opposent à la loi sur les signes religieux dans les écoles publiques, la qualifiant d'exception « inique » et « raciste ». Proche de Tariq Ramadan qui la cite en exemple, elle sert surtout de faire-valoir aux thèses islamistes.

9. En 2008, Présence musulmane a réuni une brochette importante de personnalités québécoises autour de Tariq Ramadan pour participer à un colloque intitulé « Au-delà du vivre ensemble, agir ensemble ». Parmi les participants, on comptait, entre autres, Francine Pelletier et Ariane Émond, journalistes, figures de proue du féminisme dans les années 1970 et cofondatrices de la revue *La Vie en rose*; Céline Saint-Pierre et Fleury Bergman, membres du comité-conseil de la commission Bouchard-Taylor; Robert Jasmin, coprésident du mouvement altermondialiste ATTAC-Québec; Patrice Brodeur, titulaire de la Chaire de recherche Islam, pluralisme et globalisation; et Élisabeth Garant, directrice générale du Centre justice et foi. ‹http://www.presencemusulmane.org/colloques/horaire.htm›

au cours des dix dernières années. J'ai parlé avec des militants et des dissidents de QS, j'ai visionné des dizaines de vidéos de divers protagonistes et j'ai épluché des centaines de pages de leurs déclarations. J'ai aussi analysé leurs prises de position pour essayer de bien saisir leur pensée et comprendre leurs agissements. J'ai également bénéficié de quelques analyses pertinentes de féministes chevronnées et j'ai pu compter sur quelques indiscrétions provenant des milieux islamistes. Que toutes ces personnes soient vivement remerciées. Sans elles, cette enquête n'aurait jamais pu aboutir. Je dois préciser aussi que, n'était l'insistance de mon amie Louise Mailloux, je n'aurais probablement pas senti le besoin d'apporter ma contribution à cette rencontre du 9 mai 2009.

J'ajouterai que mon propos n'est pas de discréditer le féminisme ou de porter atteinte aux forces de gauche — étant moi-même féministe et faisant partie de cette grande famille de la gauche. J'ai grandi dans une famille de gauche résolument engagée dans la défense des idéaux démocratiques. Mes parents nous ont inculqué, à mon frère et moi, le sens de la justice sociale. Ces deux-là ne rêvaient pas de faire de nous des médecins, des avocats ou des ingénieurs. Seule la construction d'une véritable conscience sociale comptait pour eux. En ce sens, ils rêvaient de nous voir libres, dotés d'une sensibilité à l'égard des autres et en mesure d'effectuer des choix éclairés. Je crois bien que cette disposition de mes parents à l'engagement a beaucoup compté pour moi. Ce n'est certes pas un hasard si le féminisme et la laïcité constituent, depuis vingt ans, les deux points d'ancrage de ma militance. Mon intention est de mettre en garde une frange de cette famille contre ces tentations obscurantistes qui empoisonnent l'idéal humaniste si cher à ses militants. D'ailleurs, cet idéal a été malmené et obscurci chaque fois que la gauche a dérivé vers une forme de totalitarisme, comme ce fut le cas avec le stalinisme. Mais si à cette époque certains pouvaient évoquer l'étanchéité des frontières pour justifier leur ignorance de ce qui se passait de l'autre côté du mur, aujourd'hui rien ne peut expliquer le parti pris de la FFQ et de QS, enfermés à double tour dans une dérive islamo-gauchiste pernicieuse.

Est-il trop tard pour que ces deux formations sortent de la prison de leurs dogmes ? Dans une lettre publiée dans *Le Devoir*, Michèle Sirois, une dissidente de QS, avance des pistes de solution en mentionnant qu'« on ne peut se contenter de bons sentiments » et qu'il est primordial de ne pas seulement ancrer la réflexion sur la laïcité dans un contexte local, mais de tenir compte de la dimension internationale. « C'est cette réflexion qui fait cruellement défaut à QS, et qui a conduit ce parti à banaliser le port de signes religieux ostentatoires et à accorder plus d'importance aux droits individuels de certains immigrants qu'au droit collectif de l'ensemble des Québécois à un État totalement neutre et laïque. Cela démontre la nécessité d'adopter une charte de la laïcité afin de concilier le droit à la liberté de religion et de conscience avec l'obligation pour l'État et ses représentants d'être neutres[10]. »

Pour ma part, je nourris malgré tout l'espoir que de « vrais débats » puissent se faire, dans les différentes instances de la FFQ et de QS, sur ces questions fondamentales. De nombreux militants sincères se sentent mal à l'aise avec les orientations de leur direction. Je le sais pour avoir échangé avec nombre d'entre eux, avec qui d'ailleurs je cultive une sincère amitié. Il faut espérer pour eux — et pour nous aussi — que la page de la terrible compromission avec des réactionnaires de tout acabit et de l'odieuse indulgence à leur égard sera vite définitivement tournée.

Allons-y mais dans la discrétion

Québec, le 9 mai 2009. Elles étaient venues voilées et non voilées occuper les premières loges d'un grand amphithéâtre sombre et glacial de l'Université Laval à Québec. C'était par une journée ordinaire de printemps où le soleil, bien que timide, nous faisait la promesse d'une agréable fin de semaine. Une

10. Michèle Sirois, « Laïcité – Québec solidaire fait fausse route », *Le Devoir*, 30 décembre 2009.

quinzaine de femmes islamistes, transportées par l'autobus de la FFQ, avaient fait le déplacement de Montréal pour prêter main-forte à l'organisme, qui avait convoqué un peu dans la hâte cette assemblée générale spéciale pour laquelle relativement peu de membres s'étaient mobilisés, en regard de l'importance de l'enjeu. Pour ma part, j'avais fait 550 kilomètres pour arracher trois minutes de temps de parole et assister à un pitoyable spectacle. C'est pratiquement au bord de la nausée que j'ai franchi la porte de l'amphithéâtre pour m'engouffrer dans l'une des dernières rangées. La journée me parut interminable. À voir la façon avec laquelle les militantes islamistes jubilaient à la fin de la rencontre, il était clair qu'elles savouraient une victoire préparée d'avance, celle de l'endossement par la FFQ du port du voile dans la fonction publique.

Je suis rentrée à la maison le jour même, lasse et exténuée.

Parmi les ténors islamistes présents, il y avait deux militantes très dynamiques qui avaient brillé lors des audiences de la commission Bouchard-Taylor : Leila Bdeir, porte-parole de Présence musulmane, assise au premier rang et Samira Laouni, une ancienne responsable de projets au Congrès islamique canadien (CIC), un lobby intégriste qui a milité en faveur des tribunaux islamiques en Ontario, a soutenu le Hezbollah et le Hamas et dont le président, Mohamed Elmasry, a ouvertement légitimé l'assassinat en Israël de tout individu âgé de plus de 18 ans[11].

Quelques semaines auparavant, une correspondance entre les deux militantes avait circulé sur le site islamiste Mejliss.com, plaque tournante du wahhabisme francophone sur la toile. Les messages apportent un éclairage intéressant sur ce qui allait se passer par la suite. L'échange démontre clairement l'existence d'une stratégie concertée. Samira Laouni y appelle à une large mobilisation des membres du réseau al-Mejliss afin qu'ils adhèrent à la FFQ, au coût dérisoire de cinq dollars, précise-t-elle, dans le but de faire pencher le vote. « Je vous envoie cette

11. Elmasry a fait cette déclaration à l'émission de télévision *The Michael Coren Show*, « *What's a terrorist?* », le 19 octobre 2004.

information, écrit-elle, qui, à mon sens, est d'une importance cruciale. Il se trouve que la Fédération des femmes du Québec (FFQ) tiendra le 9 mai prochain une AGA spéciale sur le port du voile (foulard) dans la fonction publique, etc. Vous comprendrez que si nous ne sommes pas assez bien représentées (nous, c'est-à-dire celles qui sont sans opinion ou qui sont d'accord), il se peut que l'avis de la FFQ rejoigne celui du CSF (Conseil du statut des femmes) et nous nous verrons obligées d'enlever nos foulards avant de franchir les portes des édifices publics. » Leila Bdeir, un peu plus rusée, appartenant à un autre moule doctrinal, appelle de son côté à la prudence et à la vigilance. « Je crois qu'il serait extrêmement imprudent de s'inscrire dans cette façon d'agir, écrit-elle. Car adhérer à une organisation implique d'endosser une majorité de ses positions. Par ailleurs, je crois qu'il serait très peu stratégique de devenir membre de la FFQ uniquement pour participer au vote sur le port des symboles religieux ostentatoires dans la fonction publique. D'ailleurs, il ne faut pas croire que cette vague d'adhésion musulmane passera inaperçue et qu'elle ne suscitera pas énormément de questions. Surtout que les musulmans et musulmanes dits pratiquants sont en général largement absents au sein de ce genre d'organisations lorsqu'il s'agit de débats qui ne touchent pas leur communauté. »

L'échange entre Laouni et Bdeir a circulé dans la presse québécoise[12], quelques jours après l'adoption de la fameuse résolution. Laouni a reconnu avoir envoyé le message en question. Quant à Présence musulmane, l'organisme a confirmé que certaines de ses membres avaient effectivement participé à l'événement « à titre individuel[13] ». L'examen de conscience qui devait s'imposer, à ce moment-là, aussi bien à la FFQ qu'à QS, n'a jamais été fait. Bien au contraire, sa présidente, Michèle Asselin, a foncé tête baissée dans la capitulation la plus totale face aux

12. Richard Martineau, « Comment infiltrer la Fédération des femmes du Québec », *Le Journal de Montréal*, 14 mai 2009.
13. Marie-Claude Lortie, « *Égalité c. égalité* », *La Presse*, 14 mai 2009.

forces islamistes en niant tout rapprochement avec ces dernières. Quant à Françoise David et Amir Khadir, ils ont manifesté un soutien indéfectible à la FFQ, ce qui leur a valu des félicitations dans les sites islamistes Oumma.com et Mejliss.com, ceux-là mêmes qui vociféraient à mon égard au même moment des insultes abjectes et des menaces de mort, des sites qui déversent quotidiennement sur la toile une rare violence à l'égard de tous ceux qui osent critiquer l'islam politique. Décidément, l'islamisme a trouvé ses idiots utiles et le féminisme, ses fossoyeurs.

La correspondance entre la porte-parole de Présence musulmane et l'ancienne responsable de projets du CIC m'a été révélée à la suite de la publication, le 11 mai 2009, d'une lettre ouverte que j'ai intitulée « J'accuse la FFQ de trahir le combat des femmes[14] ». Mais le 9 mai 2009, nous n'en étions pas encore là.

Le débat sur le port des signes religieux a très vite glissé vers un autre débat: celui du port du voile islamique dans les institutions publiques. C'est ainsi que le « maudit torchon » a éclipsé tous les autres symboles. Car, à vrai dire, s'agissant des femmes, il est bien rare que les cornettes fassent les manchettes. Leur évocation ne soulève guère de ferveur. Et, s'il y a un sujet qui retient toute l'attention, fige l'opinion publique et braque les

14. Djemila Benhabib, « J'accuse la FFQ de trahir le combat des femmes », dans *Le Devoir* et *La Presse*, ainsi que dans plusieurs autres quotidiens sous différents titres, le 12 mai 2009. À préciser qu'après la publication par Sisyphe.org de cette contribution, par ailleurs très largement diffusée d'un bout à l'autre du Québec, Présence musulmane a mis en demeure le site de publier sa réplique à mon texte. Grossière tentative d'intimidation qui n'a pas échappé aux deux éditrices Micheline Carrier et Élaine Audet, qui ont écrit: « Nous voulons dire au groupe Présence musulmane Montréal et à tous ceux et celles qui seraient tentés de l'imiter que nous n'acceptons pas les tentatives d'intimidation, ni les leçons sur la responsabilité. Des menaces à peine voilées exprimées sous cette forme: "Comme vous êtes les éditrices de Sisyphe.org, vous n'êtes pas sans savoir également que vous pouvez être tenues responsables des propos rapportés sur votre site", ne nous empêcheront pas de soutenir Djemila Benhabib, qui a exercé sa liberté d'expression en publiant cet article sur Sisyphe. » Il va sans dire que je suis immensément reconnaissante à Micheline et Élaine de m'avoir publiquement soutenue. ‹http://sisyphe.org/spip.php?article3302›

Québécois[15], c'est bien celui de ce bout de tissu, la rampe de lancement de Khomeiny, que mes consœurs iraniennes qualifient de *djahanam* (« l'enfer », en arabe et en persan). En fin de journée, la FFQ émettait un communiqué de presse pour expliquer sa position, qu'elle résumait ainsi : « ni obligation religieuse, ni interdiction étatique[16] ». Si la traduction de la deuxième partie de l'énoncé pouvait se mesurer en gestes très concrets, c'est-à-dire des pressions sur le gouvernement libéral pour qu'il ne tienne pas compte de l'avis du CSF, on ne pouvait pas en dire autant de la première partie qui s'adressait directement aux chefs religieux. En effet, nul ne pouvait débroussailler la première partie de cette énigmatique proposition. Les conditions de son application n'avaient rien d'évident et celles qui se demandaient quelle serait son incidence sur la vie de millions de femmes contraintes de camoufler leurs corps dans des cercueils ambulants n'avaient pas grand-chose à se mettre sous la dent.

La FFQ allait-elle organiser des escapades à Téhéran, à Khartoum et à Riyad pour rencontrer des hommes enturbannés et leur demander de lâcher du lest ? Allait-elle mettre sur pied des milices pour organiser des descentes dans les mosquées traquant les imams zélés ? Allait-elle s'inviter dans les familles pour vérifier si derrière le voile de telle fille ou de telle femme se loge la névrose d'un père, d'un frère, d'un époux ou de toute une communauté ? À cet égard, la tâche est titanesque car, dans les pays musulmans, lorsqu'il est question du corps, du sexe et des cheveux des femmes, on ne badine pas. Rien n'est laissé au hasard. Tenez, sur les boîtes de thé iranien, même la Schéhérazade ressemble à un corbeau ! Sur les boîtes de couscous canadien du

---

15. Selon un sondage Angus Reid commandé par le quotidien montréalais *The Gazette* et effectué en mars 2010, 95 % des Québécois et 86 % des Canadiens se disent favorables à l'interdiction du voile intégral. Les Québécois ainsi que les Canadiens souhaitent que toute personne qui reçoit ou dispense des services de l'État le fasse à visage découvert.

16. Communiqué de presse du 9 mai 2009, disponible sur le site de la FFQ à l'adresse ‹http://www.ffq.qc.ca/2010/11/pour-en-finir-avec-la-position-de-la/›.

Choix du président, ce n'est guère mieux : un délicieux regard de femme voilée vous invite à déguster un délicieux couscous !

Si la première partie de l'énoncé de la fameuse proposition sonnait bien aux oreilles de quelques femmes, aux yeux de beaucoup d'autres elle s'effondrait comme un château de cartes. Que restait-il en définitive ? La deuxième partie... celle qui demandait au gouvernement de fermer les yeux sur le port des signes religieux. À ce propos, dans l'état actuel des choses, il y a un vide juridique. Rien n'oblige un fonctionnaire à se départir d'un signe religieux dans l'exercice de ses fonctions. Si l'on pousse le raisonnement un peu plus loin, nous pourrions aisément nous retrouver dans une cour de justice présidée par une juge en voile islamique[17], un avocat arborant une kippa ou un greffier portant un kirpan. Des témoins en burqa ne seraient pas exclus. J'oubliais les soutanes et les cornettes ! Offrons-leur une place de choix. Pourquoi ne pas leur accorder la tribune des journalistes ? Bienvenue au paradis terrestre des religieuses de tous poils !

Victimiser les musulmans et culpabiliser les Québécois

La bataille de l'acceptation du voile a atteint son apogée avec les audiences de la commission Bouchard-Taylor qui a servi de tremplin extraordinaire aux islamistes pour travailler l'opinion

17. Lors des audiences de la commission Bouchard-Taylor, cet aspect a été soulevé, notamment à Québec. « Au regard du port du hidjab ou de tout autre signe religieux, le Centre culturel islamique de Québec (CCIQ) est d'avis que "priver la femme de faire un choix d'habit sous prétexte de laïcité ou autres, représente une forme d'oppression". Répondant à une question de Gérard Bouchard, Mme Benjelloun estime que les musulmanes, même dans une fonction gouvernementale ou comme juges, devraient pouvoir porter le foulard. C'est un choix librement consenti, a-t-elle soutenu. "Juridiquement parlant, il n'existe pas à notre connaissance de normes établies d'habillement", a fait valoir Mme Benjelloun, qui prône une laïcité "ouverte" permettant "l'indissociable expression de foi aussi bien dans la sphère privée que dans le domaine public". » Robert Dutrisac, « Commission Bouchard-Taylor – Les musulmans de Québec se plaignent de discrimination », *Le Devoir*, 30 octobre 2007.

publique. Le discours porté principalement par des femmes voilées, universitaires et politisées, consistait à victimiser les musulmans et à culpabiliser les Québécois. Pour ceux qui militaient activement en faveur d'un Québec plus réceptif aux revendications islamistes, les élites multiculturalistes et tiers-mondistes allaient être d'un grand secours. Des philosophes, des sociologues et des historiens ainsi que bon nombre d'universitaires et de militants altermondialistes se sont mis de la partie pour offrir une légitimité inespérée à tous ceux qui rêvaient d'en découdre avec le modèle québécois pour le noyer dans un conglomérat canadien, plus favorable aux particularismes ethniques et religieux.

C'est dans cette optique que le modèle d'intégration français a constamment été critiqué, dénoncé et cloué au pilori par de nombreux islamistes qui venaient exprimer, en public, leur détestation viscérale de la France coupable de tous les maux. Il ne fallait surtout pas être naïf. C'était l'héritage de la IIIe République, c'est-à-dire la laïcité, qu'ils appelaient à liquider. Il nous fallut constater que la France des Lumières, objet de fixation des islamistes, ne trouva guère de défenseur chez nos deux commissaires. « Le problème du Québec, c'est que vous êtes colonisés par la France et que vous ne résistez pas assez aux idées des salons parisiens[18] ! » a vociféré Tariq Ramadan lors d'une conférence à l'Université de Montréal en 2009.

Lorsqu'une soldate de Ramadan se cache derrière Simone de Beauvoir

Leila Bdeir, porte-parole de Présence musulmane, n'est pas une simple adhérente à la FFQ. Avec les années, elle a pris du galon et elle intervient régulièrement dans le dossier des femmes immigrantes en qualité de membre du comité des femmes des communautés culturelles. Le 16 septembre 2010, dans le cadre

18. Nathalie Petrowski, « Tariq le terrible », *La Presse*, 10 novembre 2009.

de la 3e année d'action de la Marche mondiale des femmes (MMF), elle partageait la tribune avec Alexa Conradi, l'actuelle présidente de la FFQ et membre fondatrice de QS, alors que quelques années auparavant elle intervenait aux côtés de Michèle Asselin, l'ancienne présidente.

Le 19 septembre 2008, Leila Bdeir est conviée à une soirée organisée par la FFQ sous le titre « Engagement féministe et pratique religieuse sont-ils conciliables ? » pour aborder une thématique qui lui est très chère : « Féministe et musulmane ». À vrai dire, il s'agissait d'une bouillabaisse indigeste à saveur ramadanienne qui prétendait que l'essentiel pour une femme résidait dans « sa capacité de s'autodéfinir », qu'« il n'y a pas un seul féminisme » et que « vouloir imposer à une femme les conditions de son émancipation revient à l'emprisonner à nouveau ». C'étaient là, mot pour mot, des paroles déjà tenues à maintes reprises par Ramadan[19]. Cependant, en public, pas question de citer ce dernier. Chaque fois que Leila Bdeir prend la parole, elle tait le nom de son mentor. Cette habituée des cercles de réflexion n'évoque jamais son maître à penser. Friande de Simone de Beauvoir qu'elle cite à profusion, elle ne laisse rien transparaître de son allégeance au prédicateur genevois. Car elle sait qu'en définitive, il est toujours « politiquement rentable » d'exprimer son admiration pour Beauvoir qu'elle a découverte à l'âge de 25 ans et qui, dit-elle, a changé sa vie. Celle qui a quitté son Liban natal à l'âge d'un an en 1976 pour s'installer au Québec avec sa famille raconte : « Pour la première fois, j'avais accès à des mots pour exprimer ce que je ressentais depuis mon enfance : que les rapports entre les hommes et les femmes tels que je les avais connus

---

19. « Il faudra promouvoir la "féminité islamique", en englobant tous les aspects de la question : la dignité et l'autonomie de l'être féminin, l'égalité en droit, la complémentarité par nature. Cette féminité islamique devra déterminer une certaine façon d'être, de se sentir femme devant Dieu et parmi les êtres humains : spirituellement, socialement, politiquement, et culturellement. Libres, autonomes et engagées comme l'exigent les Textes et doivent le garantir les sociétés. » ‹http://www.tariqramadan.com/Naissance-d-un-feminisme-musulman.html›

n'étaient pas des rapports d'égalité et que les femmes sont victimes d'énormes injustices[20]. »

Leila Bdeir s'accroche au *Deuxième sexe* exactement de la même façon que Tariq Ramadan puise dans Marx et Nietzsche. Si celui-ci possède un doctorat sur Nietzsche et une maîtrise de lettres en philosophie et littérature française, sa soldate montréalaise est détentrice d'une maîtrise en science politique avec une concentration en études féministes. Elle a travaillé pendant quelques années pour l'Institut pour la solidarité internationale des femmes (ISIF) / Sisterhood Is Global Institute, un lobby féministe anglophone dirigé à Montréal par Greta Hofmann Nemiroff qui a publié une contribution dans laquelle elle appuyait la FFQ, dénonçait « la xénophobie institutionnalisée » et « la laïcité autoritaire » et défendait les incontournables « droit inaliénable à l'auto-expression » et « droit à l'auto-définition[21] ».

La soirée de l'automne 2008 consacrée au féminisme et à la liberté religieuse était aussi une bonne occasion d'aborder la question de la laïcité (comprendre par là la laïcité « ouverte »). Cette partie a, en effet, été développée par Solange Lefebvre, professeure à l'Université de Montréal, titulaire de la chaire Religion, culture et société et membre du comité-conseil de la commission Bouchard-Taylor.

Au pilori le Conseil du statut de la femme !

Le 29 novembre 2007, Leila Bdeir a témoigné à la commission Bouchard-Taylor. Ce jour-là, elle fut bien bavarde et fort convaincante. S'adressant aux deux commissaires, elle a vertement critiqué la position du Conseil du statut de la femme (CSF) qui demandait au gouvernement du Québec de restreindre la liberté religieuse lorsqu'elle contrevenait à l'égalité entre les

20. ‹http://www.presencemusulmane.org/publication_view.php?id=33›

21. « Le port des signes religieux ostentatoires dans la fonction publique : le débat continue... », par Greta Hofmann Nemiroff, ‹http://cybersolidaires.typepad.com/ameriques/2009/05/voile.html›.

hommes et les femmes. La journaliste Laura-Julie Perreault a rapporté ses propos : « Jamais je ne pensais qu'au nom du féminisme, on bafouerait le droit à la religion. Je ne vois pas pourquoi on pense qu'on doit limiter les droits à la liberté de religion pour assurer l'égalité entre les sexes[22]. »

En France, les islamistes ont utilisé exactement la même tactique pour attaquer la loi interdisant le port de signes religieux à l'école. Hani Ramadan, directeur du Centre islamique de Genève, a fustigé la montée de l'« islamophobie » et considérait que la loi représentait un crime, car « l'identité française ne devrait jamais exclure de sa sphère la femme qui porte le voile[23] ».

Les islamistes sont très forts en rhétorique, surtout lorsqu'il s'agit d'inverser le sens des faits et le sens de l'histoire. Le voile ne serait plus la marque de la soumission et de l'asservissement de millions de femmes dans le monde. La barbarie ne serait plus l'affaire des régimes islamistes, ce sont le Québec et la France qui sont assimilés à des « tyrannies » broyeuses de la liberté de conscience. C'est notre société qui est prise d'un vertige répressif antimusulman, coupable d'organiser le dévoilement forcé des musulmanes. Le Conseil du statut de la femme, qui a mené un combat sans faille pour défendre la dignité des femmes, est ainsi présenté comme une vulgaire entité de répression des libertés. Pourquoi cette déferlante ? Quelle monstrueuse erreur du CSF justifie un tel procès ?

Estimant que la laïcisation de l'État a favorisé l'égalité entre les sexes en tant que valeur collective au Québec, le Conseil a fait quelques recommandations, entre autres « [q]ue les représentantes et les représentants ou les fonctionnaires de l'État ne puissent arborer ni manifester des signes religieux ostentatoires, c'est-à-dire très visibles dans le cadre de leur travail[24] ». Cette

22. Laura-Julie Perreault, « Des musulmanes critiquent le Conseil du statut de la femme », *La Presse*, 30 novembre 2007.

23. J. D., « Un nouveau féminisme est né », *Marianne*, 24 avril 2007.

24. Consulter le résumé de l'avis du CSF intitulé *Droit à l'égalité entre les femmes et les hommes et liberté religieuse*, 2007, p. 19 : ‹http://www.accommodements.qc.ca/documentation/memoires/A-N-Montreal/conseil-du-statut-de-la-femme.pdf›.

recommandation donnait suite au constat que la neutralité de l'État est une valeur commune, partagée par l'ensemble de la population. Pour arriver à ses conclusions, le CSF a organisé à Montréal en juillet 2007 deux groupes de discussion sur la diversité religieuse avec des femmes d'origine musulmane et originaires de plusieurs pays. L'animation ainsi que la sélection des participantes avaient été confiées à Yasmina Chouakri. Le compte rendu des rencontres mentionnait que « [t]outes les participantes ont déclaré aimer vivre au Québec. Les principales raisons citées à l'appui de cette affirmation étaient la liberté, l'égalité entre les sexes et les droits des femmes, avec en corollaire des conditions de vie favorables à une meilleure santé psychologique pour ces dernières. Ces facteurs sont à la base de leur motivation de demeurer au Québec[25] ».

Dans l'article de Laura-Julie Perreault cité ci-dessus, celle-ci rappelait qu'« [a]près la présentation de Présence musulmane, l'historien et sociologue Gérard Bouchard a avancé que son collègue Charles Taylor et lui voient s'imposer, depuis le début des travaux, un féminisme nouveau genre, en réaction au féminisme traditionnel[26] ». Le féminisme islamiste taillé sur mesure par Tariq Ramadan[27], conceptualisé par ses soins dès le début des

25. *Ibid.*, annexe II, p. 144.

26. Laura-Julie Perreault, « Des musulmanes critiquent le Conseil du statut de la femme », *La Presse*, 30 novembre 2007.

27. « Lorsque nous avons pour la première fois nommé ce mouvement "féminisme islamique", beaucoup de musulmans nous l'ont reproché et certains de nos interlocuteurs non musulmans n'étaient pas convaincus [1] : l'observation du terrain, aux États-Unis comme en Europe, comme d'ailleurs dans le monde musulman, de l'Afrique à l'Asie, en passant par le Moyen-Orient et l'Iran, montre qu'un mouvement est en marche, lequel exprime clairement le renouveau de la place de la femme dans les sociétés islamiques et une libération qui revendique sa totale fidélité aux principes de l'islam. Engagées dans un mouvement dans et par l'islam, elles promeuvent un "féminisme islamique" qui ne signifie pas l'acceptation sans regard critique de toutes les modes et de toutes les façons d'être des autres femmes d'Occident. Si elles se battent pour la reconnaissance de leur statut, pour l'égalité, le droit au travail, à l'égalité des salaires, etc., cela ne veut pas dire qu'elles désirent s'éloigner des exigences de leur foi ou les oublier. [...] », 29 juillet 2009, ‹http://www.tariqramadan.com/Naissance-d-un-feminisme-musulman.html›.

années 2000, et repris par les deux commissaires, n'est en fait qu'une façon de discréditer le combat des femmes dans le monde et de dénaturer le féminisme.

Et Tariq Ramadan, que dit-il ?

Dans une entrevue à l'émission *Enjeux*, en 2007, lorsqu'Alain Gravel demande à Tariq Ramadan sa position sur le voile islamique, ce dernier répond : « Il est interdit islamiquement d'imposer à une femme de porter le foulard et il est interdit de lui imposer de l'enlever[28]. » Bizarrement, cela sonne exactement comme la résolution de la FFQ : « ni obligation, ni interdiction ». Quelle drôle de coïncidence !

« Est-ce que vous le favorisez ? » insiste le journaliste. Ce à quoi Ramadan rétorque : « C'est une prescription islamique, 99,99 % des savants le prescrivent. » « Alors, vous l'encouragez », conclut Gravel. Et Ramadan se fâche et lui reproche de sauter aux conclusions trop vite. Malaise… Si l'attitude de Ramadan était réellement neutre à l'égard du voile, pourquoi alors sa femme, une catholique franco-suisse convertie à l'islam depuis leur mariage en 1986, porte-t-elle le voile islamique, tout comme sa fille d'ailleurs ?

Pour Ramadan, *il est islamiquement obligatoire de voiler les femmes comme il est islamiquement obligatoire de les lapider*[29]. Celui qui ne cesse de réitérer l'importance d'une « recontextualisation » des textes coraniques dans la réalité contemporaine, par opposition aux littéralistes (fondamentalistes), reste arc-bouté au

28. ‹http://www.radio-canada.ca/audio-video/pop.shtml#urlMedia%3D/Medianet/2007/CBFT/Enjeux200702212142.asx&promo%3DZAPmedia_Enjeux›

29. On se rappellera cette déclaration incendiaire qu'il a faite, à l'automne 2003, dans un duel télévisé avec Nicolas Sarkozy, ministre de l'Intérieur, qui demandait un moratoire sur la lapidation des femmes. Position qu'il a d'ailleurs réitérée lors d'une conférence à Montréal en mai 2004. Il est vrai que sur cette question, son frère, Hani, avait affiché une détermination encore plus radicale que la sienne.

Moyen Âge et ne se réfère jamais aux réformistes musulmans qui ont prescrit l'abandon total du voile islamique, une position que continuent d'ailleurs de défendre quelques imams modernistes au péril de leur vie.

Ce passage de Ramadan au Canada coïncidait avec le débat sur les accommodements raisonnables. Dans ce contexte, Alain Gravel lui demande si c'est à la société canadienne ou québécoise de s'adapter, ou si c'est aux nouveaux arrivants de le faire. « Il faut appliquer égalitairement la loi », répond Ramadan avant d'ajouter : « Mais attention, si le Canada accepte au nom de ses peurs d'établir de façon discriminatoire l'application de ses lois, c'est le Canada qui est en danger et l'avenir pluriel du Canada qui est en danger, il ne faut pas que des perceptions permettent des discriminations sinon nous sommes tous perdus. » Ramadan a ainsi une façon particulière de cracher du feu, en douce. Il est toujours ainsi. Bien que mielleux la plupart du temps, il lui arrive de se transformer en monstre prédicateur et de lancer des avertissements.

Nathalie Petrowski, qui a assisté à une de ses conférences en novembre 2009, explique bien ce processus de transformation : « Puis, haussant le volume de sa voix et adoptant un ton fiévreux, Tariq Ramadan s'est transformé en prédicateur sous mes yeux. Il a vanté les vertus de la pudeur vestimentaire pour mieux dénoncer la vulgarité des sociétés occidentales avec leur consommation à outrance et leur sexe à gogo. On doit réformer la société dans laquelle on vit, a-t-il martelé avant d'exhorter ses auditeurs à ne jamais, jamais devenir des musulmans invisibles mais au contraire à s'assumer ouvertement avec leurs femmes voilées et leurs pauses prières à tout bout de champ[30]. » C'est ce refus de l'invisibilité qui caractérise la démarche de ses soldates. L'obsession de se rendre visible, de se démarquer du reste de la société à tout moment, quels que soient le lieu et le contexte, cache un

30. Nathalie Petrowski, « Tariq le terrible », *La Presse*, 10 novembre 2009. ‹http://www.cyberpresse.ca/chroniqueurs/nathalie-petrowski/200911/10/01-920137-tariq-le-terrible.php›

militantisme outrageant qui vise à changer la nature des rapports entre les femmes et les hommes. N'est-ce pas là l'un des principes fondamentaux du prosélytisme ?

À une autre de ses conférences, en avril 2010, *Le Devoir* rapportait : « Il a invité son auditoire à "respecter les lois" québécoises et canadiennes, tout en refusant de se rendre "invisibles" comme musulmans. "En Suisse, il y a quatre minarets et 60 % de la population ont voté pour leur interdiction. C'est votre visibilité, leur problème", a-t-il analysé, en anglais. "Allez-vous ensuite changer de nom, ou de couleur de peau[31] ?" » a-t-il ajouté.

En Europe, éclaboussée par plusieurs de ses déclarations publiques, l'étoile de Ramadan a quelque peu pâli. Bien qu'il continue de bénéficier encore du large soutien de nombreux intellectuels de gauche et de journalistes, ses accointances avec le régime iranien ont révélé au grand jour ses véritables penchants idéologiques. Depuis avril 2008, il collabore à Press TV[32] en tant qu'animateur de l'émission *Islam and Life*, une émission sur la vie des musulmans en Occident. Or, cette chaîne anglophone est financée par le gouvernement iranien et son budget figure bel et bien dans le budget de l'État persan. Après une enquête touffue, le journal suisse *Le Temps*[33] rapportait que sa participation à la chaîne étatique du gouvernement de Mahmoud Ahmadinejad lui a valu une rupture du contrat qu'il avait comme conseiller à l'intégration auprès de la mairie de Rotterdam, poste qu'il occupait depuis 2007. La même enquête révélait que le rédacteur en chef du site Internet de la chaîne de télévision, Hassan Abdulrahman, responsable de plusieurs assassinats politiques en Iran dans les années 1980, était un proche du père de Ramadan qu'il a très bien connu.

31. Amélie Daoust-Boisvert, « De passage à Montréal – L'intellectuel Tariq Ramadan prône le respect des lois, mais l'affirmation musulmane », *Le Devoir*, 17 avril 2010

32. ‹http://www.presstv.ir›.

33. Stéphane Bussard, « Tariq Ramadan et l'Iran : quels liens ? », *Le Temps*, 2 février 2010.

Embrouilles chez les féministes

Lors des audiences de la commission Bouchard-Taylor, le 29 novembre 2007, la présidente de l'Association des femmes iraniennes de Montréal, Elahé Machouf, a plaidé en faveur du port des signes religieux dans la fonction publique. Cette ancienne infirmière à la retraite et représentante syndicale a déjà siégé au conseil d'administration de la FFQ pendant deux mandats. Active lors du débat sur les tribunaux islamiques, elle voyait leur instauration d'un très mauvais œil et a participé activement auprès de Homa Arjomand à faire avorter le projet en dénonçant l'intrusion des religieux dans la vie des musulmans et leur mainmise sur leurs communautés. « On n'a nul besoin d'institutionnaliser la médiation par des gens qui disent représenter les musulmans du Québec. Moi, je pense que leur objectif est de mettre un pied dans la porte et que ce n'est qu'un premier pas… La suite est à venir[34] ! », avait-elle déclaré.

Le 9 mai 2009, les craintes d'Elahé Machouf s'étaient-elles estompées ? Bien qu'elle ait demandé un report du vote pour que le débat puisse se poursuivre, sa proposition n'a pas été retenue. Et, lorsque le moment d'entériner la résolution est arrivé, elle s'est rangée du côté du conseil d'administration de la FFQ. Pour les deux Iraniennes membres de la même association qui l'accompagnaient, le désarroi était total. L'une d'elles s'était exprimée en matinée pour rappeler la tragique expérience des femmes de son pays et mettre en garde l'assistance contre toute banalisation du voile islamique. Malheureusement, son témoignage n'a pas du tout suscité l'intérêt qu'il méritait. De toute façon, la décision de la FFQ était déjà prise. Et ce, au mépris de l'extraordinaire lutte de toutes celles qui continuent de résister au péril de leur vie, en Iran et ailleurs, aux injonctions de l'islamisme.

Peu importe si le voile des unes dénude les autres. Peu importe si les femmes sont considérées comme des morceaux de pierre et

34. Mounia Chadi, « Pressions sur le Québec en faveur d'une cour islamique », *Le Devoir*, 11 décembre 2004.

de bois insensibles et incapables de penser. Peu importe que les femmes soient recluses sous des bâches et des tentes ambulantes, condamnées à l'invisibilité, interdites dans l'espace public. Peu importe que leur vie soit confinée dans des prisons portatives pour esclaves sexuelles. La ligne de pensée qui s'imposait, sous les yeux hébétés de quelques participantes, se désolidarisait totalement du combat des femmes iraniennes et algériennes, féministes et laïques, présentes dans la salle et qui appelaient au secours. La FFQ n'a rien voulu retenir de leurs paroles. Reprenant à son compte la seule analyse des islamistes, l'organisme a servi de marchepied à ces derniers, leur permettant ainsi de consolider leurs assises au sein de la gauche. Inutile de se demander pourquoi les deux femmes iraniennes, moi-même, ainsi que plusieurs autres avons quitté l'audience, la mine basse.

Quant à Elahé Machouf, il faut croire que sa loyauté envers la FFQ a eu raison de ses propres convictions. D'autant qu'étant membre de QS, un parti résolument en faveur de la laïcité « ouverte », elle ne pouvait qu'appuyer la résolution. En 2008, elle a défendu les couleurs de son parti dans la circonscription montréalaise de Nelligan. Bien qu'elle soit arrivée en queue du peloton, l'élection de son chef Amir Khadir dans Mercier la consola largement puisque ce dernier devint le premier candidat de cette jeune formation politique à être élu à l'Assemblée nationale. Ce candidat n'était nul autre que le mari de sa fille Nimâ Machouf.

Invitée à l'émission *24 heures en 60 minutes*, le 14 mai 2009, à commenter la prise de position de la FFQ avec Louise Beaudoin, députée du Parti Québécois, Françoise David a exprimé son malaise en disant : « Le débat est très mal parti parce qu'il y a cette semaine des accusations qui sont portées, je pense qu'il faut convenir que les féministes partagent les mêmes objectifs mais peuvent différencier d'opinion dans les stratégies. » Or, je le répète et j'insiste, lorsque j'ai accusé la FFQ dans une lettre ouverte aux journaux d'accointances avec les islamistes, ces accusations n'étaient ni gratuites ni fortuites. Mon geste était réfléchi et posé. Contrairement à ce que prétend David, les féministes n'ont pas divergé en raison de stratégies différentes. La fracture s'est faite d'abord et avant tout au niveau de l'analyse politique. En accordant un soutien sans nuance à la FFQ, QS préconisait la plus totale tolérance à l'égard du port du voile islamique dans nos institutions publiques, position que ne partagent absolument pas la grande majorité des femmes au Québec. Cette position induisait une radicale révision de ses principes fondateurs. De la conception d'un Québec fédéré autour de trois valeurs[35] :

i) la neutralité de nos institutions ;
ii) l'égalité entre les hommes et les femmes ;
iii) le fait français, la culture et l'identité québécoise.

QS préconisait un autre Québec :

i) perméable aux revendications politico-religieuses ;
ii) moins exigeant en matière d'égalité entre les hommes et les femmes ;
iii) et totalement ouvert aux principes du multiculturalisme.

Cet égarement politique était perceptible, encore une fois, dans les propos de la co-porte-parole de QS : « Ce n'est pas au voile que je veux m'en prendre, ni à la femme qui est derrière le voile parce qu'en fait on est en train de parler d'elle, on est en train de l'exclure, elle, de nos services publics, moi je veux m'en prendre à ceux qui veulent sa soumission, je veux m'en prendre aux dirigeants religieux, puis aux dirigeants politiques partout dans le monde qui se servent des religions pour asservir les femmes, mais je ne veux pas m'en prendre à ces femmes-là. » Cette indulgence à l'égard des femmes islamistes traduisait le degré de dépolitisation de la question de l'islamisme qui a mené

35. L'accent sur ces trois valeurs a été mis par Jean Charest, le premier ministre du Québec, qui, à l'occasion de la création de la commission Bouchard-Taylor, a insisté sur le caractère non négociable de ces trois valeurs comme fondement du vivre ensemble et de la cohésion sociale.

QS à des analyses erronées. Car il importe tout de même de rappeler ici que les femmes islamistes réunies le 9 mai 2009 à Québec étaient toutes politisées, militantes de lobbies islamistes connus et reconnus, dont celui de Tariq Ramadan. En d'autres mots, ces femmes contribuaient sciemment à l'avancée des thèses ramadaniennes. Le refus de voir ce qu'elles sont réellement, c'est-à-dire des soldates au service d'une idéologie fasciste, est une grave erreur de jugement et un reniement honteux de ses principes.

Des féministes au service des antiféministes

Les islamistes ont compris l'intérêt de mettre en avant des femmes pour mener des combats antiféministes. Cette stratégie, des intégristes chrétiens l'ont utilisée depuis longtemps. Caroline Fourest et Fiammetta Venner, qui ont travaillé sur les trois intégrismes (juif, chrétien et musulman), font remarquer qu'on retrouve systématiquement des militantes femmes dans les instances des nombreuses associations antiféministes et anti-avortement occidentales. « Claire Fontana, présidente de la Trêve de Dieu, l'une des associations anti-avortement les plus radicales en France n'a rien d'une simple femme au foyer : militante acharnée du retour des femmes à leur rôle de mère, elle a organisé une trentaine de commandos anti-IVG au cours des dix dernières années. [...] On retrouve le même paradoxe aux États-Unis où de nombreuses militantes de la Nouvelle Droite ont réussi à faire échouer l'amendement pour les droits égaux (ERA), prévu pour inscrire l'égalité des sexes dans la Constitution américaine à la fin des années 70[36]. »

Hasina Wajed, première ministre du Bangladesh, s'est signalée par son hostilité à l'héroïque écrivaine Taslima Nasreen au cours de l'atroce campagne menée contre cette dernière par les

36. Caroline Fourest et Fiammetta Venner, *Tirs croisés*, Le Livre de poche, 2008, p. 44-45.

intégristes. Pendant qu'on lançait des fatwas sous les fenêtres de Taslima, Hasina Wajed, obsédée par la conquête du pouvoir, s'alliait aux islamistes. Quant à Benazir Bhutto, la première ministre du Pakistan, elle a bien plus servi les talibans que fait avancer les droits des femmes dans son pays. Force est de reconnaître que les femmes ne constituent pas une entité homogène, elles sont traversées par des courants idéologiques antagoniques comme le sont toutes les catégories de la société. Il n'est pas rare, comme on vient de le voir, qu'elles choisissent de se mettre au service de groupes résolument patriarcaux. Le rôle des féministes n'est surtout pas de les conforter dans leurs prises de position, mais de les considérer comme des adversaires politiques et de les combattre sur le terrain des idées. Car ces femmes-là nuisent à l'émancipation de toutes les autres.

Mais, concrètement, que veut dire *s'en prendre aux dirigeants religieux puis aux dirigeants politiques partout dans le monde* ? Cela passe par quoi ? Il faut se demander, par exemple, si Tariq Ramadan est un chef politique qu'il faut combattre. Si la réponse est oui, il faudra bien qu'un jour on m'explique pourquoi sa porte-parole montréalaise se trouve au cœur des débats et des prises de position de la FFQ lorsqu'il est question des femmes immigrantes. Que l'on soit pour la lapidation des femmes ne serait qu'un détail ? Suffirait-il d'ânonner d'aimables bondieuseries pour faire oublier les dérives de ceux qui prêchent, prient, excommunient et tuent au nom d'Allah ? Suffit-il d'être bellâtre pour être moderne… ou réformiste ? Françoise David confond piété et intégrisme, islam et islamisme. Elle oublie que dans le monde arabe et musulman l'islamisme dénie à la moitié de l'humanité le droit d'exister. Quelle tristesse !

Pourquoi ne pas commencer à ouvrir les yeux sur la réalité de nombreuses femmes et jeunes filles qui subissent, au quotidien, les violences les plus abjectes, souvent dans l'indifférence et la solitude. Je ne fais pas seulement allusion aux femmes qui vivent ailleurs. Je vous parle de celles qui, ici chez nous, vivent dans le même pays que nous mais visiblement pas à la même époque.

Dans certains ghettos de Montréal, de Bruxelles ou de Paris, être femme n'est pas beaucoup mieux qu'être femme au Soudan, au Maroc ou au Pakistan. Et vivre en Occident n'est pas en soi un gage de liberté. On embastille les femmes ici comme ailleurs. On fait couler leur sang ici comme ailleurs.

Aqsa Parvez, cette magnifique adolescente âgée de 17 ans, n'a-t-elle pas été étranglée par son père avec la complicité de son frère le 10 décembre 2007 à Toronto parce que ceux-ci jugeaient son mode de vie trop occidental ? N'était-il pas question de voile islamique ? La lecture du jugement donne froid dans le dos. Le document montre dans les détails l'impitoyable stratégie de contrôle qu'avait établie l'ensemble de la famille à l'égard de la plus jeune, allant même jusqu'à casser le mur qui séparait sa chambre du corridor. Le document révèle en effet l'acharnement déployé par chacun des membres de la famille pour imposer à la jeune fille le port du voile islamique. Il révèle sa résistance héroïque et aussi sa grande vulnérabilité[37]. L'une de ses amies a témoigné qu'« [e]n septembre 2007, Aqsa craignait pour sa sécurité et a quitté le domicile familial pour un refuge. Elle a accepté de rentrer chez elle, mais a continué de se plaindre du contrôle que sa famille exerçait sur sa vie[38] ». Le jour du meurtre, la mère a déclaré aux policiers que son mari avait tué sa fille parce qu'elle était une insulte pour la famille.

Nouténé Sidimé, une adolescente de 13 ans, studieuse et remplie de vie, n'aurait-elle pas été battue à mort par son père âgé de 71 ans, un architecte de renom, dans la région de Montréal, le 6 octobre 2010 ? Cependant, ce qui est encore plus troublant, c'est la sérénité de l'homme après avoir infligé à sa fille les pires sévices, comme le raconte une voisine : « C'était une scène horrible, une image que je ne parviens pas à me sortir de la tête. [...] La petite est sortie sur une civière, elle était complètement couverte de sang. Son père suivait derrière, menotté. Il était souriant.

37. ‹http://www.cbc.ca/canada/story/2010/06/16/parvez-sentence.html›
38. ‹http://www.radio-canada.ca/regions/Ontario/2010/06/16/006-parvez-prison-vie.shtml›

Ça m'a tellement traumatisée que je ne suis plus capable de dormir ni de manger[39]. » Ce n'est pas tout. Le lendemain, alors que l'homme comparaissait en cour, l'un de ses neveux, Mamoudou Kaba, est venu faire son éloge en le décrivant comme la « pierre angulaire » de la famille: « Oncle Moussa a sacrifié une retraite confortable pour permettre à ses enfants de se préparer un meilleur avenir au Canada. Il a toujours contribué de façon positive à la société[40]. » Quelques jours plus tard, une pétition circulait sur Internet au nom de la communauté guinéenne pour demander la libération de Moussa Sidimé. « Nous soussignés offrons notre appui absolu à El Hadj Moussa Sidimé qui s'est efficacement montré lui-même être infatigable et dévoué à la cause tant de sa famille immédiate que de sa famille élargie. El Hadj Moussa Sidimé fait preuve de la vraie compréhension de son rôle d'affectueux et bienveillant mari, père et citoyen. Par conséquent nous demandons respectueusement qu'il soit libéré et retourné à sa famille et à sa communauté[41]. »

Non, la capitulation n'est pas une option!

Pour QS, les courants réactionnaires dans les communautés immigrantes ne méritent pas d'être dénoncés. Selon sa perception, un immigrant est par définition une « victime », une « sœur », un « frère », qu'on doit défendre quels que soient le contexte et les circonstances. Mais que faire lorsque la victime se transforme en bourreau? À en juger par les propos de Françoise David: « Qui suis-je, moi, comme féministe, pour dire à mes sœurs: tu dois ou non porter le voile? Est-ce que je vais aussi

39. Daphné Cameron, « Drame à Longueuil: un père aurait battu sa fille à mort », *La Presse*, 11 octobre 2010.
40. Caroline Touzin et Hugo Meunier, « Mort de la jeune Nouténé: le père revient en cour », *La Presse*, 12 octobre 2010.
41. ‹http://www.ipetitions.com/petition/moussasidime/›

interdire à une religieuse de porter une croix[42] ? », il n'y a pas grand-chose à faire. Seule la démission et la capitulation semblent acceptables.

Cet égarement idéologique caractérise bien la pensée de David et remonte constamment à la surface lorsqu'il s'agit de prendre *position* par rapport à *l'islam politique.* Décidément, noyer les véritables enjeux et renvoyer constamment dos à dos les voiles islamiques et les croix chrétiennes devient une fâcheuse manie, une façon de dire que chacun a ses « usages » et que nous avons les « nôtres » et qu'ils ont les « leurs » comme si ces deux manifestations s'annulaient mutuellement. Où est le problème? Françoise David oublie un détail... Parmi celles qu'elle considère comme des « sœurs » et qu'elle ne veut pour rien au monde offenser, il y en a qui sont au service d'une idéologie totalitaire, responsable de l'oppression de millions de femmes dans les sociétés arabo-musulmanes et de l'enfermement, en Occident, de jeunes filles telles qu'Aqsa Parvez. Dans cette optique, la naïveté n'est pas de mise, la lâcheté n'est pas une option.

Contrairement à ce que préconise la co-chef de QS, il faut sévir non seulement contre les dirigeants et les imams, mais également contre le père, le frère, l'oncle, la mère, la sœur et tous les membres de la communauté, petits et grands, qui encouragent la barbarie à l'égard des filles et des femmes. L'éditorialiste Ariane Krol avait raison de faire remarquer que « [b]ien peu de ces leaders [religieux] se lèvent pour dénoncer la barbarie de ces crimes. Un silence dangereux, qui donne l'impression qu'ils les cautionnent. Et que leur communauté, voire même l'ensemble des musulmans, les cautionnent également. Ce n'est pas le cas? Nous sommes bien prêts à le croire. Mais qu'ils se donnent la peine de le dire, haut et fort[43]. » Certes, le niveau de responsabilité de chacun est proportionnel à la fonction qu'il occupe dans

---

42. Robert Dutrisac, « Solidaires du rapport Bouchard-Taylor. Françoise David et Amir Khadir sont favorables au port du voile islamique par certains employés de l'État », *Le Devoir*, 27 mai 2008.
43. Ariane Krol, « Contrer les crimes d'honneur », *La Presse*, 17 juillet 2010.

la famille et dans la société. Mais il n'en demeure pas moins que chacun a une part de responsabilité dans la perpétuation des mécanismes de violence à l'égard des femmes. C'est en cela qu'il est absolument indispensable d'envoyer un message clair, sans équivoque, à tous ceux et celles qui seraient encore tentés de porter atteinte à la dignité des femmes.

Combien sont-elles, ces jeunes filles d'origine musulmane qui ont déjà rompu avec cette vision archaïque que leur impose l'islam ? Ce sont elles qu'il faut aider au lieu de prendre autant de précautions avec les intégristes ! Ne soyons pas dupes, le voile islamique est l'arbre qui cache la forêt. Ce n'est que le début d'une longue et infernale liste de revendications qui visent à faire reculer les droits des femmes et la laïcité et, *a contrario*, à faire avancer le communautarisme.

Dans ce débat qui opposait Louise Beaudoin à Françoise David, il y avait un vrai clivage, un décalage entre deux féministes dont l'une ne voulait pas admettre que la société québécoise, dans son grand ensemble, avait évolué en raison de l'héritage de la Révolution tranquille qui avait permis d'amorcer un virage extraordinaire. Pour Françoise David — qui répétait que « si jamais il fallait passer une loi pour interdire les signes religieux dans la fonction publique et les services publics ce seront probablement les catholiques du Québec qui protesteront parce qu'on leur interdira de porter une croix très visible qui réfère à une Église très patriarcale qui a asservi les femmes et qui domine les femmes depuis des siècles. On n'en sort pas » — les seuls obstacles à l'émancipation des femmes seraient constitués de catholiques obtus et réfractaires. Le clivage méritait, en effet, qu'on en débatte. Le débat a rebondi jusqu'à l'Assemblée nationale.

Une députée voilée propulsée au parlement de Bruxelles, pourquoi pas ailleurs en Occident ?

Le 23 juin 2009, le parlement régional bruxellois accueille une nouvelle députée sous les crépitements des appareils photo venus du monde entier: Mahinur Ozdémir, âgée de 26 ans, dont le visage est soigneusement encadré par un foulard bleu vert bariolé de jaune. La cadette du parlement, née à Bruxelles de parents commerçants turcs, a été élue sous la bannière du Centre démocrate humaniste (CDH, parti francophone de gauche), la nouvelle mouture du Parti social-chrétien (PSC), dirigé par Joëlle Milquet. Celle qui a assidûment fréquenté des organisations communautaires turques de son quartier avant de s'engager en politique active est propulsée en haut de l'affiche d'un parti prônant cinq Révolutions humanistes[44] pour la prochaine législature, tant au niveau européen qu'aux niveaux national et régional.

Au parlement, Mahinur Ozdémir prête serment, jure d'observer la Constitution et lève les yeux vers les gradins du public pour échanger un large sourire avec sa famille venue la soutenir et l'applaudir. Et dire qu'elle n'aurait jamais pu siéger au parlement turc en portant le voile[45] ! Lors d'une entrevue, la diplômée en sciences politiques a expliqué qu'elle avait renoncé à faire une carrière en droit car elle ne pouvait plaider drapée du voile islamique qui ne la quitte plus depuis l'âge de 14 ans. Ozdémir est née et a grandi dans la commune de Schaerbeek, dans le nord-est de l'agglomération bruxelloise où il n'est pas rare de croiser des femmes voilées. Vendredi, jour du marché, elles sont même majoritaires dans les rues. Dans les communes de Molenbeek, Saint Jean, Saint Josse et Anderlecht[46], situées dans le nord-ouest

44. ‹http://www.lecdh.be/nous-et-vous/nos-idees›

45. En 2008, le Parti de la Justice et du Développement (AKP) au pouvoir depuis 2002 a essayé de lever l'interdiction du port du voile islamique à l'université, mais il a été rabroué par la Cour constitutionnelle turque, qui jugea l'initiative contraire au principe de laïcité. Plus d'une vingtaine de recteurs proches du mouvement islamiste ont été nommés à l'automne 2008 et un recteur qui s'était farouchement opposé au voile islamique a été poussé à la porte. La Cour s'était déjà prononcée, à deux reprises dans le passé, contre le port du voile islamique dans les universités. L'interdiction de se couvrir la tête sur le campus avait aussi été maintenue par le Conseil d'État turc et la Cour européenne des droits de l'homme.

46. Lorsque les immigrés originaires du Maroc ont été invités sur le territoire belge dans les années 1960, les loyers y étaient les plus abordables, et la proximité du lieu de travail était pratique.

de l'agglomération bruxelloise, les mêmes scènes se répètent. Selon l'estimation du sociologue Jan Hertogen, 22 % des Bruxellois sont musulmans, originaires essentiellement du Maroc (70 %) et de la Turquie (20 %)[47].

En Turquie, pour les islamistes au pouvoir, la députée belge est une véritable star. Le 30 juillet 2010 à Istanbul, le jour de ses noces, tout le gratin politique de l'establishment islamiste se bousculait pour poser à ses côtés, du premier ministre, Recep Tayyip Erdogan[48], aux nombreux dignitaires du Parti de la justice et du développement (AKP, parti gouvernemental islamo-conservateur), sans oublier ceux du Parti d'action nationaliste (extrême droite turque). Si le jeune marié, Rahmi Göktas, attaché parlementaire d'une députée de l'AKP, avait opté pour un smoking, Ozdémir, elle, était toujours voilée, de blanc pour la circonstance. Après ce mariage fort couru, les deux tourtereaux ont mis les voiles… sur les Maldives.

Pour Viviane Teitelbaum, fervente féministe du Mouvement réformateur (MR, un parti francophone de centre droit) qui siège au même parlement, c'est le malaise et la consternation. Pour celle qui participe au groupe de travail sur l'interculturalité et préside le Conseil des femmes francophones de Belgique, c'est le début d'un long questionnement, une remise en cause profonde des largesses « démocratiques » attribuées à des individus peu enclins à respecter les droits des femmes. Cette réflexion a abouti à une publication, fort pertinente, sur le voile islamique en Europe[49]. Car, aussi bien en France, avec la candidature aux élections régionales de 2010 de Ilham Moussaïd[50], une jeune étudiante voilée de 22 ans, sur la liste du Nouveau Parti anticapitaliste (ancien parti trotskiste dirigé par Olivier Besancenot),

47. Cité dans Ricardo Gutierrez, « La Belgique compte 623 780 musulmans », *Le Soir*, 17 novembre 2010.
48. ‹http://parlemento.wordpress.com/2010/08/11/le-premier-ministre-turc-au-mariage-de-la-deputee-voilee-du-cdh/›
49. Viviane Teitelbaum, *Quand l'Europe se voile*, La Muette, 2010.
50. Sophie de Ravinel, « Le NPA présente une candidate voilée », *Le Figaro*, 3 février 2010.

qu'au Danemark avec celle de Asmaa Abdol-Hamid[51], la première présentatrice de télévision voilée, défendant les couleurs de l'Alliance rouge et verte (parti de gauche) aux élections législatives de 2007, les candidatures de femmes voilées ne font guère l'unanimité. En 2009, la jeune Danoise de 27 ans qui refuse de serrer la main des hommes a fait son entrée au conseil municipal d'Odense, troisième ville du royaume scandinave. Celle qui, en septembre 2005, a défendu les islamistes lors de l'affaire des caricatures de Mahomet dans le quotidien danois *Jyllands-Posten* est désormais promue dans l'arène politique danoise[52].

Quel rôle pour la gauche ?

La FFQ a décidé de s'allier aux soldates de Tariq Ramadan et, forcément, les conséquences sont terribles. L'organisme apparaît ainsi pour ce qu'il est devenu : une entité fragile et perméable à des thèses réactionnaires et antiféministes. Faut-il s'en inquiéter ? Assurément, sans l'ombre d'une hésitation. Je reste déconcertée de voir avec quelle facilité des militantes islamistes notoires ont fait leur nid dans cet organisme sous de nobles prétextes pour le détourner de sa mission première et pour l'éloigner des véritables enjeux, et cela avec la complicité de ses instances dirigeantes. Khadir et David se plaisent à jouer les redresseurs de tort et à demander, non sans raison, plus de transparence au gouvernement qui est soupçonné d'entretenir des liens troubles avec plusieurs secteurs de la finance et de l'industrie. Qu'en est-il au juste des liens de Québec solidaire avec Présence musulmane ? Pourquoi garder la mainmise sur la FFQ ?

Cette résolution qui visait à donner une visibilité aux femmes islamistes tout en l'enlevant à toutes les autres femmes va bien

51. Ian Traynor, « Feminist, socialist, devout Muslim : woman who has thrown Denmark into turmoil », *The Guardian*, 16 mai 2007.
52. « Danemark : première musulmane avec un foulard dans un conseil municipal », *Agence France Presse*, 22 avril 2009.

plus loin qu'une pitoyable entourloupe. Dans un Québec érodé par les injustices sociales, la gauche a une place à tenir: être le porte-voix des sans-voix. Or, le seul peuple qui trouve désormais grâce aux yeux de QS, ce n'est pas celui des ouvriers et des opprimés, c'est celui des « frères » et des « sœurs ». Et les seules femmes qui comptent pour la FFQ sont les « sœurs voilées ». L'intégration des femmes immigrantes a été la raison invoquée pour justifier cette prise de position pro-voile. Faut-il rappeler encore une fois qu'une véritable politique d'intégration implique une remise en cause effective de la ghettoïsation et de la logique d'apartheid social et, tout particulièrement, un rejet du communautarisme? Le voile islamique n'est en soi qu'un ghetto ambulant qui véhicule des valeurs de repli identitaire. S'il soulève autant de désapprobation dans notre société, ce n'est certainement pas parce que nous souffrons d'une montée de racisme soudaine à l'égard des musulmans, mais bel et bien en raison de son caractère profondément discriminatoire à l'égard des femmes et raciste par rapport à tous ceux qui n'appartiennent pas à l'Oumma. Et cela, nous ne pouvons l'accepter collectivement.

Je dois reconnaître aujourd'hui que des gens en qui j'avais mis tant d'espoirs sont à l'évidence de plus en plus éloignés de mes aspirations. Cette façon d'édulcorer la barbarie et d'abandonner à leur sort les victimes de l'islam politique est leur principal aveuglement idéologique. Les forces susceptibles de mener le combat contre l'islam politique, pour la liberté des femmes et la pleine intégration des immigrants ne se trouvaient pas nécessairement là où je le pensais. Heureusement qu'il y a encore toutes ces formidables énergies, d'un bout à l'autre du Québec et au-delà, qui continuent de porter ce combat avec dignité, courage et détermination.

Au demeurant, quand des militants de QS se déchaînent obsessionnellement et unilatéralement contre les laïcs, traités d'ayatollahs et d'intégristes de la laïcité, alors que jamais, en revanche, ne sont qualifiés de la sorte les vrais intégristes et ayatollahs qui poussent à la régression obscurantiste, quand une certaine gauche ne donne quasiment jamais la parole aux laïcs, aux féministes et aux démocrates arabes et musulmans, quand elle préfère partager sans gêne des tribunes avec des lobbies islamistes, des militants intégristes, j'aimerais savoir quels sont encore les idéaux qui animent ces gens. Il semble y avoir confusion dans ces milieux entre un esprit ouvert et un esprit vide!

La liberté de religion prime sur l'égalité entre les femmes et les hommes

Le fait que le principe des accommodements raisonnables[53] a fini par remettre frontalement en cause l'égalité entre les femmes et les hommes[54] nous montre à quel point les acquis des femmes

---

53. Notion juridique canadienne du droit du travail, instituée à l'origine en 1985 par la jurisprudence pour permettre aux employés souffrant d'une quelconque discrimination fondée sur le sexe, l'âge, le handicap et la religion d'avoir accès à un emploi et de l'exercer tout en bénéficiant de certains assouplissements. La notion a d'abord profité principalement aux personnes handicapées et aux victimes d'une discrimination basée sur la couleur ou l'âge avant d'être petit à petit détournée de son sens. En effet, elle a été abusivement utilisée par divers groupes religieux pour revendiquer des droits collectifs sans égard à l'espace public et aux valeurs québécoises.

54. En octobre 2006, des membres de la communauté hassidique ont demandé à la direction du YMCA de la rue du Parc à Montréal de givrer ses vitres pour soustraire ses adeptes qui se rendaient à la synagogue voisine à la tentation de regarder des femmes en « tenue légère ». La direction a obtempéré, ce qui a choqué les femmes qui fréquentaient le centre. À la suite de leurs protestations, la direction a décidé de revenir sur ses positions. Les vitres ont été enlevées. Bien que cet événement ne puisse être classé dans le registre des accommodements raisonnables, il n'en demeure pas moins qu'il est révélateur d'un état d'esprit ambiant véhiculé par le principe des accommodements. La communauté hassidique a été à l'origine d'une autre controverse qui a fait beaucoup de bruit. Une recommandation du Service de police de Montréal invitait les policières à s'effacer derrière leurs collègues masculins lorsqu'il était question de « traiter » avec des hommes hassidiques. Au début de l'année 2007, une demande semblable a également été formulée en direction de la Société de l'assurance automobile du Québec (SAAQ). Après beaucoup de bruit, cette dernière s'est tournée vers la Commission des droits de la personne et des droits de la jeunesse (CDPDJ), lui demandant d'examiner si sa politique d'accommodement, qui permet la discrimination sur le sexe,

sont encore fragiles. Il va sans dire qu'au Québec comme au Canada, *la liberté de religion est devenue un droit de religion.* Nous sommes forcés de constater à regret qu'*il y a en ce pays bel et bien une hiérarchie des droits fondamentaux et que l'égalité des sexes passe, très souvent, en dernière position.* C'est d'ailleurs le constat auquel sont parvenus des constitutionnalistes réunis à l'Université de Montréal (UdeM) le 5 novembre 2010 à l'occasion du cinquième congrès annuel de leur association. « Le discours politique laisse entendre qu'il n'y a pas de hiérarchie des droits, mais ce discours ne résiste pas à l'épreuve de l'analyse de la jurisprudence. Les décisions rendues tendent bien à accepter que certains droits, particulièrement les droits religieux, ont préséance sur d'autres[55] », a résumé Daniel Turp, professeur à la faculté de droit de l'UdeM et président de l'Association québécoise de droit constitutionnel. Louis-Philippe Lampron, doctorant à l'Université Laval, a fait remarquer également que les tribunaux canadiens, et la Cour suprême au premier chef, ont accordé dans leurs jugements une importance prépondérante aux libertés religieuses.

Au Canada, la personne qui invoque un précepte religieux pour obtenir un accommodement le fait sur la seule base de la sincérité de sa croyance, ce qui constitue un élément subjectif. « Il s'agit là d'une position dangereuse qui pourrait faciliter les revendications opportunistes ou frauduleuses[56] », estime le juriste José Woehrling. Le même malaise a également été exprimé par l'ancienne juge de la Cour suprême Claire L'Heureux-Dubé, qui a ouvertement critiqué les jugements rendus sur

---

était conforme à la Charte. Le 30 janvier 2009, la CDPDJ a jugé acceptables les pratiques de la SAAQ en raison des convictions religieuses sincères des demandeurs. Le gouvernement a même voulu étendre cette pratique à tout l'appareil gouvernemental en déposant le projet de loi 16 — ce qui soulevé un tollé général, forçant le gouvernement à le retirer.

55. Daniel Turp, « Les droits religieux prépondérants ? », *Journal Forum*, 8 novembre 2010.

56. ‹http://www.irpp.org/po/archive/sep07/woehrling.pdf›

la souccah[57] (2004) et le kirpan[58] (2006). Elle estime que ces raisonnements juridiques ont ouvert la porte à des accommodements « déraisonnables » en privilégiant des lectures fondamentalistes et rigoristes des religions. « Dans un pays où l'égalité des sexes a été conquise après une lutte acharnée depuis plus d'un siècle, lutte qui a abouti à l'enchâssement de l'article 15 de la Charte, et dans un monde où la Déclaration universelle [des droits de l'homme] en fait la pierre d'assise comme partie intégrante de la dignité humaine, je ne crois pas qu'un droit fondamental puisse être raisonnable s'il n'est pas compatible avec la

---

57. En 2002, dans l'affaire *Amselem c. Syndicat Northcrest,* la Cour d'appel du Québec a confirmé une décision de la Cour supérieure interdisant à des propriétaires de condos de luxe, au Sanctuaire du Mont-Royal, de construire une souccah sur leur balcon pendant la fête juive du Soukot. La décision était étayée par l'acte de copropriété qui stipule que toute construction ou décoration est interdite, y compris l'installation de sapins et de lumières. La fameuse cabane en bois ou en toile, sans toit, dans laquelle les dévots se réfugient pendant une période de huit jours à compter du coucher du soleil, est construite pour commémorer les conditions de vie difficiles après la fuite d'Égypte. En juin 2004, la Cour suprême jugea que cette interdiction brimait la liberté religieuse des juifs orthodoxes et qu'il fallait leur permettre d'ériger des souccahs sur leurs balcons. Les juges invoquèrent l'article 3 de la Charte des droits et libertés de la personne du Québec, qui garantit la liberté de religion. Ce droit de pratiquer sa religion, en plus de régir les rapports entre l'État et les individus, régit également les rapports entre les individus eux-mêmes (contrairement aux dispositions de la Charte canadienne des droits et libertés, qui ne régissent que les rapports entre l'État et les individus).

58. En 2002, la Cour supérieure a renversé la décision de la Commission scolaire Marguerite-Bourgeoys d'interdire à un élève sikh, Gurbaj Singh Multani, âgé de 12 ans, le port de son kirpan. Le conseil d'établissement s'y était opposé, voyant dans le kirpan une arme potentielle. Les parents de l'enfant ont proposé de placer le poignard dans une enveloppe de coton cousue, mais cette solution élaborée en accord avec la direction de l'école a été rejetée à l'unanimité par les commissaires. L'enfant a été retiré de l'école publique et est allé fréquenter une école privée anglophone, où son frère aîné étudiait déjà. En 2004, la Cour d'appel du Québec a donné raison à la commission scolaire. La décision a été annulée deux ans plus tard par une décision de la Cour suprême. Dans une décision unanime, les juges du plus haut tribunal au pays ont estimé que la prohibition absolue n'était ni logique ni raisonnable.

notion d'égalité[59]. » L'obligation de se conformer à un certain code religieux fondamentaliste passe pour louable et se voit ainsi encouragée. L'intégrisme, qui veut faire une norme sociale d'une certaine interprétation religieuse, est promu par nos institutions démocratiques. Comment, dès lors, faire en sorte que les demandes d'accommodement religieux ne remettent pas en cause les principes démocratiques ? Que faire lorsque c'est le plus haut tribunal du pays qui rabroue la Cour supérieure du Québec ? Terrible dilemme ! Heureusement, comme l'a fait remarquer l'ancienne bâtonnière du Barreau de Montréal Julie Latour, avec les jugements de la Cour suprême rendus dans les affaires *Bruker c. Marcovitz*[60] (2006) et de la colonie huttérite Wilson[61] (2009) on a vu une certaine évolution jurisprudentielle qui pourrait amener les juges à tenir de plus en plus compte du caractère neutre de l'État et à afficher une plus grande sensibilité pour les valeurs, les règles et les normes de vie communes. Le jugement rendu par la Cour supérieure de l'Ontario dans l'affaire de l'Église de l'Univers[62] (2010) reflète, en effet, cette tendance.

---

59. Hélène Buzzetti, « Les affaires du kirpan et de la souccah juive – La Cour suprême s'est trompée », *Le Devoir*, 9 novembre 2007.
60. Une affaire complexe de divorce religieux entre Stephanie Bruker et Jason Marcovitz qui s'étaient mariés dans une synagogue montréalaise en 1969. Le mari refusait d'accorder le *get*, divorce religieux juif, à son ex-épouse en invoquant sa liberté religieuse. En 2006, la Cour a réitéré que la liberté de religion peut être restreinte lorsqu'elle entre en conflit avec d'autres droits et intérêts publics importants tels la sécurité, l'ordre, la santé ou les mœurs publics ou les libertés et droits fondamentaux d'autrui.
61. En 2009, dans un jugement serré de 4 contre 3, la Cour suprême a débouté la communauté huttérite albertaine qui demandait à obtenir un permis de conduire sans photo, un accommodement que le gouvernement de l'Alberta consentait traditionnellement à lui accorder. « Donner suite à chacune de ces revendications religieuses pourrait nuire gravement à l'universalité de nombreux programmes réglementaires [...] au détriment de l'ensemble de la population », a écrit la juge en chef Beverley McLachlin, se prononçant pour la majorité.
62. En 2011, la Cour supérieure de l'Ontario a refusé le droit à ce groupe religieux qui considère que le cannabis est une substance sacrée qui rapproche ses adeptes de Dieu, de se soustraire, pour des raisons religieuses, à la

Ce n'est pas le principe des accommodements raisonnables ou celui de la liberté de religion (bien que je lui préfère la liberté de conscience) que je remets en cause, c'est le fait que la liberté de religion serve à légitimer des interprétations intégristes. Ce n'est pas la religion qui en est responsable mais bien le religieux, c'est-à-dire la manifestation de la religion dans l'espace public.

L'État n'a pas à prendre parti dans les débats religieux. Il doit afficher une stricte neutralité, ce qui implique qu'il ne doit favoriser aucune option spirituelle ou philosophique. Car, je le rappelle, la puissance publique doit défendre ce qui est commun à tous, ce que les religions ne peuvent pas incarner. Le Nous des croyants n'est pas un Nous citoyen car il exclut par définition tous ceux qui ne partagent pas la même foi. Le Nous citoyen, contrairement aux Nous des croyants, est un nous inclusif et universel.

Remettre l'égalité « sur les rails » à l'échelle nationale et internationale

Mais il ne faut pas s'y méprendre. La situation québécoise et canadienne couve un syndrome plus profond. À l'échelle internationale, le recul des droits des femmes est réel et constitue un enjeu déterminant au sein des Nations unies[63]. Depuis

---

loi réglementant certaines drogues et autres substances. Le groupe religieux prétend que Jésus fut enduit d'une huile sacrée contenant du cannabis. C'est la première fois qu'un tribunal canadien a été appelé à décider si la Charte des droits et libertés du Canada protège les pratiques illégales menées dans le cadre d'une religion.

63. Dès les premiers balbutiements de l'organe onusien en 1945, les divergences s'affichent. Trois ans plus tard, lorsque vient le moment d'adopter la Déclaration universelle des droits de l'homme, sur les 58 pays participant à l'assemblée générale des Nations unies à Paris, une dizaine d'États s'abstiennent. Parmi eux, l'Afrique du Sud réfute le droit à l'égalité sans distinction de race ou de naissance. Quelques pays du bloc de l'Est, dont l'URSS, ne veulent pas du principe d'universalité. Enfin, l'Arabie saoudite conteste l'égalité homme-femme.

la Conférence internationale sur la population et le développement[64] qui s'est tenue au Caire en 1994, on a vu naître une alliance entre le Vatican et des États musulmans remettant en cause les droits des femmes dans le seul but de réinscrire les religions dans le champ politique. Au cours des débats, chaque clause a été flanquée de modulations particulières telles que « selon la législation nationale » ou « selon les croyances », faisant apparaître, encore une fois, le clivage entre les pays laïques et sécularisés et les pays où les sphères politiques et religieuses interfèrent largement entre elles. Alors que Gro Bruntland, le premier ministre norvégien, a plaidé vigoureusement pour que l'accès des femmes à la santé et au planning familial devienne « un droit humain », le discours de Benazir Bhutto, chef du gouvernement pakistanais, était vague et sans ancrage dans la réalité des femmes de son pays. Pourtant, les problèmes que vivent les Pakistanaises mériteraient une attention accrue de leur gouvernement et des investissements massifs de la part de leur État.

Ce sont le plus souvent des régimes totalitaires, intégristes, dont les femmes sont les premières victimes, qui dressent l'implacable réquisitoire contre la contraception, la laïcité, la liberté d'expression et le droit au blasphème. Leur objectif : faire adopter de nouveaux droits de l'homme privilégiant des pratiques archaïques au détriment de la liberté des citoyens et de l'émancipation individuelle. La Commission des droits de l'homme des Nations unies, rebaptisée Conseil des droits de l'homme, en est venue à être présidée par la Libye et à voir siéger des représentants de la République islamique d'Iran. L'Arabie saoudite a gagné un siège au conseil d'administration d'ONU Femmes,

64. Quatorze mille participants venus de 182 pays se sont réunis en septembre pour établir une perspective internationale concernant la santé des femmes et la planification familiale. C'est sur ce thème surtout qu'ont porté les controverses morales et religieuses, après que le Vatican et les fondamentalistes musulmans eurent annoncé leur refus de voir la conférence se transformer en tribune en faveur de l'avortement. Le texte final précise qu'en aucun cas l'interruption volontaire de grossesse ne peut être encouragée comme méthode de planning familial.

une agence dédiée à la condition féminine, élection qu'avait qualifiée de « plaisanterie » l'Iranienne Shirin Ebadi, Prix Nobel de la paix.

Obnubilées par leurs seuls intérêts mercantiles, les démocraties occidentales sont de moins en moins dynamiques dans la défense des droits des femmes. Le 5 mars 2010, j'assistais à New York à la 54ᵉ réunion annuelle de la Commission de la condition de la femme de l'ONU, consacrée à la Revue globale de Beijing + 15[65], dont le but était de faire le bilan de l'avancée des droits des femmes. J'ai été frappée par la grande vulnérabilité des diplomaties occidentales face à celle de plusieurs pays islamistes. Malka Marcovich, auteure d'un essai remarquable intitulé *Les nations désunies. Comment l'ONU enterre les droits de l'homme*[66], explique tous les développements dans ce domaine depuis le début des années 1990. Bernice Dubois[67], une autre observatrice de la scène internationale, et ce, depuis cinquante ans, déléguée à Genève et à New York, confirme les analyses de Marcovich et se dit très préoccupée par le rôle passéiste que jouent les démocraties occidentales. Le 13 novembre 2009, lors de la journée « Femmes debout », organisée par Femmes solidaires et la Ligue du droit international des femmes au Sénat français, elles ont exprimé l'une et l'autre leurs plus vives inquiétudes quant à l'évolution des droits des femmes dans les prochaines années.

Constater et dénoncer ne suffisent pas. Agir d'une façon concrète et éclairée pour faire avancer les droits des femmes, ici comme ailleurs, est une nécessité absolue. Il importe de ne jamais oublier que les assises de cette fabuleuse aventure qu'est l'émancipation des femmes sont toujours aussi fragiles. Certains

---

65. Évaluation de la mise en œuvre du Programme d'action de Beijing, adopté à l'issue de la Conférence mondiale sur les femmes à Beijing en septembre 1995.
66. Malka Marcovich, *Les nations désunies. Comment l'ONU enterre les droits de l'homme*, Jacob-Duvernet, 2008.
67. Militante de longue date des droits humains et de la démocratie, elle est membre de la Coordination française pour le Lobby européen des femmes (CLEF).

veulent la freiner et la stopper alors que d'autres ne rêvent que de l'anéantir. Que l'on ne s'y trompe pas, c'est l'ensemble de la structure démocratique qui est en jeu. Des femmes de la section de la Montérégie ont voté contre la résolution de la FFQ. Elles étaient debout, le visage illuminé par le courage. Bien évidemment, je pense à elles en écrivant ce chapitre. Car elles font partie de ces pionnières, de cette minorité de femmes qui à travers l'histoire ont contribué à l'avancement de toutes les autres.

En vertu du droit international, notamment de la *Charte internationale des droits de l'homme*, de la *Convention relative aux droits de l'enfant* et de la *Convention sur l'élimination de toutes les formes de discrimination à l'égard des femmes*, le Canada a des obligations auxquelles il ne peut se soustraire. Les gouvernements fédéral et provinciaux ne peuvent adopter des lois ou des politiques qui ont directement ou indirectement un effet discriminatoire sur ses citoyens. Faut-il préciser aussi que l'avancée des femmes ne doit aucunement souffrir des clivages purement partisans entre gauche et droite ou entre souverainistes et fédéralistes ? Car l'avenir du monde et en particulier du Québec dépendra, en grande partie, du statut qu'on réservera aux femmes. Dans ce sens, la convergence des efforts de tous les démocrates sincères marquerait sûrement une différence et raviverait nos espoirs.

VIII.

En avant toute! Cap sur la « laïcité ouverte »

Depuis la sortie, au printemps 2008, du volumineux rapport issu de la Commission de consultation sur les pratiques d'accommodement reliées aux différences culturelles (CCPARDC), coécrit par ses deux coprésidents, le philosophe Charles Taylor et l'historien et sociologue Gérard Bouchard, le Québec est toujours confronté à des cas d'accommodement insolubles qui défrayent régulièrement la chronique. Les affaires les plus controversées sont celles qui ont trait à l'égalité entre les femmes et les hommes et celles reliées au système éducatif. Force est de reconnaître que la question de fond, celle de l'intrusion du religieux dans la sphère publique, dans un contexte international marqué par la montée des intégrismes religieux, n'a jamais été prise en considération par les commissaires et demeure, par conséquent, toujours en suspens.

Le débat a, tout de suite, glissé vers deux autres problématiques, à savoir l'immigration et les politiques d'intégration. Deux thématiques extrêmement intéressantes qui méritent toute notre attention, néanmoins, elles ont été utilisées pour évacuer l'essentiel et nourrir les amalgames les plus détestables entre « musulmans » et demandes d'« accommodements raisonnables ». C'est pourquoi nous sommes toujours à la veille d'une crise qui peut éclater à tout moment. Les racines de ce fouillis sont loin d'avoir été démêlées. Les plaies béantes des malentendus se creusent continuellement. Manquant terriblement de profondeur et de vision, les politiciens au pouvoir ont fui leurs responsabilités et déserté leur rôle. Le gouvernement de Jean Charest, porté au pouvoir en 2003, navigue en eaux troubles, colmate des brèches à longueur d'année et joue soit aux pompiers soit aux pyromanes. En décembre 2008, le bureau du premier ministre rebaptise le grand sapin de Noël érigé devant le Parlement « grand sapin des Fêtes[1] ». Quelques heures plus tard, le conifère redevient un sapin de Noël. Cultivant l'ambiguïté et exacerbant les tensions, Charest ne veut surtout pas fixer de balises claires comme le lui demandent les Québécois, dans leur grande majorité[2]. Qu'y a-t-il de si odieux à établir des normes de vie communes pour tous les citoyens quels que soient leurs origines, leur couleur, leur sexe, leurs convictions religieuses et philosophiques ou politiques ?

Le gouvernement a appris, mieux que quiconque, l'art de la contorsion. Force est de constater qu'il en est même devenu un virtuose. Contourner les aspirations légitimes du peuple, c'est ce qu'il sait faire le mieux en se cachant derrière la Commission des

---

1. « Dans un avis de convocation diffusé à 16 h 20 mardi, le bureau du premier ministre indiquait que M. Charest participerait, place de l'Assemblée nationale mercredi, à "la mise en lumière du sapin de Noël". Une quinzaine de minutes plus tard, le cabinet transmettait en catastrophe un nouvel avis comportant "une légère modification" au "libellé" de l'événement. On y soulignait que le premier ministre viendrait plutôt voir s'illuminer le "grand sapin des Fêtes". Exit le mot "Noël". » « Le sapin des Fêtes redevient sapin de Noël, sur ordre du premier ministre », *Presse canadienne*, 11 décembre 2008.
2. En 2009, le sondeur Jean-Marc Léger a interrogé la population sur le port de signes religieux au sein de la fonction et des services publics. « À une question claire, nous obtenons une réponse tout aussi claire. Soixante pour cent des Québécois estiment que l'on devrait interdire le port de tout signe religieux dans la fonction et les services publics alors que 36 % sont en désaccord et 4 % n'ont pas d'opinion. Cette perception est identique partout au Québec, que l'on soit jeune ou vieux, riche ou pauvre ou que l'on vive à Montréal ou dans les régions. Seuls les non-francophones ne partagent pas cet avis, car 47 % sont pour l'interdiction et 47 % sont contre l'interdiction. » Jean-Marc Léger, « Les Québécois se dévoilent », *Le Journal de Montréal*, 27 mai 2009.

droits de la personne et des droits de la jeunesse (CDPDJ)[3] et en instrumentalisant l'école à travers le programme Éthique et culture religieuse (ECR)[4]. Bref, pour « formater » la société et la rendre plus perméable et malléable aux revendications politico-religieuses, le gouvernement a « mis le paquet » en attirant dans son sillage des bataillons d'universitaires tous concepteurs ou partisans de la laïcité « ouverte ». Donner un sens à la Cité, à l'époque d'Aristote, cela allait de soi, mais nous sommes bien loin de l'esprit de la démocratie grecque, à vrai dire, il ne reste pas grand-chose de ses principes. Autres temps, autres mœurs. Gérant tout au cas par cas, dans les hôpitaux, les écoles et les services publics, les professionnels sont sur la ligne de front... Lorsque le ton monte un peu en raison d'un article ou d'un reportage, les indicateurs virent, soudainement, au rouge et il n'est pas rare qu'un ministre improvise, de toute urgence, un numéro. C'est ainsi que notre vie politique s'écoule: de numéro en numéro, d'improvisation en improvisation.

---

3. « Au nom du principe de la neutralité religieuse de l'État, un simple citoyen de Longueuil, Michel Robichaud, a refusé de se faire servir par une employée voilée de la Régie d'assurance maladie du Québec (RAMQ). On lui a alors ordonné de retourner faire la queue pour obtenir les services d'un autre préposé, ce qu'il a jugé inadmissible. Il s'est adressé au Commissaire aux plaintes de la RAMQ puis à la Commission des droits de la personne et des droits de la jeunesse (CDPDJ), deux instances qui l'ont débouté. » La plainte de Robichaud a été jugée irrecevable par la CDPDJ qui a invoqué que la laïcité de l'État n'a pas été proclamée au Québec. Or le principe de la neutralité religieuse de l'État est bel et bien reconnu par le droit canadien. La CDPDJ est aussi d'avis qu'un client de la RAMQ ne peut pas refuser de se faire servir par une employée portant le hidjab. Il ne s'agit pas d'une question d'accommodement, mais de « l'expression de préjugés », fait valoir la Commission. Robert Dutrisac, « Accommodement à sens unique », *Le Devoir*, 18 décembre 2009.

4. Le cours Éthique et culture religieuse a été conçu de façon à faire l'apologie du religieux plutôt que d'en faire une lecture critique et historique; il sème la confusion entre ce qui a trait aux connaissances et ce qui se rapporte aux croyances. Ce qui entraînera, inéluctablement, une permissivité face au fait religieux et ne permettra pas aux élèves d'en faire une analyse critique. Cette approche constitue un réel danger pour l'avenir de la laïcité et ouvre la voie à de nombreuses dérives.

Trois millions sept cent mille dollars[5], c'est ce qu'aurait coûté la commission Bouchard-Taylor pour poser un diagnostic sur le grand corps malade et lui prescrire un traitement de cheval. Rarement un rapport aura-t-il autant été décrié par la population, l'Assemblée nationale l'a accueilli avec beaucoup de tiédeur, alors que QS[6] s'est réjoui de ses 37 recommandations quelques heures à peine après sa sortie et a salué la sagesse des commissaires.

La création de la commission Bouchard-Taylor, le 8 février 2007, a coïncidé, à quelques jours près, avec le lancement de la campagne électorale, le 21 février, qui s'est soldée par la montée en flèche de l'ADQ, un parti sans le sou qui s'était essentiellement démarqué sur les thèmes des valeurs et de l'identité. Ce qui lui a valu, à la surprise générale, de passer au statut d'opposition officielle, avec l'augmentation du nombre de ses députés de 4 à 41. Contrairement à toutes les prédictions, le message de l'ADQ avait eu un large écho dans tout le pays à l'exception de l'île de Montréal. La fracture portait principalement sur des enjeux sociétaux. Pour la première fois de son histoire, le PQ avait été relégué à un rôle secondaire, ayant enregistré ses pires résultats depuis 1976. Le Québec se dotait ainsi d'un gouvernement minoritaire, ce qui n'était jamais arrivé depuis 1878.

Le « pape du communautarisme » aux commandes de la commission Bouchard-Taylor

Quelques semaines seulement après la nomination de Charles Taylor à la présidence de la commission, un prix, d'une singularité toute particulière, lui a été attribué. Cet événement était

---

5. Le budget initial était de 5,1 millions de dollars mais selon Gérard Bouchard, la commission aurait fait des économies de 1,4 million. Jean-François Cliche, « Sous le signe du compromis », *Le Soleil*, 23 mai 2008.
6. Louis Gill, homme de gauche, syndicaliste et professeur d'économie, a déploré la position des deux chefs du parti dans un article publié dans *Le Devoir*. Louis Gill, « Une déplorable erreur! », *Le Devoir*, 5 juin 2008.

d'autant plus significatif que cette récompense, de près de 1 900 000 $ CA, provenait de la Fondation Templeton, un organisme de la droite conservatrice américaine actuellement géré par le fils John Templeton, chrétien évangéliste qui finance le groupe de réflexion Let Freedom Ring[7]. Ce lobby, avant d'organiser des manifestations pour le Tea Party le 15 avril 2009, avait été très actif dans la défense des thèses de George Bush et de la guerre en Irak. Mais ce n'est pas tout. On reproche aussi à la Fondation Templeton de faire la promotion de l'*intelligent design* (ID)[8], une théorie néo-créationniste que le biologiste britannique Richard Dawkins désigne sous le nom de « créationnisme affublé d'oripeaux bon marché ». D'aucuns se demandent comment un ancien militant du NPD tel que Taylor, qui s'est présenté à quatre élections fédérales sans grand succès dans les années 1960, a pu « virer sa cuti » et être récompensé par un lobby aussi proche de George W. Bush.

Dans un article[9] très documenté, David Rand, membre fondateur de Libres penseurs athées[10], met en lumière tous les enjeux que soulève cette nomination, demande la démission du commissaire et souligne la grande naïveté des médias, aussi bien québécois que canadiens[11]. En effet, ces derniers dans leur écrasante majorité ont salué cette distinction donnant l'impression qu'elle était d'excellence académique, comme le prix Nobel, avec l'ajout d'une dimension « spirituelle ». À contre-courant de cette vague, Richard Martineau, chroniqueur au *Journal de Montréal*,

---

7. ‹www.letfreedomring.net›

8. ‹http://www.businessweek.com/magazine/content/05_48/b3961617.htm›

9. ‹http://www.mlq.qc.ca/vx/7_pub/cl/cl_9/cl_9_rand.html›

10. ‹http://lpa.atheisme.ca/manifeste_fr.html›

11. Dans *Le Devoir* du 15 mars 2007, Guy Laforest écrit : « La nouvelle nous arrive comme ce soleil du printemps qui réchauffe nos cœurs : le philosophe Charles Taylor vient de recevoir le prix Templeton pour les hautes qualités morales et spirituelles de l'ensemble de son œuvre. » Selon l'animateur de radio Michael Enright (*The Sunday Edition*, CBC, 8 avril 2007), Taylor a gagné le « gros lot académique ».

a consacré quatre chroniques[12] à ce sujet, dénonçant la position de conflit d'intérêts dans laquelle se trouvait Charles Taylor et lui demandant du même souffle des explications.

Est-ce un hasard si ce philosophe est la principale figure de proue, au Québec et au Canada, de la « laïcité ouverte », « apaisée » ou « positive » ? Car, n'oublions pas que le « pape du communautarisme[13] » a dédié sa carrière à faire la promotion du fait religieux dans la vie publique. Il a notamment été l'un des très rares intellectuels québécois à soutenir l'instauration des tribunaux islamiques en Ontario[14] et a exprimé publiquement sa déception lorsque, le 11 septembre 2005, le premier ministre ontarien, Dalton McGuinty, déclara l'abolition de tous les tribunaux religieux (mennonite, rabbinique, canonique, anglican, islamique) de la province. Dans la conception taylorienne, la frontière entre la science et le religieux n'est jamais très claire. La frontière entre le politique et le religieux difficile à établir. Bref, les confusions sont légion. Mais qu'est-ce que la « laïcité ouverte », sinon que d'octroyer certains privilèges aux croyants dans la sphère publique ? Il s'agit d'une vision qui est en soi la négation même de l'idée laïque.

Au chevet du grand corps « malade »

Qui aurait cru que le principe de *l'égalité des droits et des devoirs*, fondateur des démocraties, serait mis à mal principalement par

12. Richard Martineau, « Une autre tuile », *Le Journal de Montréal*, 3 septembre 2007 ; « La controverse Taylor se poursuit », *Le Journal de Montréal*, 4 septembre 2007 ; « Charles Taylor, troisième partie », *Le Journal de Montréal*, 6 septembre 2007 ; « Les habits neufs de la droite », *Le Journal de Montréal*, 7 septembre 2007.
13. L'expression est de Catherine Golliau : « Charles Taylor, le pape du communautarisme », *Le Point*, 28 juin 2007.
14. Le 19 septembre 2005, lors d'une entrevue avec Marie-France Bazzo, animatrice de l'émission *Indicatif présent* à la radio de Radio-Canada, Charles Taylor a exprimé sa grande déception à l'égard de l'échec du projet des tribunaux islamiques en Ontario.

des intellectuels qui n'ont cessé de nous rappeler les vertus de la tolérance, de l'ouverture et de la diversité? Qui aurait cru que la diversité serait l'équivalent d'un relativisme régressif où tout vaudrait tout et justifierait les pires régressions encore et toujours contre les femmes? Qui aurait cru qu'on jouerait les différences culturelles contre les fondements de la société québécoise pour mettre en valeur des pratiques obscurantistes? Qui aurait cru que les principaux acteurs de cette terrible dérive différentialiste seraient des intellectuels juste bons à détourner les mots de leur sens et à vider les concepts de leur substance?

Faut-il rappeler l'argument du premier ministre ontarien, Dalton McGuinty, évoqué pour abolir les tribunaux religieux et qui ne tenait qu'à un seul et unique principe: *ONE LAW FOR ALL* (la même loi pour tous)? Faut-il rappeler sans cesse que le différentialisme, c'est-à-dire le traitement en fonction de catégories liées à l'origine ethnique, à la couleur, à la religion, est d'abord une injure à *l'égalité des droits* et, qui plus est, débouche sur l'affrontement des communautés et non sur la paix civile et la justice sociale? Faut-il rappeler que l'Inde a éclaté pour donner naissance au Pakistan en 1947 sur des bases religieuses et que les deux pays se sont affrontés durant trois guerres successives? Faut-il rappeler que le Liban multiconfessionnel est une poudrière permanente? Faut-il rappeler que le *droit à la différence*, selon la célèbre formule de Régis Debray, débouche toujours sur la *différence des droits*?

Dès la création de la commission, qui s'est dotée d'un comité d'experts de 15 membres venant pour la plupart du milieu universitaire, Michel Vastel, ancien chroniqueur au *Journal de Québec*, constatait que « ces deux "intellectuels" et le "vrai monde" ne sont pas sur la même longueur d'onde[15] ». En effet, les consultations publiques n'avaient pas encore commencé que l'on sentait déjà que ces « experts » piaffaient d'impatience à prescrire le remède. Le cas était critique! Ce bon peuple québécois, névrosé,

15. Michel Vastel, « Le discours déraisonnable de Gérard Bouchard », *Le Journal de Québec*, 18 août 2007.

crispé et peu avenant, blablatait sur des questions complexes qu'il ne maîtrisait nullement. Je songe ici aux déclarations de Gérard Bouchard[16], ou encore à celles du philosophe Daniel Weinstock[17] lors d'un colloque à Paris le 8 décembre 2007 organisé par la commission française Islam et Laïcité, où il a fait un exposé sur les succès du multiculturalisme canadien et la pertinence des accommodements raisonnables au Québec. Au cours de cet exposé, il a déversé son mépris sur le « Québec profond » dont il s'est moqué honteusement et a catalogué l'ADQ[18] comme un parti d'extrême droite. Quant au débat sur la laïcité, il a affirmé, à la toute fin de sa présentation, qu'elle « est devenue une manière politiquement correcte de dire des choses méchantes, notamment à l'endroit de

16. Dans une entrevue au journal *Le Devoir*, Bouchard a dit que sa mission principale consistait à « convaincre la population que la diversité ethnique était un enrichissement culturel » car, d'après lui, la population est en majorité réfractaire à la diversité. « On va se faire dire, dans toutes les régions dans lesquelles on va s'arrêter [...], que l'immigration et la diversité, ce sont des emmerdements. » Il visait essentiellement le grand public — les « gens qui ne sont pas des intellectuels mais qui regardent les nouvelles à TVA ou à TQS, dans le meilleur des cas au téléjournal ». Antoine Robitaille, « Bouchard à court d'arguments pro-diversité », *Le Devoir*, 17 août 2007.

17. Il est l'un des principaux concepteurs de la laïcité « ouverte » et du *Manifeste pour un Québec pluraliste*. Il a pris la défense du rapport Boyd qui proposait de normaliser les tribunaux islamiques en Ontario en le qualifiant d'« extrêmement intelligent, extrêmement fin et rigoureux » et a proposé « d'institutionnaliser un partnership entre le droit institutionnel canadien et la charia ».

18. Bien que l'ADQ soit un parti de droite qui prône la libre entreprise, la réduction de la taille de l'État et une révision des politiques d'immigration, on ne peut aucunement considérer ce parti comme d'extrême droite puisque son discours n'est ni raciste, ni xénophobe. Mario Dumont, alors qu'il était à la tête de ce parti, a notamment critiqué les coupures budgétaires dans les services destinés aux immigrants. Il a déclaré au réseau TVA : « Je pense que le gouvernement libéral qui semble avoir des plans qui sont plus ou moins transparents en cachette est en grande contradiction : ils ont coupé dans les budgets de francisation, ils ont coupé l'aide aux organismes qui font l'intégration des immigrants. Et là, ils parlent d'augmenter les seuils d'une façon qui soit radicale. » ‹http://tvanouvelles.ca/infos/national/archives/2007/08/20070816-220610.html› Ces coupures budgétaires survenaient à un moment où le Québec recevait, selon Statistique Canada, en 2006-2007, un total de 45 100 immigrants (sur une population de 7,7 millions d'habitants), soit le nombre le plus élevé enregistré depuis 1992-1993.

la communauté musulmane. Tout d'un coup on se découvre laïque au Québec parce que, essentiellement, on n'aime pas trop les femmes voilées. » Ce raisonnement simpliste et primaire révèle les préjugés qui caractérisent une bonne partie de l'élite intellectuelle et médiatique à l'égard du « Québec profond », dont le traitement accordé au code de vie d'Hérouxville n'était qu'un symptôme. Car pour neutraliser le bon peuple il fallait bien évidemment diaboliser Hérouxville et ridiculiser son conseiller municipal haut en couleur, André Drouin, qui a entraîné son paisible village de 1 300 âmes dans un tourbillon médiatique international. Au fur et à mesure que les audiences avançaient, le fer s'enfonçait dans la plaie. La tyrannie de la bien-pensance faisait son chemin. Vilipender, caricaturer, distribuer des blâmes et rappeler à l'ordre les uns pour encourager certains autres à mieux cracher leur venin sur cette insupportable société, coupable en premier lieu de la crise des accommodements raisonnables. D'après les commissaires, le « malaise identitaire » et « l'insécurité collective » de la majorité francophone, fragilisée par son statut de minorité en Amérique du Nord, ont constitué un terreau fertile à la crise. Selon ce que soulignaient les deux commissaires à la page 119 de leur rapport, la crise était due à un « élément principal ou structurant » qui forge la société québécoise : « l'insécurité culturelle des Francophones, leur sensibilité de minoritaires, se traduit principalement par une vigilance accrue pour tout ce qui touche à l'intégration ». Ces arguments sont récusés par le sociologue Guy Rocher qui estime que l'analyse que font les commissaires de la société québécoise est erronée. Dans une contribution publiée dans *Le Devoir*, il écrit : « Mais au total, je dois bien dire que "l'impression" générale qui m'envahit à la lecture du rapport, c'est, en tant que francophone québécois, d'avoir été trop souvent ramené en arrière, en même temps qu'on nous invite à participer à un projet d'avenir. Et je constate n'être pas le seul à avoir ce sentiment, et pas seulement chez les indépendantistes[19]. »

19. Guy Rocher, « Une majorité trop minoritaire », *Le Devoir*, 12 juin 2008.

Pourtant, si les deux commissaires avaient pris la peine d'explorer la situation en Europe, tel que le stipulait leur mandat, ils y auraient trouvé de grandes similitudes avec notre malaise national. Or, nul ne peut attribuer aux peuples européens le syndrome lié « à l'insécurité du minoritaire ». De ces attitudes, il fallait tirer une succession d'enseignements et, surtout, se résoudre à l'idée que ce microcosme d'experts était incapable de voir juste et loin. En fait, il s'agissait d'un microcosme au consentement stalinien, puisque, à l'exception de Jacques Beauchemin, qui s'est distingué par une analyse singulière[20], tous se sont rangés à l'unisson derrière les deux coprésidents. Ce consensus intellectuel, digne de la pensée unique, était-il vraiment étonnant ? Nullement. Car à voir la composition de cette commission, constituée d'universitaires[21] largement acquis à la laïcité prétendument « ouverte », nous n'aurions pas pu nous attendre à un traitement plus équilibré. Pour ces bien-pensants, seule la diversité ethnicoreligieuse est à promouvoir. Quant à la diversité idéologique, celle qui est pourtant à la base du débat démocratique, elle est à proscrire et à bannir car, comme autrefois en Inde, seules quelques castes devraient avoir le monopole du *logos*.

20. Jacques Beauchemin, « Au sujet de l'interculturalisme – Accueillir sans renoncer à soi-même », *Le Devoir*, 22 janvier 2010.

21. Le comité-conseil de la commission Bouchard-Taylor était formé de 15 membres. Il est mentionné dans le rapport à la page 302 que le choix s'est fait en fonction de la contribution de ces personnes aux travaux de la commission. Les membres sont : Rachida Azdouz, Jacques Beauchemin, Pierre Bosset, Bergman Fleury, Jane Jenson, Myriam Jézéquel, Aida Kamar, Solange Lefebvre, Georges Leroux, Marie McAndrew, Micheline Milot, Céline Saint-Pierre, Daniel Marc Weinstock et José Woehrling. À noter aussi que le Commission s'est dotée de deux autres conseilleurs : Jocelyn Maclure et Alain Roy. De ces personnes citées, seul Jacques Beauchemin a signé la *Déclaration pour un Québec laïque et pluraliste* de Guy Rocher, Daniel Baril et autres, alors que l'écrasante majorité des autres membres du comité-conseil ont adhéré au *Manifeste pour un Québec pluraliste*, une initiative entre autres de Pierre Bosset, Georges Leroux, Micheline Milot, Daniel Marc Weinstock et Jocelyn Maclure.

Une nation de toutes les couleurs mais pas de toutes les valeurs

Certes, le Québec d'aujourd'hui est de toutes les couleurs, mais il n'est pas de toutes les valeurs et, en ce sens, il importe de souligner les risques qu'il y a à reconnaître des pratiques oppressives et discriminatoires sous le label du « culturel » ou du « cultuel » pour les soustraire à toute critique. L'égalité des sexes, pour ne citer qu'elle, ne figure pas dans les traditions « culturelles » des grandes aires de civilisation. Alors, il est urgent de rappeler que l'État ne peut encourager l'expression de toutes les pratiques culturelles, tel que l'a recommandé le rapport Bouchard-Taylor qui visait principalement à dissoudre la culture citoyenne de convergence :

> i) en mettant sur la touche le principe d'égalité entre les femmes et les hommes ;
> ii) en vidant de son sens la laïcité pour mettre en selle la « laïcité ouverte » ;
> iii) et en extirpant du Québec toute référence culturelle et historique commune.

La convergence de ces trois facteurs visait à remplacer l'égalité des sexes par un supposé « égalitarisme multiculturel » beaucoup moins exigeant socialement et à fractionner indéfiniment la sphère publique, alors qu'elle doit rester le lieu d'affirmation et de promotion de ce qui est commun à tous. La mise sur pied de ce régime de diversité ethnico-religieuse avait pour objectif de se débarrasser des principes fédérateurs de la majorité francophone afin d'atténuer ses effets concrets d'intégration. Quelle nation majoritaire de ce monde accepterait de se dissoudre dans une multitude d'entités plus modestes ?

La société québécoise n'est pas une juxtaposition de groupes communautaires. Forte de sa pluralité et de sa diversité, elle a une identité propre, une histoire, une langue commune et des valeurs spécifiques dont le principal noyau de convergence est défini par une majorité francophone ouverte à tous ceux qui souhaitent s'intégrer à elle pour en partager la langue, la culture et les valeurs. L'adhésion au noyau se fait sur la base de valeurs citoyennes et non en fonction du sang, du rang, de la religion ou de la race. C'est pourquoi on ne peut que souscrire à cette façon inclusive d'intégrer l'Autre, cet AUTRE qui vient enrichir et partager la destinée collective d'un NOUS historique.

Depuis Rousseau, l'idée de Nation tire sa signification de la définition d'un espace « politique commun », dans lequel tous les particularismes ethniques et religieux doivent se transcender, ce qui n'est possible qu'en reléguant dans la sphère privée la vie spirituelle. L'idée de citoyenneté et de République repose sur cette distinction fondamentale entre la sphère privée et la sphère publique. Henri Pena-Ruiz rappelle que « [l]'assignation des options spirituelles à la sphère du droit privé ne signifie pas qu'on en méconnaisse la dimension sociale et collective : celle-ci est prise en compte par le droit des associations. Elle n'interdit nullement aux religions ou à la libre-pensée de s'exprimer dans l'espace public. Mais elle leur dénie toute emprise sur l'espace public. »

Dans ce contexte, il est temps de tirer les leçons des désastreuses orientations politiques qui consistent à segmenter et à fragmenter les sociétés en fonction d'appartenances ethniques et religieuses pour aboutir fatalement à l'effritement du lien social. J'entends, et vous l'aurez deviné, cette aberration monumentale qu'est le multiculturalisme dont l'équivalent n'est autre que le « multicommunautarisme », c'est-à-dire un « multiracisme » institutionnalisé. Ce vecteur de l'organisation sociale, qui a promu la différence en culte et a érigé la diversité en dogme, est devenu le mécanisme le plus efficace pour déconstruire le lien social et pour désintégrer la société en y semant des pathologies incurables. Il est curieux qu'au moment où le multiculturalisme s'essouffle un peu partout sur la planète, les deux commissaires, par le biais de la « laïcité ouverte », recommandent au Québec de s'enfoncer dans cette voie. En dénaturant l'interculturalisme qu'ils font glisser vers une forme de multiculturalisme canadien à saveur québécoise, Bouchard et Taylor n'ont rien d'autre à nous proposer que de répéter les monumentaux échecs des autres.

Des questions légitimes...

Notre société, qui a su québéciser une bonne partie de son immigration italienne, grecque, portugaise ou vietnamienne depuis la loi 101, s'interroge sur les mécanismes d'intégration de son immigration musulmane[22]. Si la question a surgi dans la foulée du débat sur les accommodements raisonnables, c'est parce que l'intégration des musulmans se heurte à des difficultés spécifiques qu'aucune autre vague d'immigration n'a connues. C'est parce que les revendications des islamistes — des salles de prière dans les lieux de travail et dans les établissements universitaires[23], les repas hallal, le port du voile islamique, les jours fériés, le refus de la mixité ou de se faire servir par un fonctionnaire de sexe

---

22. D'après les données sur la population recensée en 2001 et 2003 portant sur la religion au Québec et au Canada, depuis la fin des années 1990, les musulmans sont plus nombreux au Québec et au Canada que les juifs, ce qui fait de l'islam la deuxième religion au Québec. Le taux de croissance au cours des années 1990 a dépassé 140 %. Aucun autre groupe religieux ne croît à un rythme comparable. Bien qu'en chiffres absolus le nombre des musulmans reste encore modeste, leur croissance est importante : 109 000 musulmans au Québec tandis que pour l'ensemble du Canada on en compte près de 580 000. En 1991, ils formaient moins de 1 % de la population totale du Canada et dix ans plus tard ils sont 2 %. Environ 90 % des musulmans au Québec habitent dans la région montréalaise, 5 % dans celle de la capitale nationale et 5 % dans les autres régions dont l'Estrie. Statistique Canada, *Recensement de 2001*, ‹http://www.micc.gouv.qc.ca/publications/fr/recherches-statistiques/Recensement2001-Religion-AnalyseSommaire.pdf›.

23. Cent treize étudiants de confession musulmane qui priaient dans les cages d'escalier de l'École de technologie supérieure (ETS) ont porté plainte contre cette dernière qui refusait de leur offrir un lieu exclusif de prière. En 2003, ils ont engagé une bataille juridique pour « discrimination fondée sur la religion et l'origine ethnique ou nationale ». La Commission des droits de la personne a conclu que l'ETS devait permettre aux musulmans « de prier, sur une base régulière, dans des conditions qui respectent leur droit à la sauvegarde de leur dignité ». Marc-André Dowd, président par intérim de la Commission, a argué que la liberté de religion incluait sa mise en pratique, si bien que « la prière est protégée » par la Charte des droits et libertés de la personne. Pour sa défense, l'ETS a fait valoir son caractère laïque, ce à quoi la Commission a rétorqué que ceci ne la dispensait pas « de son obligation d'accommodement envers les étudiants de religion musulmane ». L'ETS a été obligée d'offrir la possibilité de prier à ses étudiants.

opposé — ont jeté un lourd discrédit sur toutes les communautés musulmanes. Ces revendications ont piégé les musulmans eux-mêmes. Ces demandes ont affaibli les musulmans libéraux qui représentent l'écrasante majorité des musulmans. La hantise de voir ces pratiques s'ériger en norme a fini par semer un doute sur la possibilité d'intégration des musulmans. À quoi s'ajoutent les séquelles du 11 septembre 2001 et les images peu avenantes d'un activisme islamiste qui lâche ses bombes d'un bout à l'autre de la planète, la persécution des communautés chrétiennes dans les pays musulmans et les terribles violences commises contre elles, sans compter les menaces de mort qui pèsent sur des intellectuels de culture musulmane.

Pendant les audiences de la commission, les deux commissaires ont cédé au rapport de force en faveur des islamistes. Le glissement du culturel vers le cultuel découle d'une conception communautariste qui fait d'un particularisme religieux un critère d'identification culturelle, comme si le cultuel et le culturel étaient inséparables et comme si le culturel devait se subordonner au cultuel. Cette confusion est à l'origine de cet épouvantable amalgame qui consiste à faire croire que, pour mettre à égalité les musulmans avec le reste de la population, il faut leur accorder des « largesses religieuses ». Mais, parmi ces musulmans, seule une minorité fréquente la mosquée et porte le voile islamique. Les autres appliquent leurs principes religieux dans une totale discrétion. En revanche, ces derniers attendent de l'État qu'il joue son rôle social, qu'il soit donc présent dans leur processus d'intégration, en leur offrant des services publics de qualité dans les domaines de l'emploi, de l'éducation, de la santé et de la culture. « Le rôle de la puissance publique, précise encore Pena-Ruiz, consiste à s'occuper d'abord de ce qui est commun à tous les hommes. La boussole, en la matière, est simple : tout l'argent public pour les services publics, qui sont universels, donc communs aux croyants, aux agnostiques et aux athées[24]. »

---

24. Nina Sankari, « Entretien avec le philosophe Henri Pena-Ruiz », *L'Humanité*, 29 décembre 2010.

N'en déplaise à nos « élites multiculti », ce n'est certainement pas par ignorance ou petitesse, xénophobie, intolérance ou racisme qu'une grande majorité de Québécois s'inquiètent de l'importance de ces « largesses religieuses » dans la sphère publique. Pour des raisons historiques, le Québec est plus avancé que le reste du Canada dans la définition de ses valeurs communes. La laïcité prend racine dans notre mémoire collective. L'alliance entre le sabre et le goupillon qui fondait le pouvoir politico-religieux de Duplessis[25] est encore vive dans les mémoires. La procédure de divorce entre l'Église et l'État a été longue. Avec le temps, ces relations se sont apaisées. Fait étonnant, comme le rappelle Sam Haroun[26], au Québec, ce sont des croyants eux-mêmes, des laïcs, qui ont voulu freiner l'influence des clercs, parmi lesquels figurent Simone Monnet-Chartrand, Pierre Juneau et Gérard Pelletier. Les acquis de la Révolution tranquille sont encore fragiles. Ceux de la commission Parent[27]

---

25. Sous son gouvernement, de 1936 à 1939 et de 1944 à 1959, sous l'égide de l'Union nationale, le Québec a connu une période de Grande Noirceur où les « amis politiques » étaient récompensés à même les fonds publics. À l'inverse, les syndicats catholiques, les socialistes et *Le Devoir* étaient diabolisés. L'avocat Jacques Perrault, président du conseil du *Devoir*, se suicide en 1957, étranglé par les pressions de l'Union nationale. « Ce que le régime Duplessis a de plus pernicieux, écrit André Laurendeau en février 1959, c'est sa tendance constante à recourir à l'arbitraire, sa volonté d'échapper aux règles générales et fixes, son art d'utiliser les impulsions du chef comme moyens de gouvernement. Contrats sans soumissions, octrois non statutaires ; représailles contre les personnes ; ce sont les manifestations quotidiennes auxquelles l'arbitraire donne lieu. Quand il s'associe à l'intolérance, alors la liberté de tous est en danger. Déjà pointe la nécessité des réformes qui seront entreprises au début des années 1960, au cours de la Révolution tranquille. » Jean-François Nadeau, « 50 ans après la mort de Duplessis », *Le Devoir*, 5 septembre 2009.

26. Sam Haroun, *L'État n'est pas soluble dans l'eau bénite*, Septentrion, 2008.

27. Mise en place en 1961, la commission Parent visait à faire le point sur le système éducatif québécois et proposait des réformes pour encourager la démocratisation de l'enseignement. D'après l'un de ses membres, le sociologue Guy Rocher, le rapport Parent a eu un impact durable sur l'évolution sociale du Québec. « Si le rapport Parent demeure un essentiel référent de l'évolution sociale du Québec, c'est qu'il a incarné une double aspiration de

qui a permis la démocratisation de l'enseignement puis la lente déconfessionnalisation[28] de l'école le sont davantage. La solidarité sociale, l'école publique et les services de santé ne sont plus entre les mains des religieux. Les syndicats non plus, d'ailleurs. En 1960, la Confédération des travailleurs catholiques du Canada deviendra la Confédération des syndicats nationaux (CSN). Une chose est sûre, les femmes ne veulent plus retourner aux casseroles. Les curés ne s'aventurent plus à comptabiliser le nombre de marmots dans les familles. Les soutanes ainsi que les cornettes, lorsqu'elles ne sont pas recluses dans les lieux de culte, ont été totalement abandonnées. Cependant, il arrive encore que des hommes d'Église aux ordres du Vatican transgressent les normes de cohabitation tacites entre l'Église et l'État pour remettre en cause, par exemple, l'avortement. C'est ce qui s'est produit le 16 mai 2010 au Québec. Le cardinal Ouellet n'avait pas encore fini de débiter ses âneries que déjà les contre-pouvoirs[29] se mettaient en place pour réagir vigoureusement à ses propos.

---

son époque : celle de l'entrée du Québec dans la modernité et celle de la démocratisation de la société québécoise. » Claude Corbo, dans son introduction à *L'éducation pour tous. Une anthologie du rapport Parent*, énonce que le rapport Parent « peut être considéré à la fois comme un document fondateur de la société québécoise contemporaine et comme l'un des documents capitaux de l'histoire même du Québec. » Claude Corbo, *L'éducation pour tous. Une anthologie du rapport Parent*, Les Presses de l'Université de Montréal, 2002.

28. « 76 % des Québécois sondés croient que l'école ne devrait plus offrir un enseignement confessionnel, tel que le régime actuel consent malgré des structures scolaires laïques. » Marie-Andrée Chouinard, « Sondage : les trois quarts des Québécois veulent une école laïque », *Le Devoir*, 22 février 2005.

29. « Au lendemain d'un rassemblement pro-vie à Québec au cours duquel le cardinal Marc Ouellet y est allé d'une condamnation sans équivoque de l'avortement en toutes circonstances, les réactions ont été nombreuses et tranchées. » Jean Pascal Lavoie, « Avortement : Mgr Ouellet provoque un tollé », *Le Soleil*, 17 mai 2010.

Oui aux éducatrices en burqa ?

Ces mêmes contre-pouvoirs fondent drastiquement lorsqu'il s'agit de dénoncer le sexisme, la misogynie et les barbaries faites aux femmes au nom de l'islam. Cette posture a des conséquences désastreuses. Elle « neutralise » le combat de nombreuses femmes issues de l'immigration et délégitime la question de leur émancipation. Elle victimise à outrance les femmes islamistes et participe à la construction d'une représentation totalement erronée des dynamiques internes au sein des communautés musulmanes. Hormis le fait que cette attitude empêche de poser le véritable diagnostic, elle écrase totalement les femmes sous le poids des normes sociales de leur communauté, rendant pratiquement impossible leur épanouissement.

Dans cet extraordinaire détournement de sens, le 2 novembre 2010, les officines de la bien-pensance ont donné encore une fois le meilleur d'elles-mêmes, c'est-à-dire le pire, lorsqu'elles ont demandé au gouvernement, par le biais de la Fédération des femmes du Québec (FFQ), de permettre aux éducatrices s'occupant d'enfants de moins de six ans le port du voile intégral dans les garderies familiales[30]. Cette étonnante prise de position est survenue devant la commission parlementaire chargée d'étudier le projet de loi 94[31].

L'argumentaire est toujours le même : on ne doit pas soumettre aux mêmes exigences que le reste de la population les femmes qui

30. « Pour la FFQ, l'obligation d'avoir le "visage découvert" ne devrait pas s'appliquer aux services de garde en milieu familial, qui sont subventionnés par l'État. "On commence à s'éloigner des services publics" pour entrer dans la sphère privée lorsqu'il est question de ces garderies à la maison, a expliqué Mme Conradi. Elle a fait valoir que les parents confient leurs enfants à ces femmes "en toute connaissance de cause". Si l'État oblige ces femmes à retirer leur niqab, il les marginalisera encore davantage et mettra en péril leur autonomie financière. » Tommy Chouinard, « Voile intégral : la Fédération des femmes veut un cadre plus souple », *La Presse*, 2 novembre 2010.

31. Déposé à l'Assemblée nationale en mars 2009, le projet de loi 94 vise à interdire aux employés de l'État ainsi qu'aux usagers des services publics le port du voile intégral. Précisons tout de même qu'il n'est pas question d'une loi-cadre d'interdiction telle que celle adoptée en France ou en Belgique.

revendiquent le port des voiles islamiques de peur de compromettre leur autonomie financière. En d'autres mots, il faut aliéner davantage les femmes immigrantes pour les intégrer. Quant aux petits, ils ne méritent aucunement de bénéficier de la neutralité du service public. Dans la conception de la FFQ, l'État devrait mettre un genou à terre dans les garderies, bafouer sa neutralité et exposer nos enfants au pire des totalitarismes. Et dire que cette mascarade se fait au nom de la tolérance et de l'intégration !

Si la question de la tolérance a mérité, à juste titre d'ailleurs, l'attention des philosophes des Lumières, ma conviction profonde est que notre époque souffre d'un trop-plein de tolérance. En réalité, il ne s'agit point de tolérance mais d'une incapacité chronique à donner un sens et une substance aux principes démocratiques. Pour reprendre les termes de l'homme de cinéma Jean-Luc Godard : « La démocratie ce n'est pas cinq minutes pour les juifs, cinq minutes pour les nazis... D'abord, on se débarrasse des nazis, ensuite on discute. La démocratie commence quand il n'y a plus de nazis. » Dans notre société faussement permissive, nous avons oublié que l'interdit peut être une libération. Et souvenons-nous de cette courageuse jeune fille musulmane qui a dit à la télévision : « Dans mon lycée, le proviseur a interdit le port du foulard, et j'en suis bien heureuse : sinon, mon père et mes frères m'obligeraient à le porter[32]. »

---

32. Henri Pena-Ruiz, « Laïcité et égalité, leviers de l'émancipation », *Le Monde diplomatique*, février 2004. Il s'agissait d'une réaction à la suite de l'adoption en France de la loi sur le port des signes religieux ostensibles à l'école. Henri Pena-Ruiz a été membre de la commission Stasi, du nom de Bernard Stasi, médiateur de la République depuis 1998, qui l'a présidée. Composée de 20 membres, cette commission de réflexion sur l'application du principe de laïcité a été mise en place le 3 juillet 2003 par Jacques Chirac, président de la République. Elle a rendu ses conclusions le 11 décembre 2003. Henri Pena-Ruiz précise que la commission Stasi n'était pas d'emblée acquise à l'idée de cette loi, et que c'est très librement, en leur âme et conscience, que ses membres s'y sont ralliés. La diversité même de ces membres suffit à récuser tout procès d'intention. Les audiences ont permis à des filles d'origine maghrébine de témoigner. Ces dernières l'ont fait à huis clos par peur de représailles et ont mis en évidence la gravité des menaces qui pesaient sur elles dans leurs quartiers et leurs familles.

Ce que n'a pas encore compris la FFQ, c'est que l'émancipation des femmes ne repose jamais sur un seul et unique critère. Défendre l'autonomie financière des femmes ne doit pas servir de prétexte pour contrarier le principe d'égalité, remettre en cause la laïcité de nos institutions publiques et compromettre l'intégration des immigrants. Pourquoi ne pas tenir compte en même temps de toutes les formes d'émancipation ? Pourquoi renvoyer constamment dos à dos l'émancipation sociale et l'émancipation citoyenne et laïque quand il est question des immigrants ? Comme l'ont montré le scandale des garderies, les généreuses subventions octroyées à des écoles privées confessionnelles ou encore la volonté de changer le calendrier scolaire pour accommoder quelques écoles juives orthodoxes, les lobbies politico-religieux ne se sont pas seulement incrustés dans les organismes communautaires, comme à la FFQ, ils sont au cœur de l'État pour lui dicter la marche à suivre en matière d'éducation. Pourquoi prendre en otage, encore une fois, les immigrants pour justifier des magouilles politiques sur le dos de leur intégration ?

En mars 2010, le Québec découvre stupéfait une saga mettant en scène une nouvelle arrivante égyptienne du nom de Naïma Atef Amed, pharmacienne de formation âgée de 29 ans et mère de trois enfants. Cette dernière, qui suivait des cours de français offerts par le gouvernement du Québec dans un centre pour adultes, n'acceptait pas de se départir de son voile intégral et exigeait une reconfiguration de sa classe de façon à ce que le regard des hommes ne puisse pas croiser le sien lorsque venait le temps des pratiques individuelles. Réfutant les raisons pédagogiques invoquées par son établissement, Naïma Atef Amed a même réclamé que les hommes aient le dos tourné. Il aura fallu six mois de négociation pour mettre fin à l'escalade des demandes de cette nouvelle immigrante qui tentait de s'imposer envers et contre tous. Il aura fallu que la direction de l'établissement s'en mêle, que plusieurs fonctionnaires du ministère de l'Immigration se mobilisent et que finalement la ministre de l'Immigration en personne intervienne. Que d'énergie dépensée pour une seule femme. Quelle détermination pour une femme dépressive, démunie et isolée telle que la présentaient certains journalistes ! Aussitôt expulsée, Naïma Atef Amed se réinscrit dans un autre centre de francisation, mène une incroyable campagne médiatique qui retentit d'un bout à l'autre du pays et dépose une plainte à la Commission des droits de la personne et des droits de la jeunesse. Dans le reste du Canada, le Québec, « intransigeant » et « peu ouvert », est vilipendé dans plusieurs médias, notamment dans le *Globe and Mail*, alors que certains autres, comme le *National Post*, se félicitent de l'expulsion de la jeune Égyptienne. N'empêche que dans cette histoire le Québec y laisse encore quelques plumes. Le *Globe and Mail* rebaptise les Québécois... talibans d'Amérique du Nord ! Le 16 février 2007, l'émission *Second regard*[33] diffuse un reportage de Jocelyne Allard, journaliste à Radio-Canada, sur les femmes en niqab à Montréal. Elle souligne que le phénomène est en progression à l'échelle internationale, y compris en Europe et en Amérique du Nord, que les années 1970 à 1980 avaient été marquées par les revendications du hidjab alors que celles du niqab sont relativement plus récentes. On apprend qu'à Montréal, notamment dans Parc-Extension et à Ville Saint-Laurent, on comptait une soixantaine de niqabis en 2007 et que leur profil était assez surprenant puisque certaines fréquentaient des universités et occupaient des emplois. « Elles sont appuyées par d'autres femmes et sont loin d'être isolées. Ces niqabis ont un petit côté même militant, elles ont un discours identitaire très fort, voire un discours politique, elles sont capables de se défendre, ça déconstruit les clichés. » La journaliste insiste aussi sur le fait qu'il y a tout un discours qui valorise le port des voiles islamiques, du hidjab au voile intégral.

33. ‹http://www.radio-canada.ca/audio-video/pop.shtml#urlMedia=http://www.radio-canada.ca/Medianet/2007/CBFT/SecondRegard20070218 1330_1.asx&epr=true›

Intégrons ceux qui veulent s'intégrer

Les orientations prises par le gouvernement du Québec visant à rehausser le nombre de nouveaux arrivants de 43 000 à 55 000 pour 2008-2010 tout en réduisant les services d'accueil sont très inquiétantes. Car il n'y a pas d'immigration positive sans une intégration réussie. Il n'y a aucune plus-value à tirer de l'immigration si elle ne s'inscrit pas dans un projet collectif, si elle ne contribue pas à l'avancement de ce dernier. L'immigration a bel et bien un prix. Un prix, bien souvent, insoupçonné aussi bien pour la société d'accueil que pour le nouvel arrivant. Parlez-en à mon amie Hafida Oussedik, architecte, et à son mari, Kamel Bellam, médecin et pharmacien, tous deux originaires d'Algérie, installés au Québec depuis près de vingt-cinq ans. Ils vous diront tout le chemin parcouru. Ils vous raconteront tout ce à quoi ils ont renoncé. Ils vous parleront des sacrifices et des épreuves endurées pour se frayer de nouveau un chemin. Et ils partageront certainement avec vous ce plaisir inouï que leur procurent leur vie au Québec et leur sentiment de fierté à partager leur destin avec celui de leurs concitoyens.

Lorsque ma mère a quitté son île natale de Chypre pour s'installer en Algérie, en 1975, après quelques années passées en Ukraine, elle a mis au placard tout ce qui aurait pu entraver son intégration, à commencer par quelques tenues vestimentaires. Elle voulait se fondre dans la masse, apprendre les usages, la langue et la gastronomie. Dans notre quartier à Oran, elle était aimée des enfants ainsi que des grandes personnes car elle avait toujours un mot attentionné et un geste affectueux pour chacun d'entre eux. Alors qu'elle parachevait ses études de mathématiques à Moscou, elle apprenait le français à ses frais. Alors qu'elle enseignait les mathématiques au département des sciences exactes, elle prenait des cours d'arabe. Algérienne de cœur, ma mère a toujours su prendre le meilleur d'elle-même pour l'offrir à son pays d'adoption, où elle a formé des cohortes de brillants scientifiques. En cette matière, elle est pour moi un modèle à suivre, un idéal difficile à atteindre.

De nos jours, il ne suffit plus d'avoir un diplôme, un emploi ou de connaître les langues du pays. S'approprier ses outils, sa culture et ses codes est une réelle nécessité si l'on aspire à en faire partie. L'intégration n'est pas une lettre d'intention. C'est accepter de se remettre en cause et de réapprendre une nouvelle façon de cheminer parmi les autres. Car vivre ensemble ne signifie pas vivre à part ou à l'écart. L'attitude d'ouverture et un état d'esprit favorable à la société d'accueil sont des ingrédients absolument nécessaires. Le sentiment d'appartenance ne se forge pas en bradant l'égalité des sexes, en torpillant la laïcité et en crachant sur l'héritage de la majorité. L'acquisition de la culture se fait par adhésion à un système de valeurs, de codes et de lois clairement défini et établi. C'est précisément ce discours qui manque cruellement au Québec. Il faut en finir avec les sermons de victimisation grotesque et d'infantilisation à outrance des immigrants. Comme s'ils n'étaient pas en mesure d'achever leur propre intégration après le chemin incroyable qu'ils ont parcouru et tous les sacrifices auxquels ils ont consenti. La diversité est une richesse. Cependant, sa prise en compte ne doit pas se faire au détriment de la culture de la majorité. La détestation ou l'idolâtrie de soi n'augurent jamais rien de bon.

Il importe de rappeler, ici, que l'intégration est un processus dynamique qui met en relation le migrant et la société d'accueil. Cette rencontre ne peut s'épanouir que s'il existe des politiques gouvernementales qui facilitent l'accueil et l'intégration. Il y a donc responsabilité partagée, c'est-à-dire pour le migrant la responsabilité de participer pleinement à la société d'accueil, mais également pour la société celle de réunir les conditions de sa participation et de reconnaître sa contribution. Évoquer cette responsabilité partagée, c'est donc considérer le migrant, dans les termes de Jacques Beauchemin[34], comme un citoyen apte à participer à la vie du Québec non pas seulement du point de vue des droits que procure la citoyenneté, mais de celui de ce sentiment d'appartenance qui le rend solidaire d'un destin collectif.

34. Jacques Beauchemin, « La mauvaise conscience de la majorité franco-québécoise », article publié dans un cahier spécial de l'Institut du Nouveau Monde inséré dans *Le Devoir* du 20 janvier 2007 : *Que devient la culture québécoise? Que voulons-nous qu'elle devienne?*, p. 13.

IX.

Quand la télé s'en mêle

Choisir l'épingle appropriée, porter une attention particulière aux couleurs et aux textures, faire preuve de coquetterie, d'élégance et de féminité, tels sont les petits tracas quotidiens de Geneviève Lepage, une jeune Québécoise qui a choisi de se convertir à l'islam à l'âge de 24 ans, peu après les événements du 11-Septembre, pour défendre, soutient-elle, une religion extrêmement malmenée médiatiquement. N'allez surtout pas penser qu'elle veuille renoncer à sa féminité en camouflant son corps et ses cheveux sous un voile. Car pour cette militante convaincue et volubile — qui a déclaré préférer se voiler plutôt que de montrer ses « boules[1] » (les seins) —, islamisme rime avec féminité et même avec féminisme. La vie de Geneviève fourmille d'autres détails. La caméra de Francine Pelletier, ancienne cofondatrice de la revue féministe *La Vie en rose*, l'a suivie pendant près d'un an en 2007, pour dresser son portrait et celui d'Asmaa Ibnouzahir, une jeune femme d'origine marocaine arrivée au Canada à l'âge de 14 ans et qui s'est engagée à Amnistie internationale avant de devenir porte-parole de Présence musulmane en 2007. Cette dernière, nutritionniste, a fait plusieurs stages dans des pays en développement. Fait étonnant, c'est au Québec qu'elle a « redécouvert » une ferveur religieuse qui a surpris toute sa famille, dont aucune femme n'est voilée.

---

1. ‹http://www.radio-canada.ca/nouvelles/arts_et_spectacles/2010/02/25/006-soeurs-musulmanes-film.shtml›

Le documentaire, intitulé *Mes sœurs musulmanes* et diffusé le 8 mars 2009 à Télé-Québec, est une longue et interminable succession de détails qui se suivent sans pour autant mettre en lumière le véritable sens de l'engagement militant de ces deux jeunes femmes, qui sont sorties de l'ombre lors des audiences de la commission Bouchard-Taylor pour « déconstruire les clichés » et montrer le « vrai visage de l'islam ».

La caméra s'engouffre dans une mosquée où Geneviève Lepage, entourée exclusivement de femmes, célèbre son mariage avec un musulman et prend soin de rédiger un contrat de mariage pour freiner les potentielles velléités de son futur époux de prendre plusieurs épouses en même temps, comme le lui permet le Coran. De son côté, Asmaa Ibnouzahir est toujours à la recherche d'un musulman pratiquant, car il n'est question ni pour l'une ni pour l'autre de partager leur couche avec un non-musulman. Ibnouzahir, qui est devenue une étoile médiatique en 2007, est en profonde réflexion. Elle retourne au Maroc et s'interroge sur son avenir au Québec qui, dit-elle, a fait fuir beaucoup de musulmans de son entourage vers des contrées anglaises bien plus tolérantes et plus aptes à intégrer la différence. Il est bien connu que le gazon est toujours plus vert chez le voisin.

La vie des femmes en pas si rose

Nous aurions pu penser que ces deux jeunes femmes qui évoluent dans un environnement favorable à l'égalité des sexes apporteraient un certain vent de fraîcheur concernant le statut des femmes en islam. Nous aurions voulu les entendre entamer une discussion sur les questions d'héritage, du témoignage devant un tribunal, de la polygamie, de la répudiation, des relations sexuelles, de la violence conjugale, des crimes d'honneur, de la responsabilité maternelle à l'égard des enfants[2], du mariage

2. La responsabilité parentale incombe exclusivement au père qui est le chef de famille.

d'une musulmane avec un non-musulman[3], de l'accessibilité à la fonction de juge ou à celle d'imam[4], de la contraception[5] et de l'homosexualité[6]. Silence assourdissant. Silence complice. Silence honteux. Nous aurions pu nous attendre à ce que Pelletier, une féministe de longue date, affiche un peu plus de sensibilité sur ces questions et interroge ses deux protégées sur ces inégalités criantes et surtout sur le sens de leur implication dans la promotion de l'idéologie sexiste et antiféministe de Tariq Ramadan. Car il est tout de même stupéfiant que cette figure de proue du féminisme québécois (qui déclarait à l'émission *Tout le monde en parle* : « Pour moi, la perte d'innocence c'était le 6 décembre [la tuerie de Polytechnique] parce que c'est la chose qu'on n'avait pas prévue, ce n'était pas censé se passer cette affaire-là, [...] le fait qu'il ait séparé si méticuleusement et si cruellement les femmes des hommes et les ait abattues avec cette précision, je pense que ça a glacé tout le monde pendant longtemps. Pour moi, ça demeure une blessure qui ne disparaîtra pas[7] ») puisse « s'accommoder » de l'apartheid sexuel qu'imposent les islamistes à des millions de femmes de par le monde au quotidien. Décidément, l'indignation, même à l'égard du sort réservé aux femmes, est ici sélective. Et moi je n'arriverai jamais à comprendre ce « deux poids deux mesures ». Une discussion s'enclenche et s'anime... sur la position des mains pendant la prière. Faut-il les croiser sur l'abdomen, les mettre le long

3. Une femme musulmane ne peut épouser un non-musulman (Coran, II : 222), alors que les musulmans ont le droit de prendre pour épouses des chrétiennes et des juives, sans qu'elles renoncent à leur religion, ni même à leurs pratiques religieuses ; par ailleurs, elles ne peuvent hériter de leur mari, ni ces derniers d'elles (Coran, V:5).

4. Il n'y a pas de verset dans le Coran interdisant à une femme d'être imam et de diriger la prière. Cependant, pour la grande majorité des musulmans, une femme ne peut pas diriger une prière mixte.

5. Le contrôle des naissances est encore un véritable tabou dans bien des pays musulmans.

6. Tout comme la Torah et la Bible, le Coran interdit l'homosexualité, aussi bien celle des femmes que celle des hommes.

7. Émission du 6 décembre 2009 qu'on peut visionner en consultant les archives de Radio-Canada.

du corps tout simplement ou encore les placer derrière le dos? Les deux jeunes militantes semblent ne pas être d'accord et la « Québécoise de souche » insiste auprès de la « Québécoise d'adoption » en se référant au temps du Prophète et à sa façon de prier. Mais ces divergences ne sont que superficielles et ne sauraient jeter de discrédit sur ce qui les unit: défendre l'islam et les musulmans que le Québec malmène, surtout depuis les attentats du 11-Septembre.

Ce soir-là, j'étais ahurie, sidérée, choquée. Quand cessera-t-on de réduire la vie de millions de femmes musulmanes à des choix grossiers entre des chiffons et des épingles? De qui se moque-t-on? Qui cherche-t-on à berner? Pourquoi un tel déni de la réalité? Les faits et les chiffres sont là, aussi accablants les uns que les autres, pour démontrer que les pays arabes et musulmans occupent les premières places du palmarès lorsqu'il est question de discrimination et de violence à l'égard des femmes. Et la tendance est loin de s'inverser. Nous voulons parler d'égalité, la vraie, ouvrir un large débat sur la place du religieux dans nos sociétés. Nous refusons que des dogmes religieux régissent nos vies et celles de nos filles. Nous n'acceptons plus de nous soumettre à Allah et à ses sbires. C'est assez! Par « nous », j'entends des féministes et des laïques de culture musulmane qui n'en peuvent plus de se faire dire que l'égalité entre les femmes et les hommes est une valeur occidentale, alors que nos mères, nos grands-mères et nos arrière-grands-mères ont largement contribué à écrire une fabuleuse page d'histoire pour l'avancée de l'humanité. Quelle société oserait, aujourd'hui, s'attribuer à elle seule cette grande bataille du XXe siècle?

Si le voile islamique rimait avec émancipation, liberté et égalité, nous l'aurions su depuis longtemps et j'aurais été la première à le défendre. Mais cette prison ambulante rime surtout avec un contrôle obsessif et maladif du corps des femmes et de leur sexualité; il rime avec virginité, mariages forcés et crimes d'honneur. À ce propos, au Québec, le constat est saisissant: en quelques mois, de juillet 2009 à octobre 2010, trois crimes sur des jeunes filles et une adulte issues de communautés culturelles[8] ont été commis sans que cela retienne le moindrement l'attention de la ministre de la Condition féminine, Christine Saint-Pierre. Pire encore, la ministre de l'Immigration, Kathleen Weil, a déclaré lors de la commission parlementaire sur le projet de loi 94, après avoir vanté les mérites et l'efficacité des institutions, qu'au Québec il n'y avait pas de crimes d'honneur mais seulement des crimes[9]. Est-ce une plaisanterie? Ça n'en a pas l'air. Et tant pis si les premières victimes de cet aveuglement politique sont les petites filles, les jeunes femmes et les femmes de culture ou de foi musulmanes. Car il ne faut pas s'y méprendre, ce déchaînement de violence est le symptôme d'un problème profond, d'un conflit entre deux systèmes de valeurs antagoniques dont l'un repose sur l'enfermement des femmes et l'autre sur leur liberté. En matière d'égalité, une large campagne de sensibilisation et d'éducation s'impose en direction des communautés culturelles, car il nous faudra bien, un jour, ouvrir le chapitre de l'esclavage moderne: des mariages forcés, de la polygamie, des « épouses importées », des excisions et des crimes d'honneur. Des preuves tangibles s'accumulent sur le calvaire que vivent ces femmes. Dans son édition de janvier 2011, *La Gazette des femmes* consacre un reportage très intéressant aux mariages forcés au Québec, dans lequel une intervenante en violence conjugale indique qu'elle est confrontée, une à cinq fois par semaine, à des cas de mariages forcés[10]. Récusant

---

8. Mohammad Shafia, sa seconde épouse Tooba Mohammad-Yahya, ainsi que leur fils Hamed Mohammad-Shafia, des Montréalais d'origine afghane, ont été accusés du meurtre de quatre membres de leur famille, Zainab, 19 ans, Sahar, 17 ans, Geeti, 13 ans, et Rona Amir Mohammad, 52 ans, la première épouse de Mohammad Shafia. Les cadavres ont été trouvés dans une automobile submergée dans le canal Rideau près de Kingston en Ontario le 30 juin 2009. En juin 2010, Johra Kaleki, une mère de famille de 38 ans, est accusée d'avoir poignardé sa fille de 19 ans à qui elle aurait reproché d'avoir passé la nuit à l'extérieur du domicile familial. L'agression s'est déroulée devant le père de la victime et ses trois sœurs, âgées de 16, 14 et 10 ans. En octobre 2010, Nouténé Sidimé, âgée de 13 ans, est assassinée par son père.

9. ‹http://www.assnat.qc.ca/fr/travaux-parlementaires/commissions/ci-39-1/journal-de-bats/CI-101126.html›

10. Isabelle Maher, « Le tabou des mariages forcés », *La Gazette des femmes*, janvier 2010, p. 6.

ces réalités, de nombreux politiciens persistent à ne pas voir et à ne pas entendre les terribles souffrances que ces jeunes filles et ces femmes subissent au quotidien. Ils ne se rendent pas compte qu'en refusant de voir ou en banalisant ainsi ces pratiques, ils légitiment les usages les plus barbares en les érigeant en *normes COMMUNES à tous les musulmans* et donnent un appui implicite aux plus rétrogrades d'entre eux, leur permettant d'exercer un pouvoir abusif sur leur communauté. Le temps est venu de sortir de cette léthargie !

Le voile islamique : le cordon sanitaire

La sociologue allemande Necla Kelek, née à Istanbul, a observé et analysé l'irruption des voiles islamiques dans l'espace public en Allemagne et elle fait ce constat : « Les musulmans religieux, qui considèrent le voile ou le foulard comme obligatoire, gagnent de plus en plus de terrain en Allemagne, surtout depuis les attentats du 11 septembre. D'après une étude du Centre d'études de la Turquie, datée de septembre 2003, 71 % des immigrés musulmans se considèrent comme religieux, dont 19 % comme très religieux, ce qui représente 14 % de plus qu'en l'an 2000, donc avant les attentats du 11 septembre[11]. » Au Québec aussi les voiles islamiques se répandent comme de la mauvaise herbe. À cet égard, on n'a qu'à lire les impressions du correspondant du *Devoir* en France lors de l'un de ses passages à Montréal. Il écrit : « Récemment à Montréal, j'ai été frappé par le nombre de femmes voilées qu'on y voit. J'arrivais pourtant de Paris, qui est l'une des premières villes musulmanes d'Europe. La France abrite en effet la plus grande communauté musulmane du continent européen. Comment expliquer qu'au grand marché de la Place des Fêtes, dans un arrondissement populaire de Paris, on ne voit pas plus de femmes voilées qu'au marché Jean-Talon de Montréal[12] ? »

11. Necla Kelek, *La fiancée importée. La vie turque en Allemagne vue de l'intérieur*, Jacqueline Chambon, 2005, p. 207.
12. Christian Rioux, « L'État voilé ? », *Le Devoir*, 15 mai 2009.

Necla Kelek affirme : « Tandis que la croix et la kippa constituent des symboles religieux qui attestent de la foi de celui qui les porte et d'une humilité devant Dieu, le foulard n'est que le signe d'une réduction de la femme à son signifiant sexuel[13]. » Ce voile qui camoufle le corps et, dans certains cas, le visage, nous dit tout sur cette idéologie qui fait du contrôle de la sexualité des femmes l'honneur et la raison d'être des mâles de leur communauté. Réduites au statut d'objet sexuel bien en vue sur le marché du sexe, ces femmes constituent en outre un étalon de mesure pour les intégristes qui permet de créer deux catégories de musulmanes : les pures et les impures. Les impures étant bien évidemment les « occidentalisées » qu'il faut à tout prix mater et, lorsque cela n'est pas possible, liquider. C'est d'ailleurs pour cette raison que le guide suprême de la Révolution iranienne a imposé le voile aux femmes de son pays dès son arrivée au pouvoir. Puis, à partir des années 1980, l'uniforme s'est propagé dans le monde musulman et par la suite en Occident.

Le voile est un « cordon sanitaire » qui « protège » l'honneur de la « communauté » de tous les vices de la « société occidentale débauchée et perverse ». Entre la souillure occidentale et la pureté islamique, le voile est le bouclier. Dans l'espace clos dans lequel évoluent les femmes voilées, il y a, bien évidemment, une profusion d'autres cordons sanitaires : des épiceries, des boucheries, des centres commerciaux et des restaurants hallal, des librairies, des journaux, des centres, des banques, des agences de rencontre et de voyage, du prêt-à-porter, des salons de coiffure et d'esthétique… islamiques. Il y a même une façon islamique de se saluer et de se tenir entre femmes. Dans ce monde parallèle — où rien n'est laissé au hasard puisque l'étendue du « cordon sanitaire » est pratiquement infinie —, il y a aussi des hôpitaux, des écoles, des institutions d'enseignement qui sont tous frappés du label islamique ou hallal. Cet état de fait, qui ne vise qu'à exacerber les particularismes et à encourager le communautarisme, contrarie l'intégration en rendant impossibles les échanges et les interactions.

---

13. Necla Kelek, *op. cit.*, p. 207.

X.

Les diaboliques chaussures israéliennes

Il est bien connu que de nombreuses femmes ont un faible pour les chaussures. Malgré les innombrables pavés, les chaussées et les trottoirs défoncés, elles n'hésitent pas à se compliquer la vie en enfilant d'irrésistibles chaussures. Ce fort penchant reste souvent inexplicable. Celui des hommes l'est tout autant. Pensons au fantasme cliché d'être foulé par un pied de femme chaussé de talons aiguilles. Certains n'ont pas de gêne à avouer leur fétichisme pour la chose. Les adorateurs du pied, du soulier, de la bottine et de la botte sont bien plus nombreux qu'on ne le pense et se trouvent dans des lieux parfois… insoupçonnés. Au Québec, les godasses peuvent même déclencher des tempêtes politiques et médiatiques, surtout lorsque le fétichiste en question n'est nul autre que « le député le plus populaire de la province », en l'occurrence Amir Khadir, co-porte-parole de Québec solidaire. Dans ce domaine, les pratiques du député de Mercier se démarquent aussi bien par leur caractère tout à fait singulier que par leur fréquence. Deux spécialités caractérisent le désir khadirien de la chaussure : le lancer et le boycott.

Le grand public québécois a découvert l'un de ses mystérieux penchants, quelques jours à peine après son élection, alors qu'il participait à une manifestation[1] à Montréal devant le consulat

1. ‹http://www.radio-canada.ca/nouvelles/Politique/2009/01/13/004-Amir-Khadir-soulier.shtml›

des États-Unis, le 20 décembre 2008, à l'appel du collectif Bloquez l'empire, opposé à la guerre en Irak et en Afghanistan. Les participants étaient invités à rouer de coups de chaussures l'effigie de George W. Bush en guise de protestation contre ses désastreuses politiques et Khadir s'en est donné à cœur joie. Le geste avait été rendu célèbre quelques jours auparavant lorsque le journaliste irakien Muntazer al-Zaidi avait projeté deux escarpins sur le président américain lors de sa dernière conférence de presse à Bagdad en décembre 2008, lui assenant du même coup ces quelques mots: « C'est un baiser d'adieu du peuple irakien, chien! De la part des veuves, des orphelins et de tous ceux qui sont morts en Irak[2]! » La paire de chaussures étant devenue instantanément populaire, un fabricant turc a décidé de la commercialiser en la rebaptisant « *Bye Bye Bush* ». Cependant, la reproduction du geste de Zaidi par un député de l'Assemblée nationale du Québec a irrité de nombreux citoyens[3] qui ont qualifié son comportement de violent et l'ont jugé incompatible avec sa fonction. Fallait-il montrer une certaine indulgence pour le nouveau député de Mercier qui venait de chausser ses souliers de représentant du peuple? Certainement.

Boycottons Le Marcheur

Pratiquement deux ans plus tard, Khadir replonge, encore une fois, dans le monde de la chaussure en participant cette fois-ci à une campagne de boycott des produits israéliens lancée par

2. « Muntazer al-Zaidi, l'homme aux souliers d'or », *Libération*, 10 septembre 2009. Initialement condamné à trois ans de prison, Muntazer a bénéficié d'une grâce présidentielle et a été libéré le 14 septembre 2009 après neuf mois de détention.
3. Un enseignant du cégep de Sainte-Foy, Gilbert Gagnon, a même porté plainte au président de l'Assemblée nationale, arguant qu'un député ne doit pas encourager la violence, et que le geste d'Amir Khadir n'est pas plus légitime que celui d'un élève lançant un soulier à son professeur. ‹http://www.cyberpresse.ca/actualites/quebec-canada/politique-quebecoise/200812/28/01-813470-un-enseignant-demande-un-blame-contre-khadir.php›

l'organisme Palestiniens et juifs unis (PAJU). La campagne qui vise à épurer la rue Saint-Denis de tout produit israélien est dirigée contre un paisible commerçant qui y tient boutique depuis vingt-cinq ans. Quelques-unes de ces chaussures portent la marque israélienne Beautiful. À partir d'octobre 2010, des militants du PAJU se réunissent le samedi après-midi sur le trottoir devant la boutique pour demander aux passants de boycotter ses produits. Une mise en demeure est même envoyée à son propriétaire pour qu'il se débarrasse de son stock israélien, ce qui représente environ 2 % du chiffre d'affaires de la boutique. Yves Archambault, le commerçant, refuse et les manifestants continuent de chahuter devant son entrée en distribuant des dépliants pour l'inciter « à avoir le courage de faire de sa boutique une entreprise libre de toute association au régime d'apartheid israélien[4] ». Selon le propriétaire, le 18 décembre, le député de Mercier se joint aux manifestants et apostrophe personnellement quelques passants en ces termes : « Vous n'allez quand même pas entrer dans un commerce qui vend des produits israéliens ? » « Il ne leur demandait pas de ne pas acheter de produits israéliens ; il leur demandait carrément de ne pas entrer dans notre commerce...[5] », soulignent Yves Archambault et sa conjointe qui n'en reviennent tout simplement pas de l'acharnement du PAJU et s'interrogent sur le choix de leur boutique. « Alors qu'il y a sur la rue d'autres magasins, beaucoup plus importants que le nôtre et qui vendent des produits israéliens en plus grande quantité, ils ont ciblé le nôtre parce qu'ils savent très bien que le coût d'une poursuite judiciaire serait impossible à assumer pour nous », m'a expliqué la propriétaire. En effet, les temps sont difficiles pour les petits commerçants ; les magasins de chaussures se sont multipliés et la concurrence est devenue féroce. Le couple Archambault travaille de cinquante à soixante heures par semaine, sans compter le renfort de leurs deux enfants en fin de semaine.

---

4. Dépliant distribué par le PAJU, fourni par le propriétaire de la boutique.
5. ‹http://tvanouvelles.ca/lcn/infos/regional/archives/2010/12/20101217-051829.html›

Outre le fait que l'on puisse s'interroger sur cette façon un peu lâche de cibler un petit commerçant, on ne peut qu'être frappé par l'entêtement de Khadir dans cette volonté de faire adhérer contre leur gré des citoyens ordinaires à une cause qu'ils ne connaissent même pas ou si peu. Car il est bien entendu que pour susciter l'engouement envers un idéal qui nous est cher, il y a tout un travail pédagogique à faire en amont qui n'est pas des moindres. Bien que sensible à la situation que vivent les Palestiniens, le couple Archambault est peu politisé et n'affiche aucun intérêt envers la politique internationale. Ce choix constitue-t-il un délit ? Non, loin de là. Dans une société démocratique, tout un chacun a le droit de *choisir LIBREMENT* son adhésion au club des amoureux des papillons ou à celui des dinosaures et nul ne peut contraindre un individu à soutenir une cause malgré lui. En d'autres mots, la liberté de choisir une cause est un attribut démocratique qui revient à chaque citoyen et que nul ne peut saborder. Qu'est-ce que cette prétention moralisatrice de « donner du courage » aux propriétaires pour qu'ils fassent les « bons choix » ?

Un vieux fond qui remonte à la surface

Le boycott et le lancer de chaussures qu'on pourrait, à première vue, considérer comme deux épisodes marginaux de la courte vie parlementaire de Khadir ont en réalité une signification particulière dans sa vie de militant. Car nous retrouvons là un dénominateur commun à tous les gauchistes tiers-mondistes : une haine viscérale des États-Unis et une détestation maladive d'Israël, avec cette autre particularité, qui est un certain penchant pour les mouvements révolutionnaires, y compris lorsqu'ils sont islamistes. Le passé de Khadir témoigne de ce penchant puisqu'il fut militant de l'Organisation des moudjahidines du peuple (OMPI). Ce mouvement d'inspiration marxiste et islamique qui s'est doté en 1987 d'une branche armée, l'Armée de libération nationale d'Iran, est à l'origine de plusieurs attentats terroristes, ce qui lui a valu de figurer sur la liste canadienne des mouvements terroristes. Le 14 octobre 2006, Amir Khadir participe à l'émission *L'autre midi à la table d'à côté* en compagnie de l'avocat Julius Grey. Tout en partageant une bouchée, les deux hommes papotent sur la vie et leurs engagements respectifs lorsque, à la quarantième minute, Khadir déclare : « Le seul refuge qui restait c'était l'islam, un certain islam radical, celui de la guérilla urbaine des années 1970. Ce qui fait que beaucoup de jeunes comme moi, et même à l'étranger, on a été séduits par un discours musulman, islamique, politique où la foi était surtout tributaire de l'action politique plutôt que l'inverse. Mais une fois que l'échec de ça a été constaté par plusieurs d'entre nous, on n'a eu aucun problème à abandonner tout ça. »

Que reste-t-il au juste chez Khadir de cette sensibilité à l'islam politique ? Cette page est-elle vraiment tournée ou y a-t-il encore chez cet agitateur enflammé un vieux fond islamiste qui imbibe son schéma de pensée ? À analyser son cheminement, il semble fort probable que les vieux réflexes aient la peau dure et qu'ils resurgissent à des moments clés de nos débats politiques. Bien entendu, il est foncièrement grossier de prétendre, comme le font certains, que Khadir est un islamiste ou qu'il a un « agenda » caché. Par ailleurs, ses prises de position démontrent clairement qu'il est ambivalent, incohérent et écartelé entre deux référentiels qui se tournent le dos : l'un résolument progressiste en faveur des droits des femmes et de la justice sociale et l'autre, communautariste. Comme le faisait remarquer en octobre 2005 la philosophe Danièle Letocha concernant l'affaire des tribunaux islamiques : « Amir Khadir, président de la Commission politique de l'Union des forces progressistes, a vu dans la lutte contre l'application de la charia un signe d'islamophobie[6]. » Cela étant, Khadir a été l'un des rares hommes de culture musulmane à avoir participé à une manifestation à Montréal en septembre 2005 contre l'instauration des tribunaux islamiques. Difficile

6. ‹http://sisyphe.org/article.php3?id_article=1985›

à cerner, sa démarche est ainsi truffée d'incohérences. En effet, tout se passe chez lui comme si ses liens de sang venaient constamment parasiter son engagement sincère envers ses idéaux humanistes. Comme si un conflit de loyauté à l'égard « de ses racines » l'empêchait d'embrasser pleinement un référentiel de valeurs universelles. Comme si la peur de trahir et de décevoir « ses semblables » le hantait en permanence. C'est en cela que l'expression de Khadir le moderne est constamment étouffée chaque fois que les deux référentiels entrent en concurrence. Car, dans le système féodal basé sur les liens de sang et de clan, toute critique des rapports sociaux et de la structure tribale est interprétée comme une « trahison à l'égard des siens, c'est-à-dire de SA communauté ». On touche là à quelque chose d'essentiel : une conscience moderne ne peut émerger sans le renoncement aux liens tribaux. Car l'histoire de la modernité est, pour ainsi dire, celle de cette rupture lente ou brutale, mais inéluctable, entre l'homme et ses pesanteurs sociales. Pouvoir assumer les ruptures avec son « propre clan », plus encore les dépasser, sont des ingrédients nécessaires à l'émergence d'une conscience universelle, ce qui ne s'est malheureusement pas produit chez Amir Khadir. Au Québec, rares sont les figures publiques de culture arabe ou musulmane qui sont capables d'assurer pleinement l'autonomie de leur jugement vis-à-vis de leur communauté d'origine et, par là même, de se libérer de l'assujettissement aux structures tribales et patriarcales. À ce chapitre, je dois reconnaître que j'ai été profondément frappée et émue par l'authenticité de l'humoriste Nabila Benyoussef[7], le courage extraordinaire manifesté par l'auteure et mère de cinq enfants Samia Shariff[8], la parole percutante de Lynda Thalie[9] ainsi que l'intégrité de Fatima Houda-Pepin. La fraîcheur du regard de Boucar Diouf[10] ne me laisse pas non plus indifférente et même me séduit grandement.

---

7. ‹http://www.nabilarebelle.com›
8. Samia Shariff, *Le voile de la peur*, JCL, 2006.
9. ‹http://www.lyndathalie.com›
10. ‹http://www.boucar-diouf.com›

L'islamophobie, c'est le dada de Tariq Ramadan pour qui Amir Khadir n'a que de bons mots. En 2004, les deux hommes ont participé ensemble à un colloque organisé par Présence musulmane et intitulé « De l'éthique citoyenne aux défis d'une laïcité pluraliste ». La journaliste Aurore Lehmane rapportait que le « vice-président de l'Union des forces progressistes parle de "dogme laïque", loue l'intelligence et la "démarche sincère et authentique" de Ramadan et souligne l'importance de sa présence dans le débat public[11] ». Dans le même article, on lit que Khadir précisait toutefois que sa démarche n'était pas celle de Ramadan et qu'il ne souscrivait pas à la conception d'un État où le religieux dicte ses lois. Que faisait-il alors en compagnie du célèbre prédicateur? Une chose est sûre, il n'était pas là pour le contredire. Sa présence était un gage d'adhésion à une démarche politique, une forme de caution morale dont Ramadan avait besoin de se draper pour conquérir le public québécois. Faut-il rappeler que la dénonciation du « dogme laïque » n'est pas un accident dans le parcours de Khadir? Il a toujours été extrêmement frileux à défendre les principes laïques. Les 6 et 7 décembre 2005, il participait à Lyon à un colloque ayant pour thème « Deux définitions divergentes de la laïcité dans l'espace public: Le principe républicain français versus le principe démocratique québécois », au cours duquel il a fait une présentation intitulée « Universalité de principe et exclusion de fait: une laïcité suspecte ». Il se déclare volontiers féministe mais le 13 mai 2009, alors que le débat sur la résolution de la FFQ fait rage à l'Assemblée nationale[12], que Sylvie Roy et Pauline Marois se relayent pour obtenir que le gouvernement explicite sa position sur le sujet, il choisit de consacrer le temps qui lui est alloué pour poser deux questions sur l'affaire Villanueva. Lors d'une conférence de presse qui a lieu quelques heures plus tard, il qualifie l'interdiction du voile islamique « de chasse aux sorcières [...] contre nos

11. Aurore Lehmane, « Le jour de Ramadan », *Voir*, 25 novembre 2004.
12. ‹http://www.assnat.qc.ca/fr/travaux-parlementaires/assemblee-nationale/39-1/jour-nal-debats/20090513/11049.html›

sœurs musulmanes voilées[13] » et en profite pour souligner la nécessité d'accomplir un travail pédagogique et éducatif afin de soustraire les femmes voilées à l'emprise des mollahs.

De la théorie du complot

Parmi les politiciens adeptes de la fameuse théorie du complot à propos du 11-Septembre, c'est probablement Amir Khadir, cofondateur de Québec solidaire, et Richard Bergeron, chef du parti municipal Projet Montréal, qui ont été les plus bavards, avec Omar Aktouf, professeur à l'École des hautes études commerciales de Montréal et ancien candidat du NPD et de l'Union des forces progressistes. « Le docteur Amir Khadir n'écarte pas la théorie voulant que les attentats du 11 septembre aient été le résultat d'un vaste complot. […] Alors si on peut démontrer un jour que des lobbies de l'armement, de la sécurité, ou pro-israéliens, peuvent avoir trempé dans l'incitation, je ne pense pas que personne aurait pu imaginer que c'est ce genre d'action qui aurait été perpétrée[14]. » L'analyse de Khadir va dans le même sens que celle de Tariq Ramadan qui a déclaré au *Monde* le 3 octobre 2001 : « Les musulmans doivent être clairs tout en refusant d'être suspectés : on ne peut donner aucune caution islamique à ces attentats, et il faut en chercher les auteurs en évitant les conclusions hâtives. En effet, les services secrets d'un État aux objectifs pervers ou tout autre groupe politique "antiaméricain" pourraient avoir commis de tels actes en laissant des indices d'une filiation très évidente avec les réseaux de Ben Laden. Si c'est bien ce dernier, alors il doit être jugé, mais il faut éviter les simplifications qui éclaboussent tous les musulmans. » Contrairement à Khadir qui accuse carrément les lobbies pro-israéliens d'être responsables des attentats du 11-Septembre, Ramadan, lui, est plus subtil, il

13. ‹http://www.assnat.qc.ca/fr/travaux-parlementaires/commissions/ci-39-1/journal-debats/CI-100519.html#_Toc277252611›
14. Katia Gagnon, « Amir Khadir n'écarte pas la théorie du complot », *La Presse*, 7 septembre 2006.

parle des « services secrets d'un État aux objectifs pervers ». Le prédicateur genevois ne nomme personne mais tout le monde aura compris de quel « État pervers » il s'agit. C'est typiquement la méthode Ramadan : entretenir l'ambiguïté.

En 2005, Richard Bergeron avait écrit dans un livre : « Personne ne sait ce qui s'est réellement passé le 11 septembre 2001. Nous avons tous vu à satiété deux avions de ligne percuter les tours jumelles du World Trade Center à New York. C'est bien là le seul événement dont nous soyons sûrs. Quant aux raisons qui ont motivé cet acte, elles nous demeurent inconnues. Pour ce qui est des deux autres avions qui se seraient écrasés l'un sur le Pentagone, à Washington, l'autre dans un champ, non loin de Pittsburg, en Pennsylvanie, on tombe à mon sens dans la farce macabre. Chacun a pu vérifier à des dizaines de reprises qu'un écrasement d'avion, de quelque façon qu'il se produise, produit toujours une abondance de débris. Or, ni au Pentagone ni en Pennsylvanie, personne n'a jamais vu le moindre débris d'avion. Je suis personnellement du genre à ne pas croire que des avions de 60 tonnes puissent se volatiliser. Il se peut que ce fameux 11 septembre 2001, nous ayons simplement été témoins d'un acte de banditisme d'État aux proportions titanesques[15]. » Positions qu'il réitère quelques années plus tard lorsqu'on l'interroge sur le sujet[16].

Est-ce un hasard si la femme d'Amir Khadir, Nimâ Machouf, se trouvait sur les listes de Projet Montréal, colistière de Richard Bergeron en 2009 pour briguer la mairie de Montréal ? Interrogée sur les attentats du 11-Septembre, l'autre porte-parole de Québec solidaire, Françoise David, est restée très évasive : « Il [Khadir] a exprimé une opinion qui est la sienne. Moi, je n'ai rien à dire et pour Québec solidaire ce n'est pas une priorité de discuter du 11 septembre. » Devant la surenchère de versions conspirationnistes, dont la plus célèbre est celle de Thierry Meyssan[17], il

15. *Les Québécois au volant c'est mortel*, Les Intouchables, 2005, p. 104.
16. Michèle Ouimet, « Richard Bergeron : le franc-tireur de Montréal », *La Presse*, 5 octobre 2009.
17. Dans son essai intitulé *L'effroyable imposteur*, Fiammetta Venner révèle le véritable visage de Thierry Meyssan et ses réelles motivations.

n'est pas inutile de rappeler qu'à ce jour plusieurs sources accréditent l'hypothèse de l'implication d'al-Qaïda dans l'organisation des attentats et enrichissent le rapport de la commission du Congrès sur les attentats du 11 septembre 2001[18]. Ce qui est très grave c'est qu'aux yeux de ces nouveaux émules de la théorie du complot, l'islam politique n'est qu'un fantasme ou, pire, une « fabrication de l'Occident », comme me l'a déjà suggéré un sociologue de l'UQAM.

Les tristes exploits du groupe Zarkawi en Irak, la prise du pouvoir par le Hamas à Gaza, les avancées du Hezbollah au Liban, la barbarie des talibans, les succès électoraux des islamistes en Égypte, au Maroc et en Turquie, la boucherie algérienne et la descente aux enfers iranienne ne sont que broutilles. Cette façon de jeter la suspicion sur les véritables enjeux des attentats du 11-Septembre correspond à une intention claire, celle de diaboliser les États-Unis d'Amérique et de leur imputer l'entière responsabilité de la marche actuelle du monde. Comprenez-moi, la politique étrangère des États-Unis m'a souvent donné des nausées et je n'ai jamais été une partisane de George W. Bush; ce personnage et ses politiques m'ont révulsée. Mais verser dans un antiaméricanisme primaire me paraît servir à dédouaner l'islamisme de ses actes les plus ignobles et révéler à l'endroit de ce dernier une complaisance que je ne peux accepter. Ce qui me révolte grandement avec ces positions, c'est que ceux qui les tiennent propagent finalement l'idée que les démocraties et les dictatures se valent et que l'on vit les mêmes réalités à Paris ou à Londres qu'à Alger ou à Téhéran. Ce n'est pas un hasard si le président iranien Mahmoud Ahmadinejad s'est fait le relais de ces théories totalement farfelues devant l'Assemblée générale de l'ONU, le 23 septembre 2010[19]. Certes, les

18. *Rue 89* a consacré une enquête très intéressante sur le sujet qui décortique un à un les arguments des partisans de la théorie du complot. ‹http://www.rue89.com/desintox-11-septembre-2001/2009/02/03/limplication-dal-qaida-confirmee-par-plusieurs-sources›

19. « ONU : Ahmadinejad évoque un complot américain du 11 septembre », *Le Monde*, 23 septembre 2010.

démocraties ne sont pas irréprochables ; ce qu'elles commettent au nom de la démocratie est même souvent indigne. Cependant, elles demeurent des démocraties où il est encore possible de vivre et de résister sans risquer de se faire lapider ou assassiner. Ce n'est certainement pas le cas en Iran.

Conclusion

S'il fallait à tout prix mourir un jour,
mourrons de courage et non
de couardise.

AL-MUTANABI

Tizi-Ouzou (Algérie), octobre 2010. Une foule impressionnante est entassée dans la grande salle d'une villa de trois étages en pleine construction pour célébrer l'office du samedi. La bâtisse sert de temple. De l'extérieur, rien ne laisse transparaître son activité. Dans un pays ou l'islam est religion d'État, le traitement réservé aux minorités religieuses est un véritable casse-tête. Surtout, lorsque la conjoncture politique fait la part belle aux islamistes comme c'est le cas actuellement. Les différentes communautés chrétiennes qui sont encore marginales, en Algérie, subissent de plein fouet l'intransigeance du régime. Alors que les minarets s'élèvent fièrement vers le ciel, les croix sont bannies du paysage. Pour les chrétiens, la discrétion est de mise. On évoque Jésus en catimini. À Tizi-Ouzou, en Kabylie, dans cette petite communauté évangéliste, on va prier en famille. Plusieurs générations se mêlent: des plus vieux aux plus jeunes. Des enfants s'amusent à monter et descendre l'escalier pendant que leurs parents ont les yeux rivés sur l'estrade sur laquelle se promène le pasteur en veston cravate. Exalté par l'enthousiasme des dévots, ce jeune tribun fort dynamique aborde une foule de sujets. Tout y passe, y compris la situation politique du pays. Puis, le temps des louanges arrive. Toujours en kabyle. Un chœur fait son entrée.

Des musiciens s'installent. Les fidèles se mettent debout. Certains sont en transe. Alléluia! Alléluia! Alléluia! « Celle qui tient la guitare électrique c'est la femme du pasteur qui est assis au fond là-bas », me fait remarquer mon accompagnateur. Aujourd'hui il y a tellement de monde qu'une salle est aménagée au rez-de-chaussée où l'office est diffusée sur grand écran.

Je prends congé de mes hôtes pour m'engouffrer dans le bureau du pasteur où Hocine Hocini m'attend. Il vient de remporter une immense bataille juridique. Le 12 août 2010, cet homme dans la quarantaine a été interpellé, en compagnie de son camarade Salem Fellaka, par deux policiers alors qu'ils se trouvaient tous les deux sur leur lieu de travail, un chantier de construction privé à Ain al-Hammam (150 km à l'est d'Alger). Les deux ouvriers partageaient une gamelle de couscous en plein mois de ramadan. Au commissariat de police, on leur reproche d'avoir mangé pendant le mois de ramadan. Sauf que… Hocine et Salem sont chrétiens. Les policiers ne veulent rien savoir. Le ramadan, c'est sacré! Surnommés les « non-jeûneurs », l'histoire de Hocine et de Salem circule sur les réseaux sociaux. La solidarité est presque immédiate. Ils reçoivent des centaines de messages de soutien émanant de tout le pays mais aussi de l'étranger. Des avocats accourent d'Alger pour venir plaider leur cause bénévolement. Des citoyens sont nombreux à assister à leur procès. Le procureur se montre inflexible. Il exige trois ans de prison ferme pour offense et atteinte aux préceptes de l'islam. Les deux ouvriers évoquent la liberté de conscience, droit enchâssé dans la Constitution. Le 5 octobre 2010, le tribunal a prononcé la relaxe. Hocine Hocini et Salem Fellak ont quitté le Palais de justice, libres, le sourire aux lèvres. Hocine n'a jamais douté de l'issue du procès. « Je n'ai commis aucun délit, aucune infraction. J'ai le droit de ne pas faire carême et je l'assume. Libre aux autres d'observer le mois du ramadan, mais moi, je ne suis concerné ni de près ni de loin », m'explique-t-il. Cette formidable mobilisation montre bien que la soif de justice est toujours vivace dans la conscience populaire.

Un pays qui naît, dans un pays qui meurt

Cette quête de la dignité est toujours perceptible. Il y a une trentaine d'années, Kateb Yacine avait dit : « l'Algérie, c'est un pays qui naît, dans un pays qui meurt ». En effet, que de printemps avortés ce pays a-t-il connus ? Que de morts avons-nous enterrés ? Que de rendez-vous avec l'histoire avons-nous manqués ? Que de rêves avons-nous vu s'envoler ? À commencer par le printemps berbère de 1980 dont la principale revendication était l'officialisation de la langue et de l'identité tamazight. En 1986, l'épicentre de la contestation se transporte à Constantine, parmi les lycéens puis finit par atteindre les étudiants, les chômeurs et les travailleurs précaires. Deux ans plus tard, des jeunes, les mains nues, font trembler le régime du parti unique. C'est dans un bain de sang que la révolte prend fin. Au tout début des années 1990, un nouveau bras de fer oppose islamistes armés et démocrates. La bourrasque verte du Front islamique du salut (FIS) balaie les espoirs nés de l'indépendance. L'air est chargé de cendres et d'éclats de braises. Suivent dix interminables années pendant lesquelles de nombreux démocrates laissent leur peau.

Pas plus que le front politique, le front social ne s'est jamais vraiment apaisé. Nourries par d'importants sujets de contestations, des grèves éclatent sur tout le territoire. Et même le sud, pourtant réputé pour sa légendaire « tranquillité », finit par faire grimper le thermomètre de l'agitation. Le complexe sidérurgique d'El-Hadjar tout comme la zone industrielle de Rouiba, vivent leurs moments de fronde. En 2001, après l'assassinat dans les locaux de la gendarmerie du jeune lycéen Massinissa Guermah, âgé de 18 ans, la Kabylie s'enflamme à nouveau. Dix ans plus tard, entre 2010 et 2011, des manifestations et des grèves se multiplient ici et là. La hausse brusque et inexpliquée du prix des produits alimentaires de base, comme l'huile et le sucre, échauffe les esprits. La situation est d'autant plus incompréhensible que l'Algérie affiche des indicateurs financiers et macroéconomiques des plus encourageants grâce aux recettes des hydrocarbures, et ce depuis plus d'une dizaine d'années. Où va l'argent ?

En janvier 2011, des jeunes occupent la rue. Des voitures flambent, des routes sont bloquées et des édifices publics ciblés. C'est reparti ! Les émeutes sont devenues des scènes banales auxquelles plus personne ne prête vraiment attention avoue, sans détour, un correspondant de presse. « Absence de logement, chômage, cherté de la vie, environnement dégradé. Au pays où la jeunesse s'ennuie, les motifs de colère et de protestation ne manquent pas. Et les émeutes ne manquent pas. Elles sont tellement courantes qu'il arrive aux journaux de les expédier en deux lignes dans la rubrique des brèves. La presse internationale notamment anglo-saxonne a accordé un intérêt aux émeutes sociales de Tunisie qui sont effectivement sans précédent et relativisent les succès économiques du régime. Cette même presse internationale a cessé d'accorder de l'intérêt aux jacqueries "routinières" qui secouent régulièrement l'Algérie[1]. » Ces jeunes ne sont pas tous des repris de justice. Loin de là. La plupart sont diplômés. Leur potentiel est énorme. Jamais mis en valeur ni même sollicités. La capitale sous surveillance est quadrillée. D'incroyables contingents de policiers sont mobilisés pour contenir la colère de la rue. Cent quarante milles hommes n'attendent qu'un ordre pour mater les contestataires. De nombreuses femmes sont arrêtées. Direction commissariat de police. Tout le monde est relâché en fin de journée. Des universités sont encerclées. L'autoroute est-ouest reliant Alger au littoral est momentanément bloquée. Aucune région entre la capitale et Annaba n'est épargnée. En coulisses, tout se précipite. La répression repart de plus belle.

Et voilà, le 14 janvier 2011, que la chute impromptue du dictateur tunisien Ben Ali vient soudainement revigorer les troupes. À partir du 25 janvier, un vent de liberté souffle depuis la place Tahrir sur tout le pays. Les colères fusionnent et se répandent comme une traînée de poudre. Face à cette contestation tous azimuts, la situation peut basculer dans l'inconnu à chaque instant. Le pouvoir le sait fort bien. Il s'active et parvient, une fois encore, à contenir la révolte en annonçant in extremis une série de

1. M. Saâdoune, « Même en Algérie, l'émeute n'est pas "banale" », *Le Quotidien d'Oran*, 6 janvier 2011.

mesures. Des cadeaux pleuvent sur le peuple ! Il n'y a qu'à piocher dans la cagnotte des pétrodollars pour alimenter le système de redistribution. Le 24 février, l'état d'urgence en vigueur depuis vingt ans est levé. Les légumes secs sont ajoutés aux douze produits alimentaires subventionnés par l'État, les salaires de diverses corporations sont relevés parfois jusqu'à 80 % avec dix-huit mois ou plus de rappel. Vive la rente pétrolière ! Des dizaines de partis politiques attendent leurs accréditions et le mouvement associatif reçoit sa part des dividendes. En ces temps de crise financière internationale, ici l'argent coule à flots ! Mais tout ceci n'est pas sans conséquence sur l'avenir politique du pays.

Après les élections législatives du 10 mai 2012, le parlement est bloqué par une nouvelle majorité présidentielle incarnée par le Front de libération nationale (FLN) qui garde la main sur tous les rouages du pouvoir. Les quelques démocrates qui y siègent font office de figurants. Pire : en donnant l'illusion d'un parlement « démocratique », ils participent à cautionner un pouvoir corrompu, violent et autoritaire. Est-ce le retour à la case départ d'avant octobre 1988 ?

Les trois leçons de l'expérience algérienne

Les démocrates qui avancent éparpillés ne parviennent toujours pas à unir leurs rangs. À vrai dire, 24 ans après l'ouverture démocratique d'octobre 1988, le pôle démocratique est en lambeau. C'est vraisemblablement là que réside l'une des plus grandes victoires du régime. On le devine, pour la démocratie, ce n'est franchement pas une bonne nouvelle. Le politique tourne à vide. C'est ailleurs que les citoyens expriment leur exaspération face aux jeux de pouvoir et aux scandales financiers. Car à chaque fois qu'on pense avoir mis à mal les mécanismes du système, il se renforce et se régénère. C'est la première leçon à retenir de l'expérience algérienne. En soufflant le chaud et le froid, le régime est arrivé à se maintenir au pouvoir. Résultat, le pays est au bord de l'explosion.

Il faut bien comprendre que, durant toutes ces années, le pouvoir ne s'est pas donné seulement pour mission de tenir en laisse la population ; il a également cherché à la déshumaniser, à la dévaloriser et à la diviser. Et rien n'a été ménagé pour l'abrutir, pour détruire son potentiel de réaction et assombrir ses horizons. On ne fera avaler à personne que la suppression des lieux de culture n'obéit pas à un plan prémédité. Par ce moyen vieux comme le monde, les pouvoirs absolus empêchent la naissance de tout esprit critique. À Alger comme ailleurs, les pizzerias et les vendeurs de fripes se sont multipliés alors que les librairies ont fermé leurs portes les unes après les autres. Il n'y a pas que le secteur du livre qui se porte mal. Les arts plastiques, le théâtre et la musique ne sont pas en meilleur état. Après avoir cassé le système éducatif et bouché les perspectives d'emplois, en particulier de la jeunesse, il ne restait au pouvoir qu'à baliser un seul chemin : celui de la mosquée. C'est le virage islamiste qu'a pris le pays. Deuxième leçon : islamiser pour abrutir.

Dieu, bien qu'invisible, est partout. Le discours politico-religieux a gagné du terrain. Déjà, en 1984, l'Assemblée nationale avait taillé sur mesure un *Code de la famille,* rebaptisé sarcastiquement *Code de l'infamie,* qui stipulait, entre autres choses, que la femme a l'obligation d'obtenir le consentement de son tuteur pour se marier, d'obéir à son mari et à ses beaux-parents et reconnaît que l'autorité parentale n'incombe qu'au seul mari. Aujourd'hui, le président Bouteflika précipite son pays dans le giron de l'islamisme wahhabite et ne cache plus ses allégeances aux nouveaux maîtres de l'heure : les émirs du Qatar.

Al-Jazira et al-Arabiya ont remplacé TF1 et France 2 sur les écrans. L'influence de cette minuscule monarchie théocratique, à peine aussi grande que la Corse, passe, bien sûr, par sa télévision, mais pèse également sur la politique extérieure de l'Algérie qui fait figure de dernier régime nationaliste encore en place dans le monde arabe. Le 15 novembre 2011, le président Bouteflika a dû se rendre à Doha, officiellement pour un sommet gazier, où il était le seul chef d'État à s'être déplacé. En réalité son voyage s'inscrivait dans la dynamique du réchauffement de ses relations avec le Conseil national de transition (CNT) libyen. C'est également vers le Qatar que s'est tourné Rached Ghannouchi pour effectuer sa première visite à l'étranger après la victoire de son parti Ennahda aux élections constituantes du 23 octobre 2011 qui ont suivi la Révolution tunisienne. Le protégé de marque du royaume a notamment bénéficié de sa toute puissante chaîne de télévision et des prêches très suivis de son imam Youssef al-Qaradawi, fervent soutien d'Ennahda. Encore un !

En ce qui me concerne, si j'éprouve une peine bien réelle et une grande inquiétude en mesurant cette influence qatarie dans le Maghreb, j'ai autant de peine à écouter le président Bouteflika, du haut de sa « légitimité révolutionnaire », vanter la « stabilité et la force du pays ». Je suis surtout préoccupée par les félicitations renouvelées des partenaires occidentaux, avec à leur tête la France et les États-Unis, à l'approche des élections présidentielles de 2014. Troisième leçon : l'Occident fonctionne toujours sur les vieux schémas du passé. Point de salut en dehors des régimes en place et des islamistes. Et pourtant, le monde arabe a vibré au rythme de ses sociétés civiles, de sa jeunesse, de ses enseignants, de ses syndicalistes et de ses journalistes pour initier le printemps de ses peuples avec un réel désir d'en découdre avec la peste et le choléra, c'est-à-dire autant avec les dictatures qu'avec l'islamisme politique. Ne faut-il pas se réjouir de la naissance d'un tel mouvement ?

Comment oublier que le réflexe initial de l'insurrection revient aux Algériens qui, en contestant massivement le système du parti unique, ont déchiré les premiers le voile funèbre de la soumission au despote ? Certes, leur révolte n'est pas encore achevée. Malgré son écrasement dans le sang, elle se poursuit loin des projecteurs. Les Algériennes et les Algériens ont connu leur traversée du désert en subissant une des étapes les plus cruciales de leur existence sans faillir à l'objectif principal : tenir en échec l'islamisme armé. Cette victoire leur a été confisquée par ceux-là mêmes qui les ont traînés dans cette souillure infâme que sont la « réconciliation nationale » et la « concorde civile » et qui, aujourd'hui, sont prêts à aller encore plus loin dans la compromission.

Retenons l'essentiel. En 1984, avec le code de l'infamie, les députés du FLN ont usurpé leur pouvoir législatif pour le mettre au service des islamistes qui, à leur tour, ont fait main basse sur le système éducatif et les mosquées. Dans leur volonté d'écraser toute expression démocratique, ces deux forces, le système et les islamistes, se confondent et ne font plus qu'une. C'est en cela que l'une est le prolongement de l'autre et que toute alternative viable doit être envisagée en dehors de ce couple infernal.

Améliorer le statut des femmes, le début de toute Révolution

Mettre au pas les femmes en instrumentalisant à fond le religieux, telle a été la recette du régime algérien. Mais pas seulement. Dans le monde arabe et musulman, la même tendance s'est confirmée. À l'exception de la Turquie, l'ensemble des Constitutions des États se réfèrent à l'islam. Il reste qu'avec son Code du statut personnel promulgué en 1956, la Tunisie se démarque. Là, des limites persistent encore ! L'article premier de la Constitution tunisienne se rapporte à l'islam. Le candidat à la présidence de la république se doit d'être musulman. En matière d'héritage, les lois islamiques, qui prescrivent que la part d'une fille équivaut à la moitié de celle d'un fils, prévalent. S'agissant du mariage, il reste impossible pour une Tunisienne née musulmane de contracter ou de valider un mariage avec un non-musulman. Toutes ces contradictions éclatent dans la conjoncture particulière de la rédaction de la nouvelle constitution. À l'évidence, tous ces enjeux ont surgi à l'occasion de la reconfiguration politique en cours.

Les deux partis arrivés derrière Ennahda aux premières élections libres de l'histoire du pays — Ettakatol (gauche nationaliste) et le Congrès pour la République (CPR, gauche nationaliste) — se sont alliés au parti de Ghannouchi en lui fournissant un président de la république, Moncef Marzouki, et un président du parlement, Mustapha Ben Jaafar. Ouf! En termes de télescopage politique on ne pouvait pas faire mieux ! En face, les démocrates qui ont choisi clairement leur camp crient à la trahison. Là encore, personne, au final, n'ose trop bousculer les « constantes nationales ». On veut ratisser aussi large que possible. Et d'une façon ou d'une autre, lorsqu'il est question des « marquages identitaires », on reste prudent. Du moins, c'est l'impression qui se dégage. Surtout, on s'assure bien de ne jamais prononcer le mot laïcité. Pendant ce temps-là, les appels des salafistes à égorger les gens qui ne pensent pas comme eux et à exterminer les juifs se multiplient dans plusieurs villes et restent totalement impunis.

Quant à la société turque, après plus d'un siècle de kémalisme, les mariages forcés y sont légion, les crimes d'honneur presque autant et l'égalité en matière de succession est loin d'être toujours respectée, en conséquence de quoi l'écrasante majorité du patrimoine continue à être détenue par les hommes. Avec la place de plus en plus importante accordée au religieux dans la vie publique sous le gouvernement islamo-conservateur de l'AKP, on ne peut espérer un quelconque progrès. La laïcité n'est pas seulement au point mort, elle est en net recul.

En Égypte, les femmes peinent à prendre leur place. Près de 85 % d'entre elles sont excisées et autant souffrent de harcèlement sexuel. Dans l'ancien parlement, on ne comptait que 2,5 % de femmes alors qu'elles représentent 53 % de la population. L'analphabétisme frappe 42 % d'entre elles et il a fallu attendre 2003 pour qu'une femme accède à la fonction de juge.

Dans ces conditions, comment prétendre à l'aboutissement des Révolutions sans améliorer le statut des femmes ?

Un grand pas vers le changement

Lorsque j'ai entamé la rédaction de ce livre, quelque part en novembre 2010, je ne me doutais nullement que le monde arabe allait rentrer dans l'une de ses phases historiques les plus incertaines mais en même temps les plus prometteuses. Non pas que je sousestimais la capacité de révolte des peuples — condition sine qua none du changement — ou que je méconnaissais l'intensité des antagonismes qui traversaient les sociétés en question. Loin de là. Cependant, quel que soit notre degré de compréhension de la réalité, on se demande pourquoi l'histoire s'accélère là, maintenant, alors que la vie semblait y sommeiller depuis si longtemps. On s'aperçoit alors après coup que ces bouleversements ne pouvaient pas ne pas se produire.

Oui, j'ai pleuré en voyant ces images de femmes et d'hommes affluant dans les rues des capitales arabes. Dans chacun de ces pays, la mobilisation citoyenne a fonctionné à plein. L'arbitraire a été dénoncé. La peur a changé de camp. La brutalité des régimes n'est rien face à la volonté des peuples à prendre leur destin en main. Refuser de subir. Ne plus jamais se taire. Imprimer sa marque à l'histoire. Les sociétés bouillonnent. La parole s'est libérée. Il s'agit maintenant de donner un contenu au changement. La place et le rôle des femmes dans la société se posent avec acuité. Le statut des minorités religieuses, philosophiques, linguistiques et sexuelles se pose également. Tous ces débats se déroulent avec, en toile de fond, la séparation entre le politique et le religieux. Dans ce contexte, les aspirations des féministes et des laïques sont immenses. Mais des inquiétudes demeurent. Car nulle société n'est immunisée contre la régression. Les chefs islamistes ont beau jurer qu'ils ne veulent pas imposer la charia, des idées insidieuses font leur chemin et de violentes attaques prennent pour cible de simples citoyens, des lieux de savoir et de culte ou des symboles nationaux.

Le dilemme est déjà devant nous ! Nul ne pouvait prévoir ni le moment du point de bascule ni son lieu. En revanche, dès le début de cette folle accélération de l'histoire, certains redoutaient le pire, c'est-à-dire les éclatantes victoires électorales des islamistes. Car nous savions pertinemment que nous avions affaire à un monstre à deux têtes. Cette fois-ci, les Frères musulmans ont compris l'importance des urnes. Ils y sont allés et ont gagné la faveur populaire. Nous ne sommes plus dans cette phase post-islamiste, claironnée par la plupart des observateurs occidentaux, mais, bien au contraire, au plus fort de la vague. Les islamistes ne rêvent plus de guerre sainte. Ils ne posent plus de menaces stratégiques. Forts de soutiens politiques décisifs aussi bien en Orient qu'en Occident et de moyens financiers sans précédents, ils sont sortis du bois pour confisquer « démocratiquement » la majorité des suffrages là où des « élections » se sont tenues. En Tunisie, le parti Ennahda remporte les élections constituantes du 23 octobre 2011 et obtient 90 des 217 sièges de l'Assemblée avec plus de 40 % des suffrages. Au Maroc, avec plus d'un siège sur quatre, les islamistes du Parti pour la justice et le développement (PJD) sont les vainqueurs des législatives du 25 novembre 2011 et depuis, pour la première fois de son histoire, le gouvernement marocain a un premier ministre islamiste. Les élections législatives en Égypte ont été un véritable raz de marée puisqu'à eux seuls les islamistes détiennent près de... 74 % des sièges du Parlement !

Alors, que faire maintenant ?

Cette accession des islamistes au pouvoir alors que l'histoire immédiate des Révolutions en Tunisie et en Égypte nous enseigne qu'ils n'ont nullement initié les mouvements de contestations pose de nombreuses questions. Cependant, pour prendre la mesure exacte de ce qui secoue les sociétés arabes, il faut aller au-delà de ces victoires électorales. Prendre le temps de les sonder, de les écouter et d'analyser leurs contradictions. Tout au long de l'année 2012, j'ai été témoin dans ces deux pays de résistances fabuleuses. On veut exister, être, jouir, voir, entendre, créer, s'aimer sans Allah ni maître. Bien évidemment, les oppositions aux changements sont féroces. Le projet de bousculer une tradition figée, de l'acclimater aux Lumières, de l'ouvrir à la modernité et de la réconcilier avec son temps serait-il enfin parvenu à maturité ?

D'autres soubresauts vont-ils être nécessaires ? D'autres chocs nous attendent-ils dans les mois et les années qui viennent ? D'autres retournements se préparent-ils ? Qu'en est-il des colères en gestation ? La fronde continue de structurer le quotidien des peuples arabes et, dans ces conditions, un retour en arrière me semble impossible. Comme le soulignait Élisabeth Roudinesco : « Aucune révolution ne se fait sans risque, et nul ne peut prévoir de quoi demain sera fait. Le pire serait de condamner par avance l'espoir au nom d'une possible dérive à laquelle on finirait par aspirer à force de jouir d'en avoir peur. L'esprit de la Révolution est en marche[2]. »

Refuser de mentir sur ce que je sais

Pour ma part, je continue de penser qu'on ne peut construire l'avenir sans tenir compte de l'histoire. J'ai compris la nécessité de faire entendre les échos du passé pour construire le présent et préparer un avenir meilleur. Car l'amnésie est la pire des trahisons. Pour ma part, j'ai la mémoire en feu. Les souvenirs me prennent à la gorge. Ils me catapultent dans les ténèbres d'une autre vie qui fut aussi la mienne. Les années défilent en accéléré, d'abord comme un murmure puis comme un cri infini. Et le silence. Ce long silence rompu après des années de deuil.

Je ne sais si on peut guérir de ses blessures. Je sais, par contre, qu'on peut grandir de ses douleurs. Je continue d'être aujourd'hui le prolongement de ce que j'ai toujours été. Je refuse de mentir sur ce que j'ai vécu. Je sais que l'avancée des voiles islamiques, c'est le recul de la démocratie et la négation des femmes. Je sais que l'islam politique n'est pas un simple mouvement fondamentaliste mais un courant politique totalitaire qui a pour visée d'engloutir le monde après avoir avalé la démocratie. Si je

---

2. Élisabeth Roudinesco, « Il n'y a pas de révolution sans risque », *Le Monde*, 18 février 2011

lance cet appel, c'est pour mettre en lumière ce qui me rattache à l'écriture, c'est-à-dire mon engagement. Un jour, j'ai découvert des mots que je n'avais jamais osé prononcer. J'ai réalisé alors que la douleur n'avait été qu'un long chemin vers l'écriture. Car les mots sont un antidote à la peur ; ils peuvent nous aider à accomplir des prouesses dont nous ne nous serions pas crus capables.

Remerciements

Ce livre est le fruit de nombreuses rencontres et de multiples discussions. Merci d'abord à Martin Balthazar, mon éditeur, pour l'enthousiasme qu'il a manifesté pour ce projet lorsqu'il n'était qu'un balbutiement. Merci à Robert Laliberté, directeur littéraire des essais, pour ses relectures et ses remarques, toujours pertinentes, ainsi que pour sa complicité intellectuelle. Merci à tous les membres de l'équipe de chez VLB éditeur pour l'attention particulière avec laquelle ils accompagnent la naissance de ce nouveau-né dans notre famille littéraire. Merci à Yvette Roudy d'avoir accepté de préfacer ce livre et ce malgré toutes ses occupations que je sais nombreuses. Merci à Samia I. Spencer d'avoir fait le lien entre nous deux. Merci à Henri et à Olivier des éditions H&O qui m'ont accueillie à bras ouverts. Merci à mes parents, Kety et Fewzi, de m'avoir fait comprendre l'essentiel de la vie. Merci enfin à mon compagnon, Gilles, pour ce qu'il est et tout ce qu'il m'apporte.

Table des matières

Préface d'Yvette Roudy 7

Liste des sigles..11

Introduction 13
Des Frères musulmans aux djihadistes...............................17
Je suis d'ici et d'ailleurs 23
La terreur intellectuelle 25
Entre le peuple et les bien-pensants, le fossé se creuse 28
Le multiculturalisme :
cheval de Troie de l'islam politique 32
Les idiots utiles au service du fascisme vert 37
Les liaisons fatales et dangereuses 39
À quand un aggiornamento musulman ? 42
De l'indignation individuelle
à la prise de conscience collective 44

Première partie : Des particules de lumière et quelques bribes sur les ténèbres 47

I. Islamisme et modernité
couvent dans le ventre de l'Égypte 49
« Au-dessus d'elle, il n'y a que le Coran » 50
La modernité mal assumée 53
Huda Sharawi, l'indépendance et les effluves de la liberté .65
« Relève la tête, mon frère ! » 70
Il était une fois des penseurs arabes féministes 73
Le divorce forcé du professeur apostasié 81

L'ignorance institutionnalisée 85
La scission du mouvement de la Nahda 88

II. Des frères musulmans à l'Internationale islamique............91
Un système de gouvernance totalitaire 95
Jeunes et femmes, fer de lance de l'Oumma.......................97
Le jeu trouble du colonisateur..100
L'antisémitisme, point de convergence des totalitarismes.105
Le basculement dans la violence......................................109
Déplacer le centre de gravité des Frères vers l'Occident...111

III. Sakineh, la lapidation et la fabrication
de l'*homo islamicus* iranien 113
Ni trop petites ni trop grosses 114
Pardon, vous avez dit quoi ? « Rajam » 119
Le temps d'une étreinte au paradis...................................123
Un point de suture, et le tour est joué..............................127
Malika : enceinte… mais vierge 130
La contre-révolution, Sakineh et l'honneur du pays 135
La femme comme champ de bataille.................................137
Les jeunes n'ont pas dit leur dernier mot 141
La lapidation 100 % hallal, vraiment ? 146
La Tunisie : une poussée vers la modernité 149

IV. Le Prophète et ses femmes 153
Le Prophète et sa bru : il est avec le Ciel
certains accommodements ?...156
Des feux de l'amour à l'ordonnance d'Allah.....................157
L'étoile jaune « des femmes libres » 160
Tohu-bohu dans la maisonnée du Messager 162
Khadija, les filles d'Allah et les versets sataniques 165

**Deuxième partie : La foudroyante percée internationale
de l'islam politique**...171

V. Les mauvais calculs de l'Oncle Sam..................................173
Polémiques autour de la mort de Ben Laden....................176

Naissance d'un monstre
dans le giron saoudo-pakistanais 179
L'ambition des wahhabites :
un balayage islamiste du Maroc à l'Indonésie..................182
Les Américains, le guêpier afghan
et « leurs frères alliés » 184
L'expansion du djihad planétaire 188
Des Frères musulmans égyptiens au service d'al-Qaïda ...189
Quelque chose de pourri dans le royaume wahhabite......192
Repartir sur de nouvelles bases 194
Miser sur la culture, l'éducation
et les droits des femmes..197

VI. Maudites alliances inattendues ! 205
Londres, la Mecque des islamistes 206
Le sexe fait-il partie du mariage...208
Tariq Ramadan, rock star des altermondialistes...............210
L'avenir de la Palestine à travers les lunettes du Hamas ...215
Tariq Ramadan – Qaradawi, la parfaite symbiose............220
« Les femmes du paradis t'attendent » 223
La pieuvre des Frères en Europe.......................................225
L'ONU à portée de main 229

Troisième partie : Le mauvais exemple du Québec 231

VII. Le doigt dans l'engrenage 233
Allons-y mais dans la discrétion 238
Victimiser les musulmans et culpabiliser les Québécois...243
Lorsqu'une soldate de Ramadan
se cache derrière Simone de Beauvoir..............................244
Au pilori le Conseil du statut de la femme......................246
Et Tariq Ramadan, que dit-il ?..249
Embrouilles chez les féministes 252
Des féministes au service des antiféministes 255
Non, la capitulation n'est pas une option........................258
Une députée voilée propulsée au parlement de Bruxelles,
pourquoi pas ailleurs en Occident ?..................................260

Quel rôle pour la gauche? 263
La liberté de religion prime sur l'égalité
entre les femmes et les hommes 265
Remettre l'égalité « sur les rails »
à l'échelle nationale et internationale 269

VIII. En avant toute! Cap sur la « laïcité ouverte » 273
Le « pape du communautarisme » aux commandes
de la commission Bouchard-Taylor 276
Au chevet du grand corps « malade » 278
Une nation de toutes les couleurs
mais pas de toutes les valeurs 283
Des questions légitimes 285
Oui aux éducatrices en burqa? 289
Intégrons ceux qui veulent s'intégrer 293

IX. Quand la télé s'en mêle 295
La vie des femmes en pas si rose 296
Le voile islamique: le cordon sanitaire 300

X. Les diaboliques chaussures israéliennes 303
Boycottons Le Marcheur 304
Un vieux fond qui remonte à la surface 306
De la théorie du complot 310

Conclusion 315
Un pays qui naît, dans un pays qui meurt 317
Les trois leçons de l'expérience algérienne 319
Améliorer le statut des femmes,
le début de toute Révolution 322
Un grand pas vers le changement 323
Alors, que faire maintenant? 325
Refuser de mentir sur ce que je sais 326

Remerciements 329